Ilse Biberti
Hilfe, meine Eltern sind alt

Ilse Biberti

Hilfe, meine Eltern sind alt

Wie ich lernte, Vater und Mutter
mit Respekt und Humor
zu begleiten

Ullstein

Hinweis:
Die Ratschläge in diesem Buch sind von den Autoren und vom Verlag sorgfältig erwogen und geprüft worden. Sie bieten jedoch keinen Ersatz für kompetenten medizinischen Rat. Jede Leserin und jeder Leser ist für sein eigenes Handeln selbst verantwortlich. Alle Angaben in diesem Buch erfolgen daher ohne jegliche Gewährleistung oder Garantie seitens des Verlages oder der Autoren. Eine Haftung der Autoren bzw. des Verlages und seiner Beauftragten für Personen-, Sach- und Vermögensschäden ist ausgeschlossen.

ISBN-13: 978-3-550-07887-3
ISBN-10: 3-550-07887-0

© by Ullstein Buchverlage GmbH, Berlin
Alle Rechte vorbehalten
Printed in Germany

Umschlaggestaltung: Büro Jorge Schmidt, München
Gesetzt aus Janson bei LVD, Berlin
Druck und Bindung: Druckerei Pustet, Regensburg

»Die einzige Gerechtigkeit, die es im Leben gibt, ist, dass jeder alt wird.«

KARL LAGERFELD

– wenn man alt wird.

Meinen Eltern, Anneliese und Rolf Pfeiffer. Ihnen ist es ein Anliegen, dass ich aus unserem Leben berichte. Ihr Mut, ihr Humor, ihr Vertrauen sind für mich Unterstützung, Trost und gelebtes Geschenk.

Meinen Großmüttern: Amma, Marie Schrutek, und Oma, Elsbeth Krabbe.
Meinen Großvätern, die ich nie kennen gelernt habe.

Robert, Bobchen, Biberti, meinem angenommenen und in die Familie aufgenommenen zweiten Vater.

Allen, die älter werden.
Meine tiefe Verbeugung vor denen, die ihnen dabei helfen.
Für alle Menschen, die andere pflegen.

In liebevollem Gedenken an Clemens.

Inhalt

Vorwort 11

TEIL I Plötzlich und unerwartet 13

TEIL II Leben ist, wenn man trotzdem lacht 71

TEIL III Bei Pfeiffers ist Ball 173

TEIL IV Anhang 245
Empfehlungen und Tipps für den Notfall ·
Betreuung zu Hause · Krankenhausaufenthalt und
Reha · Ausblick und Zukunft · Angebote der
Autorin · Adressen, die weiterhelfen · Mein Dank
von Herzen an

Vorwort

Ein geliebter Mensch wird hilflos. Kann allein nicht mehr leben.
Jeder hat Angst vor dieser Situation.

Praktisch und direkt aus dem Leben, mit Humor und Gefühl gibt
Ilse Biberti Beispiele, wie Sie diese Herausforderung meistern
können. Wie Sie Ihren Lieben helfen und ihre Versorgung ma-
nagen. Wie Sie sich dennoch nicht überfordern und auch für Ihr
eigenes Alter vorsorgen.

Alte Menschen und Kinder brauchen unser leidenschaftliches
Engagement, unseren Schutz und unsere Unterstützung.

Lebensfreude, das Gefühl: Gewollt und geliebt zu sein, wünsche
ich im Speziellen Kindern und alten Menschen und allen Menschen auf dieser Welt. Dankbarkeit, Bescheidenheit und Einfüh-
lungsvermögen gehören auf beiden Seiten dazu.

Ihre

Dr. Maria Furtwängler

TEIL 1

Plötzlich und unerwartet

*H*eute ist der 11. Mai. In 40 Minuten wird sich mein Leben dramatisch ändern. Noch ahne ich nichts davon. Hildegard Knef singt aus meinem Autoradio: »Für mich soll's rote Rosen regnen«. Jaaa, gerne. Für mich. Genau! Ich flirte mit dem Autofahrer, der neben mir im Kreisverkehr um die Goldelse rauscht. Es ist ein sonniger Mittwochvormittag in Berlin. Der erste frische Spargel aus Beelitz, Ruccola, frühe Erdbeeren und Tulpen liegen auf der Rückbank. Das alles habe ich gerade auf dem Winterfeldmarkt eingekauft. Zum ersten Mal in diesem Jahr trage ich ein sommerlich weißes Kostüm. Noch eine Drehbuch-Besprechung für einen neuen Fernseh-Krimi, dann werde ich für meine Eltern und mich kochen. Die Kastanienbäume haben ihre Kerzen entzündet. Herrlich!

Noch 36 Minuten, bis mein Herz schockgefroren wird.

Ich stopfe den Kopfhörer von meinem Handy ins Ohr. »Mammi? Ich bin's, nur kurz: Ich komme etwas später, am besten, ihr esst noch etwas Obst.« – »Das passt gut«, antwortet meine Mutter fröhlich. »Ich gehe nachher mit Frau Erler auf ein Eis. Du kannst dir Zeit lassen, dein Vater schläft. Hab eben vom Schlafzimmerfenster aus mit Hänschen gesprochen, mein ehemaliger Schüler, du weißt schon, der hat mal als Putzmann in der Pathologie gearbeitet, da kannste viel von ihm erfahren. Alles Gute für dich, meine besten Wünsche begleiten dich, bis später.« Genau gegenüber der Wohnung meiner Eltern gibt es einen Tante-Emma-Laden. Hier trifft sich die Nachbarschaft zu Bier oder Eis. Meine Mutter! Weder ihre schwere Arthrose noch 3 ½ Stockwerke, für deren Überwindung sie mindestens 20 Minuten unter

Schmerzen braucht, können sie von einem Plausch alle paar Wochen einmal abhalten.

Noch 20 Minuten, bis es passiert ...

Das Büro des Produzenten präsentiert das neue Berliner Metropolenunderstatement: edel und schlicht, unauffällig perfekt. Wir haben den Erfolg und zeigen ihn nicht. Es befindet sich in der Etage auf der Gleishöhe zur S-Bahn-Station Berlin-Tiergarten. Beim Kaffeezubereiten in der Küche können wir den Passagieren in den vorbeifahrenden Zügen zuwinken.

Noch 15 Minuten, bis ...

Meine Eltern sind seit 55 Jahren ein Paar. Sie haben sehr unterschiedliche Charaktere und Temperamente: mein Vater ist Pessimist und Atheist. Meine Mutter liebende Optimistin und Christin. Mein Vater ist am liebsten allein, liest und studiert. Meine Mutter liebt Gesellschaft, ist begeistert von Theater und Musik, sehr hilfsbereit. Im ehelichen Innenverhältnis sind beide kultiviert kontrovers, im Außenverhältnis immer solidarisch. Mein Vater hatte vor drei Jahren, einen Tag vor seinem 82. Geburtstag, einen Schlaganfall. Ich wollte nicht irgendwann an seinem Grab stehen und mit »allen Fragen offen« zurückbleiben. Also kehrte ich nach meinem jahrzehntelangen Nomadenleben mit einem Alibi-Wohnsitz in München und dem berühmten »Koffer in Berlin« zurück in den Koffer, in meine alte Studentenbude. Nach intensiver Pflege kam mein Vater halbwegs gesund wieder nach Hause. Der »Alte« wurde er nicht wieder.

Noch 9 Minuten ...

Meine Mutter ist ein halbes Jahr jünger als mein Vater, leider hat auch sie in den letzten Jahren stark abgebaut, ihre Wege verkürzten sich dramatisch. Arthrose in allen Gelenken, Vergesslichkeit. Die 110 Meter zum Bäcker wurden unüberwindbar. Bus fahren unmöglich. Überhaupt muss man ja auch erst einmal zur Straße gelangen. Bei meinen Eltern bedeutet das das Bezwingen von 76 Stufen. Sie wohnen im 3 ½ Stockwerk ohne Fahrstuhl, seit 44 Jahren. Ein Spaziergang am Sonntag ist höchstens noch eine Spazierfahrt. Meine Mutter ist immer gern eingekehrt, sie liebt es, auszugehen, die Gesellschaft und das Gespräch mit Menschen. Für meinen Vater war das schon immer eher lästig, zunehmend undenkbar. Zu viele Reize. Eine Kakophonie der Geräusche. Sein Hörgerät konnte nie optimal eingestellt werden, mehrere Versuche scheiterten. Er hatte einfach zu viele Hummeln im A … Seitdem garantiere ich ihre Versorgung, seitdem ist mein Handy immer eingeschaltet.

Noch 7 Minu …

Das Handy ist unser Sicherheitsnetz, unser doppelter Boden. Das beruhigt sie und mich. Selbst meine Mutter, die anfangs gern zehnmal am Tag anrief, betreibt keinen aufreibenden Missbrauch mehr. Da hat sich meine anstrengende Pubertät gelohnt. Bei nervenden Rückfällen ihrerseits brauche ich nur anzudrohen, in das Verhalten meiner Pubertät zurückzufallen. Das ist so abschreckend, dass wir uns schnell einigen können.

Wir telefonieren nun täglich Punkt 9 Uhr, und ich komme jeden Tag auf einen Sprung vorbei. Viermal die Woche koche ich. An zwei Tagen kommt die Haushaltshilfe Tina. Frühstück, Abendbrot und einmal pro Woche das Mittagessen in der Mikrowelle wärmen sind die Aufgaben meines Vaters, die er nicht leiden kann, aber korrekt erledigt. Wir vier sind ein eingespieltes Team.

Der Countdown läuft.

Der Produzent und ich sind gerade in wüsten Krimiphantasien, diskutieren, ob der Mörder eine Frau sein darf. Geht auch eine Farbige oder eine Türkin? Kann man das einem deutschen Fernsehredakteur zumuten? Oder besser doch ein Mann als Mörder? Vergiften wir ihn? Wird er erwürgt? Von Kugeln durchsiebt?

In 60 Sekunden …

Der Produzent fordert einen forensischen Clou für den Krimi: Sieht aus wie ein Unfall, ist aber eine raffinierte Manipulation.

Ich gebe vor:»Der Tote liegt in der Wanne. Ein Stromunfall«.
Er nickt:»Also Selbstmord.«–»Aber wie kommt der Brandfleck
von dem Duschkopf an seinen Rücken?«, führe ich meinen Gedanken weiter. Er ist erstaunt:»Also Mord?« Ich lege nach:»Ein
Stromkabel liegt im Badewasser. Seine Handtücher? Wo lagen
sie, wo liegen sie? Wie sind sie gefallen …?« Er steigt ein:»Auf
der verstaubten Ablage vor dem Spiegel ist der Abdruck eines
Ringes. …« Mein Handy reißt uns aus den Gedanken. Es klingelt. Schrill. Ton-Einstellung: Draußen. Nervtötend aggressiv.
Das Display zeigt:»Eltern«.

In 2 Sekunden …

»Entschuldigen Sie, ich muss ran.« Sein Blick entschuldigt nicht.
Ich stehe auf, trete ans Fenster und sehe auf die Gleise:»Ja?«–»IL-
Seeeee?«, brüllt mein Vater mit überkippender Stimme, einerseits
preußisch korrekt, andererseits voll panischer Angst. Mein Vater,
der sich wegen seiner extremen Schwerhörigkeit immer weigert zu
telefonieren, insgeheim sind ihm Telefonate auch einfach lästig:
»IIIIIIIIIILLLLLLLLLSSSSSSSEEEEEEEEEEE!!!!!!!!!!!«–»Ja,
ich bin's, ich höre dich«, brülle ich zurück.»Illsee, ja!«Er scheint
erleichtert, nach kurzer Pause sich fassend:»Deine Mutter ist völlig durchgedreht, sie spricht wirres Zeug, ich denke, wir müssen
sie abgeben!« Mein Blutdruck steigt auf gefühlte 350 zu 410, der
Puls rast, mein Hirn ist im Ausnahmezustand, trotzdem glasklar.
Ich lasse mir meine Mutter ans Telefon holen.»Turmuhr mulpen
knomen, nee. Ich habe geschlagen Chroisent beschrieben mit
Lambuda schnese balk kram neuf.«

Jetzt ist es passiert. Plötzlich und unerwartet.
Ich rase mit 100 km/h durch die Stadt zu meinen Eltern.

Meine Mutter sitzt am Esstisch, umarmt mich wie eine Ertrin-
kende. Unverständliche Laute und Worte sprudeln aus ihr heraus, artikuliert in einer klaren Satzmelodie. In ihren Augen lese
ich, dass sie das Gefühl hat, ganz normal verständlich zu sprechen. Nach außen bleibe ich freundlich neutral, halte ihre Hand.
Innerlich rasen meine Gedanken: Heute ist Mittwoch. Hat der
Hausarzt seine Praxis offen? Nein. Der Neurologe? Ja, aber erst

ab 14 Uhr. Jetzt ist es 12 Uhr. Sie hat schon einmal vor zwei Wochen unverständlich gesprochen. Nach einem Tag war das verschwunden. Damals hatte ich sie intuitiv »unter Wasser« gesetzt, hatte sie zwei Liter trinken lassen. Habe sie dem Neurologen vorgeführt. Er will sie auf Epilepsie und Parkinson untersuchen. Wie war das bei meinem Vater damals bei seinem Schlaganfall? Er hatte starke Schmerzen im linken Arm, der linke Teil seines Mundes hing schief, ihm war schwindelig, er hatte Sehstörungen. Aufmerksam betrachte ich das Gesicht meiner Mutter. Keine Gesichtshälfte hängt. Kann ich warten oder nicht? »Hast du Schmerzen in der linken Seite?« Unverständliche Worte. Gut, also muss ich erst eine gemeinsame Verständigung vereinbaren. Mein Vater schreit wie ein verwundetes Tier: »Was machen wir?« Mammi und ich einigen uns auf Nicken für »Ja« und Kopfschütteln für »Nein«, auf Telepathie und viel trinken. »Schmerzen?« Kopfschütteln. »Siehst Du doppelt?« – »Malapp korum schneeeze!« Ich verstehe nicht. Sie schüttelt den Kopf. Ich frage nach: »Nein?« Sie nickt. Na, hoffentlich stimmt das. Ich betrachte sie eingehend. Nein, sie sieht nicht aus, als ob sie Schmerzen hätte. »Wie viele Finger sind das?« Ich halte drei Finger in die Höhe. »Gmatus!!!«, strahlt mich meine Mutter an. »Und jetzt?«, ich halte zwei Finger in die Höhe. Keine Reaktion. Ihr Blick ist leer, ohne ein Zeichen des Erkennens. Bei der Untersuchung zu ihrer Grauen-Star-Operation vor fünf Jahren wurde festgestellt, dass sie einen »Sehpfropfen« im linken Auge hat. Dadurch hat sie im mittleren Teil des Sehfeldes einen »blinden Fleck«. Ich bewege meine zwei Finger auf gleicher Höhe leicht nach rechts und nach links. »Ha«, meine Mutter lacht erkennend, »Kwum!!!« Sie hebt zwei Finger in die Höhe zum Victory-Zeichen. Auch ich hatte Ring- und Mittelfinger so hochgehalten. Ich lache. Meine Mutter lacht: »Kwum, maleise gnach …« Wir lachen beide, Tränen laufen mir übers Gesicht.

»Es ist vorbei. Irgendwann muss es ja vorbei sein. Nun heißt es Abmarsch«, unterbricht uns mein Vater mit depressiver Stimme. »Und wir haben noch keinen Sarg bestellt. Machst du das?« Er blickt mich an, leidend. »Ich bin dazu nicht mehr in der Lage.« Meine Mutter reagiert wütend, droht ihm mit der Hand: »Dura bese lajke wem.« Mein Vater sieht sie ängstlich an: »Stimmt doch. Den werden wir brauchen.« Ich mache weiter: »Berühre mit dem Finger deine Nase.« Klappt etwas wackelig. Ich teste ihre Reflexe, kratze an Füße, Knie, Handgelenke, Arm, am Bauch, im Gesicht: alle reagieren. Scheiß Halbwissen, ich hab das alles schon inszeniert, nach Drehbuch den Schauspielern abverlangt, unterstützt von einer Fachberatung, meist einem Arzt, aber das hier ist die Realität. Also keine Schmerzen, ich taste sie links ab, ohne negative Reaktion, keine Sehstörung, kein Schwindel. Was ist mit ihr? Ich brauche eine Fachberatung! Erst in einer halben Stunde kann ich den Neurologen erreichen. Kann man einen Schlaganfall ausschließen? Aber was ist es dann? Ich weiß, sie will nicht ins Krankenhaus, nur im äußersten Notfall. Das musste ich ihr versprechen. Muss ich mich jetzt über ihren Wunsch hinwegsetzen? Ist das jetzt der äußerste Notfall? Habe ich noch die halbe Stunde, um auf die Aussage ihres Neurologen zu warten? Ich rufe eine Bekannte an, die lange als Krankenschwester auf der Intensivstation gearbeitet hat. Sie rät, Ruhe zu bewahren, einen Arzt anzurufen, ansonsten ab in die Notaufnahme. Meine Mutter erschrickt, sie versucht dem Krankenhaus zu entgehen, indem sie übermäßig viel trinkt. Es fällt ihr schwer. Sie verschluckt sich immer wieder, hustet, bekommt Erstickungsanfälle. Sie ist in der Gegenwart. Sie erklärt mir mit eindeutigem Selbstbewusstsein: »Karum batta schlee!« Dieses Missverhältnis zwischen der Realität und ihrer empfundenen Realität bringt mich fast um. Mein Vater fragt in gespenstischer Ruhe: »Was machen wir?« Es antwortet aus mir: »Wir trinken, und dann rufe ich Punkt 14 Uhr den Neurologen an.« Meine Mutter mit einem triumphierenden Blick zu meinem Vater: »Kamblu trass!«. »Das ist in sieben Minuten«, mache ich mir selbst Mut.

Ich erreiche den Neurologen. Er rät, sofort in eine Klinik zu fahren: Verdacht auf Schlaganfall! Ich begreife das nicht, es sind die gleichen Symptome wie vor zwei Wochen! Wieso ist es heute ein Schlaganfall, und vor zwei Wochen war es keiner? Gut, ich will nicht diskutieren. Was ist zu tun? Ins Krankenhaus. O. k.! Ich »zwinge« den Neurologen, uns in dem Krankenhaus, in welchem auch mein Vater war, anzumelden. Es ist gleich um die Ecke.

Ich werde meine Mutter selber hinfahren, ich möchte ihr die Fahrt in einem Krankenwagen ersparen. Außer meinem Vater – nach einem Unfall im letzten Jahr – ist noch nie ein Familienmitglied, das mit einem Krankenwagen ins Krankenhaus gefahren wurde, lebend zurückgekehrt. Ich packe eine Tasche. Mein

Vater rennt wie angestochen durch die Wohnung. »Das ist das Ende, na ja, es muss ja mal zu Ende sein. O Gott, o Gott, was mache ich denn jetzt. Was mache ich?« Meine Mutter wird immer stiller. Sie legt sich meinen roten Kaschmirschal um. Ich packe: Kleidung, Medikamente, ihre Zeitschriften … Der Neurologe ruft an, das Krankenhaus hat kein Bett frei auf der Stroke Unit, der Schlaganfall-Station. Wir sollen in ein Krankenhaus am anderen Ende der Stadt. Das geht ohne Anmeldung! In meinem Kopf rasen die Gedanken: Ist mein »Wunsch«-Krankenhaus wirklich überlastet? Oder ist eine 84-jährige Patientin egal????? Halten sie die Stroke Unit für »jüngere Fälle« frei? Egal. Wir brauchen Hilfe. Meine Eltern haben mitgehört. Mein Vater hat sich entschieden: »Ich bleibe hier, ich kann sowieso nicht helfen und einer muss ja auch in der Wohnung bleiben.« Meine Mutter fügt sich in ihr Schicksal.

Ich renne aus dem Haus, hole meinen Benz und fahre ihn direkt auf den Bürgersteig vor die Haustür, lade das Gepäck ein. Oben nehme ich zwei Küchenstühle und stelle sie auf dem nächsten und übernächsten Treppenabsatz bereit. Wie gesagt: kein Fahrstuhl, 3 ½ Stockwerke. Ich gehe behutsam mit meiner Mutter hinunter. 76 Stufen! Sie will allein gehen mit ihrem Stock und einer Hand am Geländer. Füßchen zu Füßchen, jede Stufe einzeln. Ich schiebe meine Hand vorsorglich unter ihren Oberarm. Um für eine mögliche Hilfe bereit zu sein. Wenn ich bei einem Sturz erst hinlangen muss, habe ich keine Chance, sie zu halten. Erschrocken fühle ich, wie filigran ihre Knochen sind. Wie zart und zerbrechlich sie ist, trotz eines Gewichts von 73 Kilogramm auf 1,58 Meter. Wenn sie jetzt stürzen würde, ich könnte so nichts ausrichten. Ich würde ihr alles brechen. Also gehe ich vor ihr rückwärts die Treppe herunter, immer bereit, sie sofort aufzufangen. Bei ihrem Gewicht dürfte das auch eine Herausforderung sein. Auf jedem Treppenabsatz setzt sie sich, sichtlich erschöpft. Ich trage den Stuhl vom vorletzten Absatz zum übernächsten. Jedes Mal, wenn ich meiner Mutter wieder aufhelfe, spüre ich ihren Willen und eine neue Kraft in ihr, die Treppe zu bewältigen. Ich erinnere sie immer wieder daran auszuatmen. Nicht die Luft anzuhalten. Ich atme ihr einen Rhythmus vor, sie hängt sich mit ihrem Atem ein. Unten angekommen nickt sie befriedigt: geschafft. Noch sind die Haustür, zwei Steinstufen ohne Geländer und eineinhalb Meter bis zum Benz zu überwinden. Dafür brauchen wir über acht Minuten. Mein Vater sieht uns aus dem Fenster zu. Vor dem Einsteigen dreht sich meine Mutter um, sie hebt ihr Gesicht zum Himmel, sie erwartet, die Hausfassade zu sehen, ihren Mann im Schlafzimmerfenster, aber ihr Blick geht ins Leere, in den Himmel über der Straße. Sie ist irritiert. Sie winkt hoch, wie sie es immer getan hat. Ohne ihn zu sehen. Mein Vater beantwortet ihre Geste. Es wirkt wie ein letzter Gruß. Ich helfe ihr ins Auto, winke meinem Vater zu, steige selbst ein. Kalt spüre ich, wie mein weißes Kostüm schweißnass an meinem Rücken klebt. In dem Moment beginnt es zu regnen.

Die Stadtautobahn ist leer, grau, neblig. Ich fahre 130 km/h. Meine Mutter sitzt blass und klein auf dem Beifahrersitz. Sie schweigt, wirkt wie weggetreten. Ich erzähle ihr, wohin wir fahren, dass ich bei ihr bleiben werde, dass wir das schon schaffen werden. Ich lege Mozart auf. Wir fahren durch die triste, diesige Suppenküche. Plötzlich regnet es in Strippen. Die Tropfen prasseln lautstark auf das Auto. Springen vom Asphalt wieder in die Höhe. Meine Mutter hebt ihren Kopf, sieht durch die beschlagene Windschutzscheibe und sagt mit klarer, aber kaum hörbarer Stimme: »Jetzt gehe ich auf die große Reise.« Ich schlucke, fokussiere die Autobahnspur vor mir. Die Scheibenwischer bewegen sich im Höchsttempo. Mozart im Crescendo. Ich sehe wieder zu ihr hin: Ihr Kopf fällt auf ihre Brust, wie ein Stein. Abrupte Stille in meinem Kopf. Schlagartig habe ich einen brennenden Schmerz in meinem Herzen, der sich links über den Hals in mein Hirn vorschiebt. Mein Körper steht in Millisekunden unter Wasser. Werde ich ohnmächtig? 170 km/h zeigt der Tacho. Meine Mutter liegt im Beifahrersitz, zusammengesunken. Ihre Brust ohne Bewegung. Ich höre mein eigenes Schnaufen. Ich japse. Beherrschung! Beginne bewusst zu atmen, zähle mein Ein- und Ausatmen, verlängere die Phasen dazwischen. Ein- und ausatmen, eiiiinnn und auuusss. Allmählich komme ich wieder zu einem normaleren Atemfluss, schalte die Warnblinkanlage an, bremse langsam in Intervallen ab. Das Atmen meiner Mutter sehe ich nicht. Ungläubigkeit macht sich in mir breit. Waren das ihre letzten Worte? Ist das gut? Verzweiflung steigt auf. Ist sie JETZT TOT?????? Ich reduziere das Tempo weiter, fahre auf die Standspur. Atme konzentriert. Wäre das ein guter Tod? Wäre ihr das zu wünschen? Wie erkläre ich eine tote Mutter auf meinem Beifahrersitz? Diese Gedanken rasen mir durch den Kopf, parallel. Muss ich noch ins Krankenhaus fahren? Zur Polizei? Gleich ins Leichenschauhaus? Erst einmal auf die Standspur. Zaghaft taste ich nach ihrem Puls.

An ihrem Handgelenk spüre ich nichts. Am Hals auch nichts. Ich lege mein Ohr auf ihr Herz. Nichts. Nichts! Mein Atem steht jetzt auch still. Gnadenlose Stille. Was muss ich jetzt machen? Ich starre in eine graue Nebelwand. Kein anderes Auto ist unterwegs. Niemand. Ganz ruhig, Ilse, was mache ich jetzt? Plötzlich knattern im Stakkato Laute aus ihrem Mund, wie ein Bellen, ein stotterndes Husten. Ihr Atem setzt wieder ein. Den Mund weit offen, wirft sie ihren Kopf hin und her. Die Augen geschlossen. »Mammi? Maaammi!? Du musst atmen: ein und aus. Nase ein. Mund aus. Nase …« Sie hört mich nicht. In mir tobt es: ›Sie lebt! Sie lebt! Wir habe eine Chance.‹ Gang rein, mit Vollgas weiter zum Krankenhaus.

Der Pförtner gibt unbeteiligt Auskunft. Öffnet die Schranke. 30 km/h sind hier vorgeschrieben. Schleichen die Rettungswagen die letzten 300 Meter? Das kann nicht sein. Patienten und Spaziergänger schlendern im Park, erzwungene 30 km/h. Ich halte auf dem Parkplatz für Notfallfahrzeuge, es gibt viele davon. Ehe ich aussteigen kann, kommen zügig zwei Pfleger aus der großen doppelten Automatik-Glastür. Sie haben über Monitor unsere Ankunft gesehen. Sie rollen eine Trage ans Auto, fragen routiniert die Daten ab: »Bei Bewusstsein?« Meine Mutter antwortet: »Schmulze zack, gna.« – »Bei Bewusstsein. Atem-Aussetzer. Verdacht auf Schlaganfall, wahrscheinlich vor fünf Stunden, knappes Zeitfenster, Sprachstörung, Bluthochdruck«, antworte ich sachlich schnell. Sie befördern meine Mutter bestimmt, aber aufmerksam auf die Trage. »Die Patientin darf nicht liegen. Erstickungsgefahr.« Das Kopfteil wird hochgestellt: »Arbeiten Sie hier?«, fragt mich der Pfleger. Ich verstehe die Frage nicht: »Nein.« Sie fahren meine Mutter flott in die Unfallstation. Sie ist aufgeregt, ängstlich. Ich renne, schwitzend in meinem weißen Kostüm, neben der Trage her, halte ihre Hand. Im Untersuchungszimmer angekommen, schicken mich die Pfleger zur Notaufnahme. Ich soll die Formalitäten erledigen. Meine Mutter will nicht, dass ich gehe. Die Pfleger bestehen darauf, die Formalien sind nicht aufschiebbar. »Mammi, es kann nichts mehr passieren, der Arzt kommt gleich zu dir. « Ich verspreche, schnell zurück zu sein, sie dann nicht mehr allein zu lassen. Sie willigt ein.

Die Notaufnahme ist verwaist. Nach acht Minuten, eine gefühlte halbe Stunde, endlich, kommt die Schwester. »Zehn Euro! Und die Chipkarte. « Zurück zum Untersuchungszimmer. Ich klopfe. Ein mir unbekannter Pfleger steckt seinen Kopf zur Tür heraus. Er sagt, ich solle draußen warten, verwehrt mir mit seinem Körper die Sicht ins Zimmer. »Ich möchte bei meiner Mutter warten. « Das ginge jetzt nicht, erwidert er bestimmt, schließt die Tür. Irgendwie entlastet mich diese Unhöflichkeit. Auf der Bank im Gang halte ich es nicht aus.

Mein Vater ist sofort am Telefon: »Wir sind jetzt angekommen. « – »Heimgekommen? Das habe ich gar nicht gehört. « – »Nein, ann – geee – kommen im …« – »Gekommen, also alles halb so schlimm. Na, Gott sei Dank, ich bin schon ganz verrückt geworden. Ja, warum kommt ihr denn nicht rein?« Um die Notaufnahmestation nicht zusammenzubrüllen, gehe ich vor die große Glastür, halte meine Hand wie einen Trichter vor das Mikrofon des Handys, brülle hinein: »Wir sind jetzt im Krankenhaus annn – geeee – komm – men. « In der Überführung hallt meine Stimme. »Was?«, fragt mein Vater. »Wir sind im Krankenhaus, im K R A N – K E N – H A U S sind W I R!!!« Von irgendwoher ruft jemand: »Ja, ick ooch! Und ick bin janz alleene!« Mein Vater hat nun doch verstanden: »Ach, im Krankenhaus, ja gut, was hat denn so lange gedauert?« Ich geb's auf: »Mammi wird jetzt untersucht. Ich ruf dich wieder an. « Der Fremde: »Komm doch einfach vorbei. « Mein Vater: »Jetzt erst? Also noch alles offen? Das hält ja keiner aus. Ich mach mir jetzt 'ne Dose auf und sitze dann neben dem Telefon bereit. « Seine innere Angst höre ich, verdränge sie sofort, sonst kann ich nicht mehr funktionieren. Ich drücke die Austaste, gehe zurück in die Station, setze mich vor das Untersuchungszimmer. Das Panik-Monster dringt aus allen Wänden, sucht nach neuen Opfern. Wie viele Menschen waren hier schon verzweifelt? Ich zwinge mich zu stoischer Ruhe. Mein Hirn ist irgendwie leergeputzt. Nullinhalt. Leere. Plötzlich höre ich einen Protestlaut meiner Mutter, das Lachen von Männern. Im Bruchteil einer Sekunde stehe ich im Untersuchungsraum. Meine Mutter rutscht gerade von der hochgestellten Rückenlehne auf die Trage. Ich sehe, wie ein Pfleger ihr den bereits unten geöffneten Body über den Kopf zergelt. Die Träger des Bodys haben sich in ihren Armen und an ihrem Kopf verfangen. Ungeschickt zieht er den Body weiter hoch. Der Kopf meiner Mutter schaukelt hin und her. Der Pfleger zerrt ihren rechten Arm in die Höhe. Sie stöhnt, schreit vor Schmerzen. Ein Zweiter hilft, indem er sie am Rücken nach vorn gedrückt hat, nun ihren linken Arm hochreißt. Ihr Schmerzensschrei wird spitzer. Wie eine Gummipuppe wird sie durchgeschüttelt. Sie wimmert. Die drei Pfleger lachen. Das alles in einem Tempo, als müsse sofort eine lebensrettende Maßnahme eingeleitet werden. Nach einer Schrecksekunde höre ich mich sagen: »Schluss, ich übernehme das.« Sofort kehrt Ruhe ein, sie treten zurück. Meine Mutter nackt auf der Trage. Ausgeliefert. Ein Pfleger sagt erklärend: »Wir haben über etwas anderes gelacht.« Mein Blick fällt auf ihre Strumpfhose, der Blick des Pflegers folgt meinem. Sie schlabbert ihr um die Knie. Mit meinem großen roten Kaschmirschal bedecke ich meine Mutter. Sie sieht mich mit kindlich weit aufgerissenen Augen an, flüstert: »nicht schön …« – »Sie haben nicht über dich gelacht!«, versuche ich glaubhaft zu versichern. Ich umarme meine Mutter. Sie erwidert meine Zärtlichkeit, indem sie ihr Gesicht an meinen Hals schmiegt. Mich durchflutet eine Welle voll Wärme, Nähe, auch Angst und Dankbarkeit, alles auf einmal. Wir schauen uns an. Aus ihren Augen strahlt mir Vertrauen entgegen, ein Blick reiner Liebe. In einer seltsamen Weise fühle ich mich wohl, fast glücklich. Ich helfe ihr aus dem Body. »Meine Mutter hat Arthrose in allen Gelenken. Jede Bewegung ist sehr schmerzhaft«, erkläre ich. Sehr leise, für sie nicht hörbar setze ich hinzu: »Meine Mutter ist 84, sie hat den Krieg in Berlin überlebt, Sie verstehen, an was sie das eben erinnert hat?« Pfleger Krüger, steht auf seinem Namensschild, setzt zu einer Entschuldigung – so interpretiere ich das – an. Ich sehe ihm direkt in die Augen und komme ihm zuvor: »Sie friert.« Er gibt einem Kollegen Anweisung, eine Decke zu holen. Pfleger Krüger stellt sich und den verbliebenen Kollegen vor: »Johannes ist hier in der Ausbildung, darf er bei der Untersuchung dabei sein?« Wir stimmen zu. Die Spannung ist weg. Mein Adrenalinpegel sinkt wieder. Die Decke wird gebracht. Ich umwickle meine Mutter damit so, dass Pfleger Krüger sie für ein EKG verkabeln kann. Er erklärt ihr ruhig und freundlich, laut und langsam die einzelnen Schritte. Misst ihren Blutdruck. Er beruhigt uns, von diesen zwei Daten ausgehend bestünde im Moment keine akute Gefahr. Pfleger Krüger telefoniert, fragt, warum der Neurologe noch nicht da ist. Ja, er habe ihn bereits vor 20 Minuten angepiepst. Er ist ungehalten über die Antwort der Gegenseite. Ärgerlich verlässt er den Untersuchungsraum, um den Arzt persönlich zu holen. Azubi Johannes soll inzwischen die Medikamente und die Tagesmedikation in die Krankenakte aufnehmen. Kaum ist Pfleger Krüger zur Tür raus, entschuldigt sich Azubi Johannes für das raue Benehmen von vorhin. Er ist erst seit zwei Monaten in der Ausbildung. Er möchte Rettungssanitäter werden. »War das ein schlimmes Kriegserlebnis damals?« Ich nicke, signalisiere, dass dieses Thema jetzt und hier tabu ist. Mutters Medikamente habe ich alle in einer Plastiktüte dabei. Es ist ein ganzer Haufen. Wir zählen sie durch: 14. Nimmt sie die alle täglich? Ich weiß nichts von Krankheiten. Das kann nicht sein. Ich weiß, dass meine Mutter Informationen auf die Verpackung schreibt. Und richtig, auf jeder Schachtel steht das Verschreibungsdatum. Und auf mancher auch die Einnahmeverordnung. Ich erinnere mich, dass sie immer eine Medikamentenliste mit sich führt. Sie muss entweder beim Pass oder bei der Busjahreskarte sein. Ich durchsuche ihre Handtasche, finde eine Liste, doch die ist drei Jahre alt! Wir vergleichen die Angaben. Nur noch ein Medikament stimmt überein. O. k., es bleiben Medikamente für Blutdruck, Puls, Entwässerung, Cholesterin, Arthrose, Schmerzmittel … Es ist Mittwochnachmittag, der Hausarzt ist nicht zu erreichen. Ich zeige meiner Mutter die einzelnen Medikamente und frage sie, ob sie sie täglich einnimmt. Aus ihrer Phantasiesprache werde ich nicht schlau. Auch der erneute Versuch, es mit Kopfnicken für »ja« und Kopfschütteln für »nein« zu probieren, scheint mir nach einem Überprüfungsversuch nicht verlässlich. Manchmal sehen ihre Augen aus, als wären sie blind. Ihre Reaktion ist, als ob sie nichts gesehen hätte.

Pfleger Krüger kommt mit dem Arzt zurück. Die neurologische Untersuchung ergibt: eine leichte linksseitige Lähmung, eine

Apraxi, und eine Störung des Sprachzentrums, eine Aphasie. Er ordnet eine Computertomographie, eine CT, an. Hält eine stationäre Aufnahme für wahrscheinlich. Nur so könnte man auf einen weiteren Hirninfarkt schnell genug reagieren und vielleicht noch schlimmere Folgen verhindern. Eine genaue Diagnose gibt es nach der CT. Wir sind dort angemeldet.

Damit es schneller geht, bittet mich der Arzt, meine Mutter im Klinikbett selbst zur CT zu schieben. Die Schwestern und Pfleger aus der Notaufnahme sind unabkömmlich. Bis jemand aus der Zentrale kommt, vergeht wertvolle Zeit. Selbst ist die Frau. Alle Gänge sehen gleich aus. Man muss einfach nur der blauen Linie am Boden folgen.

In der Wartezone vor den Untersuchungsräumen der Computertomographie wartet eine Frau, am Bett eines alten Mannes. Er stöhnt laut, atmet schwer und unregelmäßig. Seine Nase ragt weiß und spitz aus dem hellgelben Kissen. Ich parke das Bett meiner Mutter so, dass sie ihn nicht sehen kann. Auf mich macht er den Eindruck, als wäre er im Sterbeprozess. Ich spüre die verzweifelte Anspannung seiner Begleiterin. Wir lächeln uns schüchtern zu. Meine Mutter wendet ihren Kopf in die Richtung meines Lächelns, doch das hochgestellte Kopfteil des Bettes behindert ihren Blick. »Ein anderer Patient, der auch wartet.« Sie nickt. Sie hat auch so verstanden. Wir werden aufgerufen.

Im CT-Raum stelle ich uns vor. Gebe der ersten Schwester die Krankenakte. Sie bringt sie in den Nebenraum, kommt mit einer Kollegin zurück. Professionell laut spricht sie meine Mutter an: »Ick bin Schwester Inge. So Frau Pfeiffer. Wir machen jetzt ein Foto von Ihrem Hirn, tut nich weh, sind nur Uffnahmen.« Schwester Inge fährt das Bett parallel zu der CT-Liege. Mit schnellem Tritt stellt sie die Bremsen fest. Das ganze Bett ruckelt. Meine Mutter erschrickt, sieht sich suchend nach mir um. Die zweite Schwester nimmt den großen Plastiksack mit der Aufschrift Patienteneigentum mit der Kleidung meiner Mutter vom Bett. Meine Mutter greift nach meinem roten Schal, will ihn nicht loslassen. »Den brauchen Se jetzt nich.« Der Schal wird weggegrapscht, mir in die Hand gedrückt. Fast zeitgleich und blitzschnell wird die Bettdecke zurückgeschlagen. Schwester Inge blickt prüfend auf meine Mutter: »Schaffen wir det alleene?« Die Frage gilt ihrer Kollegin. Diese wiegt das Lebendgewicht mit den Augen: »Wenn sie flach liegt, auf drei.« Schwester Inge beginnt, das Laken am Fußende aus der Matratze rauszuziehen, die andere löst die Verankerung der Rückenlehne. Das Rückenteil des Bettes klappt nach unten, rastet waagerecht ein. Klack. Ich kann gerade noch meine Mutter an einer Schulter packen, damit sie nicht ungebremst platt auf dem Rücken landet. Meine Mutter schreit auf. Schwester Inge auch: »Watt soll det denn?« – »Meine Mutter hat eine Schilddrüsenüberfunktion. Sie kann nicht flach liegen, dann bekommt sie Panik- und Erstickungsanfälle.« – »Det wird se aber müssen. CT im Sitzen jibt et noch nich.« – »Im Sitzen können wir sie auch nicht rüberheben«, wendet die andere ein. »Ich helfe Ihnen«, biete ich an. »Nee, bloß nich, Klausi, kannste mal?« Klausi sitzt hinter der Glasscheibe am Computer. Wenig begeistert kommt er zu uns. »Also uff drei. Sie legen denn Ihre Mutta hin. Eins, zwei, drei.« Und wupp haben sie meine Mutter im Sitzen mit dem straff gespannten Laken auf die Liege der CT rübergehoben. Es funktioniert wie ein Sprungtuch. »Kopf muss hier rin in die Schale, Nase gerade nach oben. Keene Bewegung. Dann zeigen Se mal, wat Se können.« Können? Mann, ich bin die Tochter, ich bin auch hilflos! Quatsch, Mist, das ist nicht der Zeitpunkt für ein Versagen. Wir schaffen das! Denke ich, laut sage ich: »Mammi, hier ist mein Schal.« Ich bedecke sie schützend mit meinem roten Kaschmir-Schal. »Der Arzt braucht eine Aufnahme von deinem Gehirn. Dazu musst du flach auf dem Rücken liegen. Ich helfe dir.« – »Machen Se mal, wat Ihre Tochter sagt. Det schaffen Se schon.« Meine Mutter sitzt stocksteif auf der Liege. Sie hat Angst. »Lass ein bisschen locker. Ich bin doch bei dir. Ich halte dich. Spürst du meine Hände? Ich lege dich ganz langsam und behutsam hin.« Ihre Anspannung löst sich ein wenig. Ich spüre ihr Gewicht in meinen Händen und führe ihren Rücken in Zeitlupe Richtung Liegefläche. Immer wieder stoppt sie. Ich gehe darauf ein. Rede ihr gut zu. »Weißt du noch, wie wir auf Usedom waren? Stell dir doch unseren Strandkorb vor. Du hast von da aus das Meer gesehen, ein Schiff am Horizont und dich dann entspannt zurückgelegt. Mit dem Gefühl machst du das jetzt auch.« Sie schaut mich an, schüttelt den Kopf, umklammert meinen Unterarm. Später wird er blau verfärbt sein. Ich spüre die Ungeduld des Pflegepersonals. »Wir brauchen die Aufnahmen von deinem Kopf, um dir helfen zu können. Wir wollen doch wieder nach Usedom fahren, oder?« Sie lächelt, wird lockerer. Ich lasse sie langsam weiter abwärts sinken. Dabei wird ihr Atem heftiger, bricht schließlich stoßweise aus ihr heraus. Schwester Inge beobachtet uns durch die Glasscheibe, die anderen unterhalten sich. »Wir sind gleich bereit«, sage ich in ihre Richtung. Ich halte meine Mutter seitlich in meinen Armen: mein rechter Arm hinten um ihre Schultern und mein linker Arm über ihre Brust zu ihrer Hüfte. »Komm häng dich in meinen Atem.« Ich atme laut und regelmäßig. Sie macht mit. Sie sucht meinen Blick, doch ihre Augen sind orientierungslos. Jetzt liegt sie auf der Liege. Nur noch ihr Kopf ruht auf meinem Arm. »Hier bringe ick noch 'n Handtuch. Det legen wa jefaltet hier rin, dann haben Se es etwas höher. Iss ja nur für 'ne Minute.« Ich bette ihren Kopf in die Mulde auf das gefaltete Handtuch. Schwester Inge richtet das CT-Gerät ein. Der Kopf meiner Mutter liegt leicht schief. »Der Kopp muss grade sein.« Entgegen ihrer burschikosen Art zu sprechen, versucht die Schwester, das Gesicht meiner Mutter sanft in die richtige Position zu bringen, leider ohne Erfolg. Mit Tempo gibt sie ihre Anweisungen: »Jut, det kann vom Schlachanfall kommen, probieren wir so. Sie bleiben jetzt janz ruhig liegen und Sie kommen mit raus, wegen der Strahlung.« Ich nicke: »Bin gleich wieder zurück.« Meine Mutter knurrt eine Zustimmung. Noch in der Tür sage ich: »Schön weiter ruhig atmen.«

»Angehörige sind hier nicht vorgesehen«, muffelt die MTA, die medizinisch-technische Assistentin im Computerraum. Keiner geht darauf ein. Ich sehe durch die Glasscheibe meine Mutter in dem Kreis des rotierenden CTs liegen, ein rotes Lichtkreuz auf ihrem Kopf. Meine Mutter ist eine Dame: immer gut frisiert, elegant lässig gekleidet. Die Accessoires in Farbe und Material abgestimmt. Jetzt sind ihre Haare verwuschelt, sie ist bleich, ihre Wangen eingefallen. Ihre Hände umkrampfen die Fransen meines roten Schals. Ihre Füße ragen nackt und verkrampft in die Luft. Der Amethystring meiner Großmutter, Amma, ihrer Mutter, funkelt dunkellila. Das tröstet mich.

Die Aufnahme wird gemacht. Bei der Überprüfung stellt sich heraus, dass meine Mutter den Kopf bewegt hat. Die Aufnahme ist unbrauchbar. Sie starten einen neuen Versuch. Wieder nichts. Die MTA schnarrt durch ein Mikrofon meine Mutter an: »Sie müssen Ihren Kopf stillhalten.« Im Hintergrund rollt Schwester Inge mit den Augen. Ich lächle sie an. Wie zur Bestätigung dreht meine Mutter ihr Gesicht in die Richtung, aus der die Stimme zu ihr schallt. »In *der* Position geht es gar nicht. Lassen wir es«, beschließt die MTA. »Bitte, darf ich noch mal? Es ist doch sehr wichtig, überlebenswichtig«, versuche ich sie umzustimmen. Schwester Inge ist schon in der Tür zum Untersuchungszimmer und geht zu meiner Mutter. »Det war schon janz schön, aber wir machen det noch mal«, sagt sie fröhlich. »Mammi, das ist hier ja wie bei mir am Drehort. Den Spruch sage ich auch immer zu meinen Schauspielern, wenn sie nicht gut genug waren. Du kannst das besser, Mammi. Wir wissen das.« Schwester Inge sieht mich abwartend an, wir sind jetzt ein Team. Ich ändere meinen Ton von Liebe zu sachlicher Bestimmtheit: »Mammi, ich lege jetzt deinen Kopf in die Position, die für das Foto gebraucht wird.« Ich hebe leicht ihren Kopf, drehe ihn: »So muss er liegen bleiben, gerade.« Der Kopf geht wieder zur Seite. Vielleicht empfindet sie ihn so als gerade liegend? »Ich mach's noch mal, lass ihn bitte so liegen, genauso.« Die Schwester nickt, stellt das CT neu ein. Ich rede jetzt leicht monoton, einlullend wie ein Yogalehrer: »Du atmest jetzt ganz besonders ruhig weiter: eiiii- innnn und aaaauuussssss. Eiiiiinnnn und aaaauuussssss.« Ich gehe dabei so geräuschlos wie möglich zur Tür. »Eiiiiinnnn und aa- auuuussssss. Ich rede mit dir gleich über das Mikrophon weiter. Du lässt deinen Kopf aber genauso liegen. Ganz ruhig: eiiiiinnnn und aaaauuussssss. Ich schließe jetzt die Tür und du hörst mich gleich über das Mikro. Sehr gut, Anneliese. Bleib, wie du bist.« Ich schließe die Tür. Im Technikraum schaut mich die MTA frei von jedem Gefühl an. »Darf ich?« Ich zeige aufs Mikro. Sie nickt pessimistisch. Ich betätige die on-Taste des Mikrofons, wechsele in den suggestiven Ton zurück: »Eiiiiinnnn und aaaauuussssss. Das machst du sehr gut.« Die MTA schaut hoch, schüttelt den Kopf. Ich lasse die on-Taste los. »Wieder bewegt. Lassen w …« Ich unterbreche sie: »Ich gebe Ihnen ein Zeichen«. Ich schalte die on-Taste wieder ein. »Eiiiiinnnn und aaaauuussssss. Sehr gut,

Mammi, und jetzt hältst du die Luft an.« Meine Mutter tut es. Ich sehe die MTA auffordernd an. Sie schaut auf den Monitor: »O. k., das ist brauchbar.« Ich bedanke mich bei allen für ihre Geduld. Schwester Inge nickt mir zu. Im Untersuchungsraum gratuliert sie meiner Mutter: »Da hamse aber ne jute Tochter hingekricht, könnse stolz druff sein.« Meine Mutter wird wieder sitzend (!) von der Liege auf das Krankenhausbett zurückgehievt. Mit den Bildern der CT schiebe ich sie zurück zur Unfallstation.

Der Neurologe sieht sich die Aufnahmen von dem Gehirn meiner Mutter im Leuchtkasten an. Ich stelle mich dazu. Meine Mutter döst auf der Liege. Er erläutert die Bilder. »Hier ist die Einblutung!« Er deutet mit einem Kugelschreiber auf ein Hirnareal in der rechten Hirnhälfte. »Was bedeutet das?«, frage ich ihn bange. »Das Sprachzentrum ist zerstört. Bei einem alten Hirn ist das nicht so schlimm.« Mir wird schlecht. Hat sie für immer ihre Sprachfähigkeit verloren? Ausgerechnet meine eloquente Mutter, die nichts mehr liebt auf der Welt, als sich mit Menschen zu unterhalten? Bitte nein! Mein Blick verharrt auf den Bildern von ihrem Gehirn. Der Arzt steckt sie in den Umschlag zurück. Ohne weitere Erläuterung setzt er sich an den Schreibtisch, notiert etwas in die Krankenakte. Nach einer quälenden Pause spürt er meinen Blick. Er berührt die Hand meiner Mutter: »Sie müssen ein Weilchen bei uns bleiben, Frau Pfeiffer«, wendet sich dann mir zu: »Ihre Mutter bleibt hier zur Überwachung. Es kann leicht ein zweiter Schlaganfall folgen.« Bitte nicht!

»Was heißt: nicht so schlimm bei einem alten Hirn?«, ich starre den Neurologe an. Er lächelt: »Das Alter ist hier ein Vorteil. Das Hirn kann schon lange sprechen. Es wird jetzt einen neuen Hirnbereich für Sprache belegen.« – »Heißt das, es organisiert sich einen neuen Speicherplatz und schiebt die ›Software Sprache‹ dahin?«, frage ich. Zustimmend brummend geht er zum Telefon: »Es wird sich erst später zeigen, ob auch ihre Fähigkeit, Sprache zu verstehen, geschädigt ist. Ob sie schreiben und lesen kann.« Er lauscht in den Hörer, verhandelt. Auf der Schlaganfallstation ist kein Bett frei. Intensivstation findet er übertrieben. Mit dem dritten Gesprächspartner kommt er überein: Meine Mutter wird in die Neurologische Überwachungsstation eingewiesen.

Was wird jetzt aus uns? Mein Vater hat seinen Schlaganfall vor drei Jahren ganz gut überwunden. Er hatte eine halbseitige, mittelstarke Lähmung. Damals bin ich ihm im Krankenhaus nicht von der Seite gewichen. Habe ihn sofort ins Leben eingebunden: Bewegungstraining, Koordinationsübungen, gemeinsames Essen, ihm aus seinem Geburtstagsgeschenk, dem neuen Harry-Potter-Band, vorgelesen. Der Professor der Stroke Unit in der Charité, Benjamin Franklin, hatte mir bei der Entlassung meines Vaters gratuliert: »Er hat Ihnen sein Leben zu verdanken. Sie haben verhindert, dass er aufgegeben hat. Wer gebraucht wird, will auch wieder gesund werden.« Seine Lähmungen sind zurückgegangen. Seither ist er aber nicht mehr der Alte. Er ist schwächer, hat eine Ganglabilität, traut sich seitdem nichts mehr richtig zu. Für meinen Vater war der Schlaganfall der Startschuss für sein Sterben.

Wie kann ich meiner Mutter helfen? Erst einmal Geduld und Liebe, Liebe, Liebe. Dann: Fakten, Fakten, Fakten. Ich bin sicher, dass alles wieder gut wird.

Von einem netten persischen Medizinstudenten sind wir vor dem Schwesternzimmer der Neurologie abgestellt worden. Seit 20 Minuten ist nichts passiert. Meine Mutter liegt frierend im Klinikbett, döst vor sich hin. Ich tigere auf und ab, folge dann einem Gang, umrunde so einen Kubus und erreiche wieder das Bett meiner Mutter. Praktische Architektur: zwei Gänge gehen von einer rechteckigen Halle ab. Jeder Gang ist eine Station. In der Mitte der Halle steht dieser Kubus, ein würfelförmiger Raum. Darin die Stationsküche und zur jeweiligen Station hin ein verglastes Stationsschwestern-Zimmer. Licht sprengt diesen Raum. Sieht aus wie ein Ufo aus einem US-B-Movie der 80er Jahre. Die Lichtintensität grenzt den Schwesternraum von dem gräulich dunklen Gang ab. »Eine behauptete Kompetenz«, fährt mir durch den Kopf. »Im Hellen die Gesunden, im Dunklen die Kranken.« Im Flur hängt Kunst: Drucke unbekannter Maler und Originale von Patienten. Gute-Laune-Bilder. In einem Bereich hängen Schaubilder von der Anatomie des Menschen und Großfotos von Blutgefäßen des Gehirns. Zufällige Mischung? Oder feinsinnige Gestaltung? Mit welcher Absicht? Sie sind jedenfalls nicht sehr aufbauend. Den Querschnitt des Gehirns als medizinisches Lehrbild mag ich nicht! Mein Rundgang endet wieder am Bett meiner Mutter, ich drücke leicht ihre Hand; ohne ihre Augen zu öffnen, erwidert sie meinen Händedruck. Ich starte zu einer weiteren Runde. Warten war noch nie meine Stärke. Die Zeit steht, ein Stillleben: der Glaskasten leer, nirgendwo eine Schwester, ein Pfleger, ein Patient. Edward-Hopper-Atmosphäre.

Ist Licht nicht wesentlich für den Heilungsprozess? Das Thema hält mich fest. Zumindest auf die Psyche hat Licht einen großen Einfluss. Nur mit Tageslicht kann der Körper Vitamin D herstellen und somit Depressionen vorbeugen. Bei meiner Regiearbeit für Krankenhaus- und Arztserien ist das Lichtkonzept ein entscheidender Bestandteil der Inszenierung. Es manipuliert den Zuschauer, ruft in ihm unterschwellig, aber gezielt unterschiedliche Stimmungen hervor. Im OP zum lustvollen Gruseln: kaltes, gleißendes neonblaues Licht, das den Patienten in Gefahr erscheinen und die Klingen der Skalpelle blitzen lässt. Dagegen ist das Krankenzimmer mit warmem rotem Sonnenlicht durchflutet. Wir zaubern noch ein Schattenspiel an die Wand: mit Laub oder durch eine Jalousie. Das Prinzip Hoffnung wird unterstützt: Alles wird gut. Hat das Drehbuch im Krankenzimmer allerdings ein Drama vorgesehen, schlägt der Kameramann meist die klassische Lösung vor: Regenstimmung. Je nach Produktionsbudget mit Regen aus der Maschine vor dem Fenster oder eine Lichtstimmung wie nach dem großen Guss. Ohne Wassertropfen, aber das depressive Grau suggeriert: Hier wird nichts mehr gut. Mir gefällt strahlendes Sonnenlicht zu einer Katastrophe besser. Das Leben ist unvorhersehbar. Das Grauen inszeniere ich über die Gefühle der Menschen.

In einem Krankenhaus müsste eine bewusste Lichtgestaltung die Genesung und Stimmung unterstützen.

Meine Mutter und ich warten immer noch, haben beide Hunger und Durst. In der Ecke steht ein Getränkewagen mit Flaschen und Kannen. Leider alles leer. Kalte H-Milch ist noch im Angebot. Meine Mutter verzichtet. Ich muss, ich habe eine Laktose-Unverträglichkeit. Gut, also wasche ich zwei Kaffeebecher aus. Wir trinken Leitungswasser aus dem Toilettenraum. Meine Mutter mit Strohhalm. Ich kann nicht mehr stehen. Hole aus dem Besucher/TV-Zimmer einen Stuhl, stelle ihn dicht an das Bett meiner Mutter. Wie lange müssen wir uns noch gedulden?

Für meine Mutter macht es keinen Unterschied. Sie ist im Bett, ich bin da, wir sind im Krankenhaus. Ich schicke ein paar SMS ab, verschiebe Verabredungen, entschuldige mich beim Produzenten für meinen schnellen Aufbruch vor sieben Stunden.

In einen Wandvorsprung gequetscht steht die einzige Grünpflanze in dieser Station, in Hydrokultur. Eine Palme, die traurig, auch durstig, verloren aussieht. Alle Wedel hängen. »Palme im Exil«, könnte ein Titel zu dieser »Installation« heißen. Oder: »Palme in Not?« In halber Höhe ihres Stammes baumelt ein Schild: »Bitte nicht gießen, ich werde gepflegt.«

»Sie können hier doch nicht den Flur zustellen. Wir müssen mit den Betten ungehindert durchfahren können«, schallt es mir aus 20 Meter Entfernung in den Rücken. Zwischen meinem Stuhl und der gegenüberliegenden Wand sind Minimum 2,20 Meter frei. »Stellen Sie sich vor, wir müssten mit einem Notfall durch.« Die Stationsschwester steht jetzt vor uns. »Guten Abend, Schwester …« Ich suche ihren Busen ab, lese das Namensschild, da steht Frau Schmidt. Nanu? »Schwester … Schmidt? Frau Schwester Schmidt?« – »Ich bin Frau Schmidt.« Aha. Ich reiche ihr die Krankenakte meiner Mutter. »Frau Schmidt. Hier ist Ihr Notfall.« Sie nimmt sie nicht, rennt einfach weiter: »Ja, ja, bin gleich da.« Sie verschwindet hinter einer undurchsichtigen Glastür: »Nur für Personal« steht auf einem improvisierten Zettel. Der Pausenraum des Pflegepersonals, wie ich später erfahre.

Mein Handy schrillt, »Unbekannter Anrufer«. »Ja, bitte?«, flüstere ich mit schlechtem Gewissen – im Krankenhaus sind Handys verboten . »Hallo, Ilse.« Eine Bekannte, die sich mindestens seit einem Jahr nicht gemeldet hat. »Hast du kurz Zeit?« Leise und hastig antworte ich: »Nein, meine Mutter hatte einen Schlaganfall, wir sind gerade im Krankenhaus.« – »Oh, ja, ich wollte nur sagen, ich brauche einen Job, kannst du mich als Statistin einsetzen, oder besser noch mit 'ner Rolle? Ich …« Entgeistert sehe ich mein Handy an, beende das Gespräch. Dieser Kontakt hat sich auch geklärt. Ich schalte das Handy auf lautlos, Vibration.

Nach der Kaffeepause des Pflegepersonals wird meine Mutter wieder »auf drei« in ein Krankenhausbett gewuchtet. Zwei der

Schwestern riechen nach kaltem Zigarettenqualm. Mir wird das Aufnahmeformular in die Hand gedrückt. Auf meine Frage nach etwas Essbarem werde ich schnöde vertröstet. »Abendbrot kommt in einer Stunde. Das Patientenabendbrot! Angehörigenspeisung ist nicht im Budget!« Eingang Seestraße gibt es ein Bistro, werde ich naturschroff aufgeklärt, da könne man was kaufen. »Ist aber jetzt zu.« – »Wir haben seit heute morgen nichts gegessen.« – »Hat sie Zucker?« – »Nein«, antworte ich. Sie zuckt mit den Achseln. Mein zaghafter Hinweis, dass auch der Getränkewagen leer ist, wird erhört. Kaffee, Tee oder Wasser sättigen jedoch nicht. Ich kann eine Aushilfsschwester überreden, einen Becher Milch mit Kaba in der Mikrowelle heiß zu machen. Meine Mutter kann den Becher nicht halten, obwohl sie im Bett eher sitzt als liegt – zu schwer, zu heiß. Ich gieße den Kakao in einen neuen Becher, halbvoll. Sie verlangt mit Gesten ein Handtuch. Sie besteht darauf, es wie ein Lätzchen umgelegt zu bekommen. Kluge Mutter. Die Wärmezufuhr tut ihr sichtlich gut. Die Milch mit dem Zucker wird kurzfristig den Hunger stillen. Sie schläft in meinen roten Schal gekuschelt ein.

Ein erstes Durchatmen

Da sind wir nun. Im Krankenhaus. In einem Einbett-Überwachungszimmer der Neurologie. Ich sehe mich um. Das Bett steht mit dem Kopfteil vor dem Fenster, mit dem Fußende zur Tür. Freier Zugang von allen Seiten. Hinter dem Kopfteil ist der »Versorgungsbaum« mit allen erdenklichen Anschlussmöglichkeiten. An der linken Wand sind eng aneinander gereiht: ein Kleiderschrank, ein Hängeregal, ein Stuhl, ein Tisch, noch ein Stuhl und das Waschbecken. An der rechten Seite des Bettes stehen ein mobiler Nachttisch und ein weiterer Stuhl. Die Tür – so breit, dass ein Krankenbett ohne Mühe durchpasst – ist aus Milchglas, daneben eine große normale Fensterscheibe. Zum Nebenzimmer hin ist der Durchblick verdeckt, zum Flur hat man freie Sicht auf rumpelig abgestellte Rollstühle, Infusionsständer. Die Neurologische Überwachungsstation, zu dem das Zimmer meiner Mutter gehört, ist von dem Rest der Neurologie durch eine Glastür am Ende des Flures abgegrenzt. Der Schreibtisch, von dem aus vier Zimmer überwacht werden sollen, ist verwaist, dafür steht die Glastür zum Flur offen. Die Zimmer der Stationsärzte sind in der Nähe, ihre Türen jedoch immer geschlossen. Der Glaskasten der Stationsschwestern ist außer Hör- und Sichtweite.

Mechanisch räume ich die Sachen meiner Mutter ein, nehme den Raum in Besitz. Im Zimmer gibt es drei identische Abfallkörbe. Ohne Beschriftung. Nach wenigen Minuten ist nichts mehr zu tun, nichts mehr zu entdecken. In dieser kleinen Entspannungsphase meldet sich mein Körper: Hunger, Durst, kalt, Toilette. Ich stelle die Heizung auf Stufe 5. Das Zimmer hat keine Toilette.

Ich steuere das nächstliegende WC an, die Tür eines Krankenzimmers steht offen, der Fernseher läuft, zwei Männer liegen in ihren Betten, sehen mich neugierig an. »Guten Abend, darf ich die Toilette benutzen?« Der Mann im Bett am Fenster antwortet mir: »Haaa, haaa, ha.« Sein Kopf rotiert wild. Eine Ja- oder Nein-Bewegung lässt sich nicht erkennen. Der andere Mann lächelt etwas verlegen, versucht seinen rechten Arm zu heben, mit größter Anspannung gelingt es ihm, mit dem Zeigefinger auf der Bettdecke Richtung Toilettentür zu deuten. »Danke.« Meine Hand hat noch nicht die Türklinke berührt, da kreischt es: »Das Besucherklo ist im Quergang links.« Schwester Margret lese ich auf dem Namensschild. Margret? Nicht Frau Müller! »Is zum gegenseitigen Schutz.« Schutz? Mmmh. O. k. Ich akzeptiere, will es jetzt auch nicht verstehen. Gemeint ist der gegenseitige Schutz der Patienten und Besucher vor Ansteckung mit Hepatitis, Diarrhö oder HIV. Nicht alle Patienten werden bei ihrer Einweisung gleich darauf getestet, bzw. die Ergebnisse brauchen eine Weile. Zudem ist das Immunsystem der Patienten oft geschwächt, sodass sie in der Klinik für Keime besonders anfällig sind. Die Besuchertoilette finde ich neben dem medizinischen Lehrbild des Gehirns. Ich mag es immer noch nicht.

Auf dem Rückweg »klaue« ich einen Getreidekaffee vom Getränkewagen. Meine Mutter schläft friedlich. Das Aufnahmeformular fülle ich in bemühter Schönschrift aus. Es hat auch eine Rubrik Besonderheiten: Hier trage ich ihre Panikschübe bei flachem Liegen ein, Sehfeldeinschränkung: bei beiden Auge seitlich und beim linken auch in der Mitte.

Ich bin sauer auf mich, wieso haben wir nichts für einen möglichen Notfall vorbereitet? Wieso haben wir aus Papos Schlaganfall und Unfall nichts gelernt? Wir haben weder Patientenverfügung, Betreuungsverfügung, Vorsorgevollmacht noch Kontovollmachten eingerichtet. Was, wenn meine Mutter nie mehr sprechen, lesen, schreiben können wird? Wenn sie unsere Sprache nicht mehr versteht?

Das Abendbrot wird gebracht: Graubrot, graue Wurst, fahler Käse, zwei Scheiben Gurke, Petersilie, Butter. Verschiedene Tees, Wasser kann man aussuchen. »Helfen Sie Ihrer Mutter, oder sollen wir das machen?« – »Danke, ich mache das gern.«, lasse meine Mutter aber erst einmal weiter schlafen. Die Schwester kommt zurück: »Wir haben ein Abendbrot übrig, der Patient ist schon entlassen, wollen Sie?« Dankend nehme ich das Tablett entgegen. Ich hebe die Tellerabdeckung hoch, zu meiner Überraschung liegen hier gekochter Schinken und Camembert. In einem extra Schälchen ist eingelegter Bohnensalat. Die Schwester gibt mir den Menü-Plan der Woche. »Bitte angekreuzt zurück.« Ich denke an meinen Spargel und die Erdbeeren im Auto. A U T O ?! Mist, es steht noch auf dem Parkplatz für Rettungsfahrzeuge!!! Ich sprinte los, in den Aufzug nach unten. Aber ich komme nicht da an, wo ich erwartet hatte. Ich hetze durch Gänge, habe mich eindeutig verlaufen. Niemand da zum Fragen. Gut, das Ganze noch mal mit Logik. Mit dem Fahrstuhl zurück zur Halle. Hier stinkt es nach Zigarettenrauch. Neben der großen Eingangspforte ist die offizielle Raucherecke. Hinter den wabernden Rauchschwaden die hässlichsten Industriefarben, Industrietextilien, Industriedesign: Auf am Boden fixierten Metallstühlen und -tischen sitzen Männer und Frauen in Bademänteln, Jogginganzügen, Nachtwäsche. Manche mit einem Kopfverband, einige am Tropf, andere halten ihre Blutverdünnungsmaschine, den Perfusor, wie eine Handtasche auf ihren Knien. Ein modernes George-Grosz-Tableau: aufgedunsene Gesichter mit geplatzten Äderchen oder ausgezehrte, aschgraue bis gelbliche. Unförmige Fleischberge oder Klappergestelle wohlig vereint in ihrer Sucht. Die Raucher aus den verschiedenen neurologischen Abteilungen. Ich studiere gehetzt die Richtungstafeln, die Notaufnahme ist nicht darunter. Wo ist sie? Ein Flachmann fällt scheppernd, von grölendem Gelächter begleitet, in einen dreigeteilten Müllcontainer: Papier, Glas, Reste. »Schmeiß den lieber woanders weg.« – »Wieso, det können se doch nur nachweisen, wenn se meine Fingerabdrücke nehmen«, der Mann fühlt sich intelligent und total im Recht. Ich beschließe, mich draußen im Gelände zu orientieren. Als ich die Gruppe kreuze, verschwindet ein neuer Flachmann neben seinem voluminösen Bauch in seiner Bademanteltasche. Alle tun betont unbeteiligt. Ich muss husten. »Rauchen ist hier erlaubt, Frau Doktor!«, sagt der Dicke vorsorglich in meinem Rücken, wieder hat er die Lacher auf seiner Seite. Ich nehme die Aufforderung an, drehe mich um. »Und Alkohol?«, frage ich. »Haben wir nicht«, ist die zu schnelle Antwort. »Dann haben Sie sicher nichts gegen einen kleinen Bluttest?«, setze ich scheinheilig nach. An der Seite seines Rollstuhls steht die Station, auf die er gehört. »Station 7, nicht wahr?« Dem Dicken fällt das Gesicht auseinander. »Schönen Abend, noch ...« Ich drehe mich um und verlasse zügig die Halle.

Nach 20 Minuten habe ich endlich einen Parkplatz außerhalb des Klinikgeländes gefunden. Das Krankenhaus hat auch ein Parkhaus. Meine Macke: Ich hasse Parkgebühren. Bepackt mit den Tulpen, Erdbeeren und Ruccola laufe ich zum Krankenhaus zurück. Ich rufe meinen Vater an. Ehe es geklingelt hat, ist er schon am Telefon: »ILLseee??? Mir geht's schlecht. Sag mir die Wahrheit, bin ich schon Witwer?« Es klingt wie ein misslungener Witz. Schwarzer Humor als Eigentor. Er ist beruhigt über meine Erläuterungen, ist pessimistisch für die Zukunft. »Dann ist sie also ein Pflegefall. Sie kann nicht reden? Ich kann nicht hören! Die Verantwortung kann ich nicht übernehmen.« Er hat Angst vor der Zukunft für sich und seine Ehefrau. »Mir geht es auch schlecht nach meinem Schlaganfall, auch wenn es mir keiner glaubt.«
      Derart aufgebaut erreiche ich wieder die Station, auf der meine Mutter liegt. Kaum biege ich in den Stationsgang ein, höre ich sie schreien. In mir explodiert alles. Tanz der Zellen. Ein Start von Schumacher ist nichts dagegen. In der offenen Tür sehe ich

sie hyperventilierend platt im Bett liegend. Das Laken ist ausge-
wechselt worden. Gerade wird ihr eine Windel angelegt. Das
Aufnahmeformular mit meinem Eintrag für Besonderheiten liegt
gut sichtbar auf dem Tisch. »Ist sie inkontinent?«, werde ich gefragt. »Meine Mutter benutzt kleine Einlagen, wie oft weiß ich
nicht. Sie kann nicht flach liegen, das verursacht Panikschübe.«
Die Schwestern arbeiten ungerührt weiter. »Sie war im Krieg
verschüttet«, erfinde ich ohne zu denken. »Oh je.« Die Schwester stellt sofort die Rückenlehne hoch, streichelt meine Mutter
an der Schulter: »Alles in Ordnung, Frau Pfeiffer.« Auch die
zweite Schwester ist sichtlich berührt. »Gut, dass Sie das sagen,
ich notiere das gleich in die Krankenakte.«

Meine Mutter ist verschreckt. Sie scheint ein Trauma zu
durchleben. Ihr Atem geht stoßweise. Instinktiv lege ich mich zu
ihr. Sie legt ihren Kopf auf mein Herz, ich halte sie in meinen Armen, summe Töne. In unserer Familie ist Körperkontakt unüb-
lich. Zu Hause bei meinen Eltern, in der Wohnung, in der ich
aufgewachsen bin, gibt es kein Möbelstück, auf dem man schmusen könnte. Selbst das Sofa, auf dem meine Mutter ihren Mittagsschlaf hält, ist zu schmal für zwei. Ich wiege sie wie ein Baby,
streichle ihren Kopf. Langsam beruhigt sie sich. Sie hat immer
gesagt, dass flaches Liegen bei ihr Panik hervorruft. Aber miterlebt habe ich das nie. Ist meine Notlüge am Ende wahr? Habe ich
unbewusst ins Schwarze getroffen? Was ist in ihrem Leben passiert, das diese Angst ausgelöst hat? Fast unbemerkt von mir
selbst fließt eine Träne über meine Wange. Wie wenig weiß man
doch über seine nächsten Menschen.

Meine Mutter schläft wieder. Ich beschließe, im Krankenhaus zu
bleiben, bis sich das hier eingespielt hat. Auf der Suche nach einer
Schlafgelegenheit und einer Vase sehe ich in der Mitte des Gan-
ges eine etwa 45-jährige Frau: Sie steht breitbeinig, schaukelt wie
ein Orang Utan. Ihre Arme schlenkern hin und her. Minutenlang
im gleichen Rhythmus. Dann plötzlich hebt sie den linken Fuß
und setzt ihn mit Schwung vor den rechten. Ich überhole sie. Die
Schwester verneint meine Frage nach einem Schlafsessel oder
einer Liege, offeriert mir aber eine ganze Sammlung von Vasen.
Auf dem Rückweg sehe ich, dass die Schaukel-Frau einen weiteren Schritt Richtung Getränkewagen geschafft hat.

Das Krankenzimmer sieht durch den bunten Tulpenstrauß gleich lebendiger aus. Erdbeeren und Ruccola mit Graubrot und Butter, Salz und Pfeffer, das wird mein Abendbrot sein. Für meine Mutter denke ich an Käsebrot mit Bohnensalat und Erdbeeren mit Zucker. Mir fehlen Kompottteller. Also gehe ich wieder auf Suche. Die Schaukel-Frau hat inzwischen den Getränkewagen erreicht. Sie schlenkert jetzt einen Becher durch die Luft. Ich trete hinzu, grüße sie, decke mich mit zwei Untertassen, Teelöffeln und Würfelzucker ein. Die Frau möchte sich offensichtlich einen Kaffee eingießen, wie soll das gehen? Ich biete ihr meine Hilfe an. Der erste Kaffee, den ich ihr einschenke, landet im hohen Bogen auf dem Fußboden. Beim zweiten Mal schenke ich ihr den Becher nur halbvoll ein. Das ist besser. Jetzt verschüttet sie ihn beim Versuch zu trinken. Wir sehen uns beide verzweifelt an. Die Lernschwester kommt und macht kommentarlos den Boden sauber. Die Schaukel-Frau resigniert. Jemand hat eine leere Colaflasche auf dem Getränkewagen abgestellt. Ich fülle wenig Kaffee hinein und gebe einen Strohhalm dazu. Sie strahlt. Tatsächlich schafft sie es, ihre Bewegungen zu koordinieren und den Kaffee zu trinken. Im Vorbeigehen frage ich die Lernschwester: »Was hat sie?« – »Schlaganfall.« Ich gehe mit meinem Geschirr den tristen Gang hoch. Mir wird bewusst, dass die Schaukel-Frau etwa in meinem Alter ist. Puhhh: Ich lebe auch ungesund: Bluthochdruck, Übergewicht, wenig Bewegung. Beide Eltern und beide Großmütter hatten einen Schlaganfall, bin ich auch ein Risikopatient? Ich werde mein Leben ändern, verspreche ich mir.

Ich bin gut trainiert, immer über meine Grenzen zu gehen. 20 Stunden Arbeitszeit pro Tag über Monate hinweg mit einem halben freien Tag pro Woche? Kein Problem. Ganz oder gar nicht. Im Berliner Kinder- und Jugendtheater »Grips« morgens vor Schulklassen Theater spielen, dann den ganzen Tag in Köln drehen, nachts noch in Hamburg vor der Kamera stehen und trotzdem die Semesterarbeit schreiben (damals ohne Computer). Mach ich. Bis ich in Köln im Taxi die Adresse meiner Berliner Wohnung angebe anstatt das Hotel. Gerade das Unmögliche fordert mich heraus. So lebe ich seit meinem 15. Lebensjahr: erst Schule, Schauspielausbildung, Hauptrollen im Theater spielen, beim TV hospitieren – alles gleichzeitig. Dann Studium, aktive

TV- und Theaterschauspielerin, Technik lernen, Partnerschaft –
alles gleichzeitig. Dann erfolgreiche Schauspielerin im TV mit
150 Drehtagen im Jahr, Regieassistentin, Autorin, Produzentin,
Partnerschaft – alles gleichzeitig. Dann … immer volle Pulle. Für
mich war die permanente Leistung Erholung, dachte ich. Mein
Vater hat mich nie gefragt: »Wie geht es dir?«, sondern immer
nur: »Gibt es Resultate?« Mein Wert definiert sich über Leistung. Das ist mein Erbe, eingeimpft von ihm und meinen Großmüttern. So wurde ich erzogen.

Seit dem Freitod von meinem Freund Clemens bestehe ich auf
der Frage: »Wie geht es dir?« Mein Vater war empört: »Das frage
ich dich doch immer! Man kann sich doch nur gut fühlen, wenn
man was geschafft hat.« Mir zuliebe hat er die neue Frage gelernt.
Ich beginne mich auch selber zu fragen: »Wie geht es mir?« Oft
kenne ich keine Antwort … Hier in der Klinik? Wie geht es mir
hier? Ich fühle mich ohnmächtig: ohne Macht. Mein Arbeits-
motto: »Geht nicht, gibt's nicht«, hilft bei einer Krankheit nicht.
Leistung? Disziplin? Bringt nichts. Ich wünsche mir einen Zau-
berstab. Würde gern allmächtig sein und bin ein Nichts. Unterordnung, Aufmerksamkeit, Mitfühlen kann ich bieten. Unterstützung, Bestätigung, Sicherheit geben. Und Geduld. Mehr ist nicht
drin.

Schichtwechsel. Ein neues Pflegeteam stellt sich vor. Meine Mutter bekommt ihre Abendtabletten. Dass das Flachliegen bei ihr
tabu ist, hat sich noch nicht herumgesprochen. »Wir hatten einen
weiteren Neuzugang«, entschuldigt sich der Pfleger. Meine Anwesenheit wird begrüßt. Ich darf bleiben solange ich will, und
wenn was ist »einfach die Klingel drücken«. Ich freue mich an den
einzigen Farben im Zimmer: den bunten Tulpen, dem knackigen
Grün des Ruccolas und den Erdbeeren. Ich esse mit den Augen,
trinke literweise Wasser. Meine Mutter akzeptiert nur Kakao. In
nicht vorhersehbaren Zeitabständen gibt sie einen fragenden Laut
von sich. Ich antworte ihr dann. Die Tatsache, dass ich da bin, beruhigt sie. In der Verhaltensforschung nennt man das »Stimmfüh-
lungslaut«, das Kind versichert sich der Anwesenheit der Mutter.

Ich wache an ihrem Bett, atme durch und betrachte sie: Meine
Mutter, 84 Jahre alt, zerstrubbelte Haare, verschwitzt, ohne Fri-

sur. Ihr Gebiss schwimmt in einem Glas auf dem Nachttisch. Noch nie habe ich sie ohne Zähne gesehen … Sie sieht aus wie eine x-beliebige alte Dame oder wie ein »olles Weib«, wie mein Vater sagen würde. Ich weiß, wie gepflegt sonst ihre Locken mit den natürlichen silbernen und hell- bis dunkelgrauen Haarsträhnen sind. Wie ausgesucht sie sich kleidet. Sie hat einen Blick dafür, ihre Mutter war Schneiderin. Dazu immer passend klasse Schuhe, Handtasche, Handschuhe, dezenter Schmuck. Lässiges Understatement mit gutem Schnitt und in gutem Tuch. Sie ist ein optimistischer, fröhlicher Charakter: frech, kommunikativ, humorvoll. Eine Kämpferin. Wenn ich sie in einem Café allein lasse, um schnell etwas zu besorgen, finde ich sie garantiert mit mindestens drei fremden Leuten jeden Alters im Gespräch wieder, die sie auch noch einladen möchten. Bei Theaterpremieren muss ich sie nach drei Uhr morgens überzeugen, ja regelrecht »betteln«, dass wir das Fest verlassen. Keiner würde auf die Idee kommen, dass sie 85 Jahre alt ist.

Als Tochter bin ich trotzdem unzufrieden mit ihr: Seit Jahren diskutiert meine Mutter keine Inhalte mehr. Sie überspielt ihre Schwächen, indem sie großzügig lobt, freundlich bestätigt oder geschickt Fragen stellt. Sie lässt sich Betrachtungen, Gedanken, Kontroversen vortragen. Mit ihren Dialog-Standards und ihrem Anekdoten-Fundus kann sie andere super unterhalten. Ich flüchte dann lieber. Auf Grund ihres fröhlichen Wesens findet sie überall Anerkennung und Unterhaltung. In diesem Krankenhausbett, weiß in weiß, ist ihre Persönlichkeit nicht erkennbar. Die Präsenz eines Menschen bestimmt das Verhalten der anderen ihm gegenüber. Der Betrachter ist es, der dich wahrnimmt. Ich werde Papo bitten, ein Foto vom letzten Osterausflug mitzubringen. Das zeigt ihre wahre Besonderheit.

Ich finde einen Stift in meiner Handtasche, aber kein Papier. Das Schwesternzimmer ist leer, verschlossen. Das ganze Pflegeteam arbeitet in den Zimmern, macht die Patienten »nachtfertig«. Auf der Station liegen viele Schwerstfälle.

Im Zimmer nehme ich ein paar Papiertücher aus dem Handtuchspender am Waschbecken. Groß, mit dickem Strich, damit es auch auf Entfernung gut lesbar ist, schreibe ich:

```
Anneliese Pfeiffer, ehemalige Sonderschullehrerin, im Krieg Rotkreuz-
Krankenschwester auf der Typhusstation für Kinder. Humorvoll, sehr
kommunikativ.
Liebt Musik, Literatur, Theater, gutes Essen und Gesellschaft.
Darf nicht flach hingelegt werden wegen Panikattacken
(Kriegstrauma), Sehfeldeinschränkungen, Sprachzentrum zerstört, Hirn
intakt, versteht alles.
```

Mit Leukoplast klebe ich den Zettel gut sichtbar über den Esstisch. Einen zweiten mit gleichem Inhalt klebe ich an das Namensschild am Fußende des Bettes.

Auf dem Kunstledersessel habe ich bald alle Körperhaltungen durchprobiert. Schlafen kann ich so unmöglich. Das Fensterbrett in Sitzhöhe gleicht in Länge und Breite einer schmalen Bank. Ich stibitze aus dem Wäschecontainer vor dem Zimmer vier Handtücher, breite sie als Unterlage aus. Statt Kopfkissen gibt's eine Handtuch-Rolle.
Nachdem ich alle abgegrabbelten Illustrierten aus dem Aufenthaltsraum durchgeschmökert habe, lege ich mich in mein improvisiertes Bett. Durch die zugezogenen Vorhänge wird die Fensterbank zum Séparée ohne jede Bewegungsfreiheit. Entweder oder: ein Arm unten und den anderen auf meinem Bauch oder beide Hände unter meinen Kopf mit den Ellbogen in die Höhe, das gefällt meinem Kostüm nicht so sehr. Jacke aus und gut ist's. Eine Taube landet auf der anderen Seite der Fensterscheibe, sie kennt den Platz, sie landet genau dort, wo drei Taubenabwehrstachel fehlen. Sie duckt sich in die Ecke zur Mauer. Flugratte oder Friedenssymbol? Wir sind Nachbarn für diese Nacht.
Ich halte meine Gedanken an, schicke die kummervollen weg. Will meinen Kopf mit schönen Bildern füllen. Es gelingt mir nur langsam. Fühle mich wie in einer Pause zwischen zwei Atemzügen. Unwirklich, wie zwischen den Welten.

»Da hat sie aber einer sehr lieb, keine Angst, das Kopfteil bleibt, wie es ist, Frau Pfeiffer. Nicht erschrecken, ich habe kühle Finger. Ich bin Schwester Silvia, wir kennen uns noch nicht, ich möchte nur ihre Windel wechseln. Hier steht, Sie waren Lehrerin? Das ist meine Mutter auch. So, schon geschafft, jetzt können Sie weiterschlafen.« Mit leisen Schritten geht die Schwester raus. Meine Mutter beginnt den gesamten Rest des Regenwaldes abzuholzen.

Gegen 6.30 Uhr kommt Schwester Silvia zur Morgentoilette. Ehe ich mich aufrichte, mache ich mich bemerkbar. Sie begrüßt mich:»Haben Sie noch heile Knochen? Ich hab Sie bei meinem ersten Rundgang gesehen. War ein ziemlicher Schreck.« Meine Mutter ist sofort wach. Sie will ihr Gebiss haben. Wir geben uns einen Guten-Morgen-Kuss.»Schwester Silvia hilft dir bei der Morgentoilette. Ich gehe walken. Bin in einer Stunde zurück.«

Am Auto ziehe ich auf menschenleerer Straße meine Laufklamotten an und walke zum Plötzensee. Wie sieht unsere Zukunft aus? Kommt ein zweiter Schlaganfall? Bleibt es, wie es ist? Gibt es Heilung? Ich renne um mein Leben, gedankenfrei, Luft im Gesicht. Mein Puls ist schnell oben. Egal. Mein Handy piept, eine SMS. Der Produzent möchte heute um 10 Uhr das Gespräch im Café Einstein weiterführen. O. k., that's showbis.

Zurück im Krankenhaus begegne ich im Stationsflur wieder Schwester Silvia. Sie zwinkert mir zu:»Ich hab Ihnen ein Frühstück mit reingestellt.« Sie registriert meinen verschwitzten Zustand, mein weißes Kostüm in der Hand.»Sie wissen ja, wo die Handtücher sind.«

Im Zimmer begrüßt mich meine Mutter, als käme ich gerade von einer langen Reise zurück. In meinem zerknitterten Kostüm frühstücke ich mit ihr. Ich gebe meinen Protest gegen Krankenhausessen vorübergehend auf.

Das Krankenhaus ist eine Universitätsklinik. Der Stationsarzt wird begleitet von zwei Assistenzärzten, sieben Studenten, zwei Schwestern. Alle stehen um das Bett herum, ich falle in meinem weißen Kostüm kaum auf. Der Assistenzarzt beginnt mit der neurologischen Untersuchung. Gemeinsam sehen sie die CT-Bilder an. Sie bestätigen, dass das Sprachzentrum zerstört ist: Mobilitätstraining und Logopädie werden verordnet. Ich frage, ob meine Mutter nicht eine Infusion bekommen sollte, da sie dehydriert ist. Zum Beweis zupfe ich an der Haut, an ihrem Unterarm. Der Stationsarzt zupft auch, empfiehlt, einen genauen Einfuhrplan aufzustellen: 1,6 Liter täglich. »Wäre nicht 'ne Sauerstoffzufuhr gut?«, frage ich. »Kann man machen, halte ich aber nichts von. Gehen Sie mit ihr lieber in den Garten. Ein paar Schritte an der frischen Luft tun's auch, Frau Kollegin.« Ich erkläre ihm, dass ich keine Ärztin bin. »Nanu, alle gehen davon aus. Sie sprechen wie eine Medizinerin.« – »Profundes Halbwissen aus meiner Fernseharbeit. Supercalifragilistic expialigetisch, wie Mary Poppins ... Glaubwürdigkeit durch selbstbewussten Vortrag. Ich habe Krankenhausserien als Regisseurin gedreht: ›Alpha Team‹, ›Hallo Onkel Doc‹, ›Praxis Bülowbogen‹.« Der Stationsarzt lacht: »Die sehe ich mir nie an.« Ich sehe, was er denkt: Die medizinisch »halbgebildeten« Angehörigen oder Patienten sind die schlimmsten. Gut, kann auch Einbildung sein. »Haben Sie da eine Fachberatung?« – »Ja, am Anfang musste ich im Studio-OP aufpassen, dass ich nicht ohnmächtig werde, so echt sieht das alles aus. Jetzt kann ich einen Leberriss nähen.« Er wirkt interessiert: »Was benutzen Sie für Präparate?« – »Schweineleber, sieht aus wie Menschenleber.« Er fragt weiter: »Was machen Sie jetzt?« – »Ich überlege, wie man am besten Menschen umbringt.« Allgemeine Heiterkeit. »Und dabei denken Sie an mich?« Ich sehe ihn gerade an: »Noch nicht. Ich recherchiere für einen Krimi. Warum wurde bei meiner Mutter kein Perfusor mit Blutverdünner eingesetzt?« – »Das Zeitfenster war schon vorbei. Es macht nur Sinn bis. ...« – »Sind wir zu spät hergekommen?« – »Im Alter Ihrer Mutter machen wir das in der Regel nicht, die Gefahr einer Einblutung ist zu groß. Sie haben nichts verpasst. Das Wichtigste ist, dass kein zweiter Hirninfarkt nachkommt.«

Jetzt ist es zu spät, um mich zu Hause für den Termin mit dem Produzenten umzuziehen. In dem weißen verdreckten Kostüm kann ich unmöglich bleiben. Wir treffen uns im »Kaffee Einstein«, Unter den Linden. Soll ich schnell was Neues kaufen? Wo? Das Risiko ist mir zu groß. Ich probiere die Hose und Bluse meiner Mutter an. Etwas weit, nicht ganz mein Stil, aber schick. Schminke habe ich im Auto. Das muss jetzt so gehen.

Nachtigall und Lerche

24 Stunden nach Mutters Schlaganfall fahre ich die Strecke mit meinem Vater ins Krankenhaus. Diesmal bei Sonnenschein. Er hat sich schön gemacht: dunkelbraune Hose, buntes Hemd, weinroter Pullunder, rehbraunes Boss-Jacket. Er trägt den Platin-Brillantring, den meine Mutter ihm zu seinem 50. Geburtstag geschenkt hat. Mein Vater trägt ihn immer nur zu besonderen Anlässen. »Der steht dir gut.« Sage ich lächelnd. »Schön nicht? Hab ihn erst gar nicht gefunden, ich glaube, ich lege ihn besser in den Safe.« – »Da macht er doch keine Freude.« – »Ich kann aber nicht lange bleiben. Ich nehme dann einfach die U-Bahn zurück, da muss ich dich nicht weiter belasten.« – »Lass uns erst einmal ankommen, dann sehen wir weiter«, antworte ich ihm. »Ich brauche meinen Mittagsschlaf«, protestiert mein Vater. »Mit Bus und U-Bahn fährst du bestimmt eineinhalb Stunden nach Hause zurück«, gebe ich zu bedenken. »So lange, mein Gott, ja. Aber mittags schlafe ich immer.« Mein Vater besteht auf seinen Ritualen. Er hat sein Leben strukturiert in klare Zeitabläufe und Aufgaben pro Tag, pro Woche, pro Monat, pro Jahr ... sein Leben. Über jeden Tag führt er eine genaue Statistik. Er setzt sich Ziele. Protokolliert seine Ergebnisse. Überbleibsel aus seiner Zeit als Steuerbevollmächtigter? »Du hast doch von 9 Uhr gestern Abend bis 7 Uhr heute früh geschlafen«, entgegne ich. Doch er bleibt hartnäckig: »Nicht richtig, bin immer wieder aufgewacht. Na ja, dann habe ich Baldrian genommen, was bleibt mir anderes übrig.« – »Aber du hast doch eben von 10 bis 12 Uhr auch noch mal geschlafen.« – »Da habe ich nur gedöst. Na, so ist es eben mit einem alten Mann, da ist nüscht mehr los.« Wir fahren über die Stadtautobahn. »War sehr leer die Wohnung ohne deine Mutter. Nur das Telefon hat ständig geklingelt«, lächelt er traurig. »Ich frage mich, wann ihr euch überhaupt seht. Du schläfst am liebsten von halb 8 Uhr abends bis morgens 9 Uhr.« Die Antwort folgt prompt: »Da sind die Nachrichten durch, da kann ich doch schlafen gehen. Was soll ich denn rumsitzen. Oft gehe ich auch erst gegen 9 Uhr ins Bett.« – »Und dann schläfst du nach dem Mittagessen und nach dem Kaffeetrinken.« – »Na 'n alter Mann hat ja auch nüscht mehr zu erwarten.« Ich habe es noch

nicht verstanden: »Wann seht ihr euch eigentlich? Mammi geht gegen 1 Uhr nachts ins Bett, wenn du sie weckst, steht sie um 9 Uhr zum Frühstück auf und schläft dann noch einmal bis 13 Uhr und dann wieder nach dem Mittagessen.« – »Wir sind eben wie Nachtigall und Lerche«, schmunzelt mein Vater. »Ihr könntet glatt im Schichtwechsel in einem Bett schlafen.«

Genialerweise finde ich einen legalen Parkplatz vor dem Eingang. Wir laufen durch das Gelände, schreiten durch die prächtige Baumallee. Auf den schönen Parkbänken hocken Patienten und Besucher, die meisten paffen. Mein Vater geht konzentriert unter größter Anstrengung. So kenne ich ihn nicht. Wir sind keine 300 Meter unterwegs. Wir betreten das Bettenhaus, er hakt sich bei mir unter, der Steinboden ist glatt. »Jetzt haste 'nen ollen Tattergreis als Vater, kann ich nicht ändern. Würd' ich gerne.« Es ist ihm peinlich, dass er ihn so sehe. Auf dem Weg vom Fahrstuhl durch den Krankenhausgang wird er immer schmaler und kleiner und blasser. Verschlossener. »Die nächste Tür ist es.« – »Sieht sie schlimm aus?« – »Nein«, lächle ich ihn aufmunternd an. Er strafft seinen Körper, geht mit Schwung in das Zimmer und tritt ans Bett meiner Mutter: »Ich grüße dich, meine allerliebste Gattin«, deklamiert er mit großer Geste. Mit seinen Fingern klopft er auf den Handrücken meiner Mutter. Er bemerkt die Tulpen: »Schön. Du hast schon Blumen?« Höre ich da eine kleine Eifersucht? »Schnapschnu schneeese«, lächelt meine Mutter in den Raum. Ihre Augen finden uns nicht, wenn wir sie ansprechen. »Die Tulpen sind von mir«, erkläre ich. »Sehr schön, aber das sieht doch sehr schlecht mit ihr aus«; mein Vater ist bedrückt. Ich schiebe den Kunstledersessel ans Bett. Er setzt sich, wirkt wie bestellt und nicht abgeholt. »Zu Hause ist alles soweit in Ordnung. Post war heute nicht. Ich kümmere mich um alles. Tausend Leute haben angerufen, wollen dich sprechen, ich hab sie informiert.« Ich besorge Kaffee vom Getränkewagen, für drei, treffe den Assistenzarzt auf dem Flur. »Die Augen meiner Mutter sind nicht koordiniert, wenn ich mit ihr spreche, sieht sie drei Meter an mir vorbei in die Höhe.« – »Machen Sie sich keine Sorgen«, erwidert er, »das Hirn probiert jetzt alles durch. Es muss sich neu ordnen. Wir beobachten das.«

»Wenn du sterben willst, mach es, du musst keine Rücksicht

auf mich nehmen«, hören wir meinen Vater bis in den Gang: »Ich weiß zwar nicht, wie ich alleine fertig werden soll, aber irgendwie wird es schon weitergehen.« So brüllt er immer, wenn er sein Hörgerät nicht eingeschaltet hat. »Raa, rahhh, ra«, antwortet meine Mutter. »Oh je, mein Opa ist genauso.« Der Assistenzarzt blickt zur Decke. Für meinen Vater ist das ein Ausdruck seiner Liebe.

Meine Mutter wirft ihren Kopf hin und her, schiebt seine Hand weg, schüttelt sie ab. Eindeutig, dass ihr das Gesagte nicht passt. Mein Vater sieht mich in der Tür: »Du siehst doch, ich mache alles falsch, aber das muss doch gesagt werden«, ›wirft‹ er mir vor. Ich reiche ihm eine Tasse Kaffee. Er bedankt sich. »So schnell wird nicht gestorben«, wende ich ein. »Au, heiß! Wo ist die Toilette?« Das war aber ein schneller Themenwechsel, ich bin verwundert.

Aus der Wohnung meiner Eltern habe ich Mammis geliebtes Reiseplaid mitgebracht. Ein Geschenk meines Vaters auf einer Schottlandreise. Sie fasst es an, erkennt es aber nicht. Den Kaffee will sie aus der Tasse trinken. Es gelingt fast. Linksseitig scheinen die Lippen nicht voll funktionsfähig. Ihr Blick schweift umher. Sie hört meine Stimme und lächelt die Wand an. »Keine Sorge.« Wirklich?

Hat der Arzt Recht? Mein Vater kommt zurückgeschlurft: »Ich glaube, ich kann nicht alleine nach Hause fahren, ich bin zu müde, jetzt schon.« Ich schiebe den Kunstledersessel zur Fensterbank, damit er sitzen und die Füße hochlegen kann, das lehnt er ab. »So benimmt man sich nicht, ich bin doch kein Greis.« Er setzt sich auf den Sessel, schläft sofort ein. Meine Mutter kommentiert das mit einem Kopfschütteln. Hat sie das wirklich mitbekommen? Kurze Zeit später schläft auch sie. In dem leeren Zimmer klingt der Atem meiner Eltern unwirklich laut.

Ich schlendere durch den Stationsgang. Die Schlaganfall-Herren lächeln mir beide zu. Ein Zimmer weiter wird ein vielleicht 40-jähriger Mann in einem Rollstuhl aus dem Zimmer geschoben. Seine Arme hängen schlaff über den Armlehnen. Seine Füße stecken in Filzhausschuhen. Er »läuft« sitzend im Rollstuhl. Ich grüße ihn, er grüßt mit seinen Augen zurück. Ein Girlie-Mäd-

chen, pubertär exzentrisch, stürmt genauso auf ihn zu. »Papa.«
Sie schnappt sich den Rollstuhl und rauscht mit ihm ab, nicht
ohne mir in ihrer Drehung einen schnippischen Blick zugewor-
fen zu haben. Am Gangende steht ihre Mutter und wohl die Ehefrau des Patienten. Auch sie sieht mich grimmig an.

Der goldene Reif

In der Allee des Krankenhauses sind alle Bänke belegt. Ein tür-
kischer Clan lagert auf dem Rasen. Ich suche mir eine Kastanie
aus. Setze mich ins Gras. Lehne mich an ihren Stamm. Eine
Mutter mit drei Kindern breitet ihre Decke aus. Die Kinder to-
ben. Mein Blick wandert nach oben in die Krone. Ich liebe Kastanienbäume. Über mir ein Blütenmeer in rosé. Ich frage mich,
wie oft ich mich noch in meinem Leben an der Kastanienblüte
erfreuen werde? Noch 40 Mal? Die Blüten und Früchte der Kastanie sind seit meiner Kindheit der Taktgeber in meinem Leben.
Durch sie nehme ich wahr, dass Zeit vergeht. Wie oft wird meine
Mutter noch die Kastanienblüte sehen? Wie wird sie dieses Jahr
die reifen Kastanien erleben? Ist der Schlaganfall der Anfang vom
Ende? Was kann ich vorbereiten? Meine Mutter hat mich mit
39 Jahren geboren, jetzt ist sie 84. Die Mütter meiner Schul-
freunde damals und meiner gleichaltrigen Bekannten heute sind
alle 10 bis 15 Jahre jünger. Diese Zeit fehlt uns für ein gemeinsames Leben. Ich fühle, dass das »Jetzt« für mich eine ultimative
Kostbarkeit bekommt.
    Sonnenstrahlen durchdringen das Laub, ein Glitzern blendet
mich. Ich entdecke etwas Goldenes. Doch ehe ich es richtig re-
gistrieren kann, stolpert ein Mädchen über meine Beine und fällt
auf mich drauf. Wir sind beide erschrocken, lachen dann gleichzeitig los. Die Mutter entschuldigt sich, zieht die Kleine weg.
Ihre beiden älteren Geschwister spielen Quartett auf der Decke.
Im Baum entdecke ich einen großen goldenen Ring, der um
einen dicken Ast hängt. Kunst am Baum. Ich applaudiere innerlich dem Künstler und demjenigen, der es ermöglicht hat, dass
der Ring hier hängt. Andere Leute folgen meinem Blick, entde-

cken auch den goldenen Ring. Er zaubert eine Verwunderung in die Gesichter, ein Lächeln. Alle sind irgendwie berührt. Das Mädchen kommt zu mir zurück: »Was siehst du?« – »Mmmh, ich sehe was, was du nicht siehst, und das ist Gold«, antworte ich. »Die Sonne?« Sie setzt sich dicht neben mich. »Richtig, aber nicht gemeint. Es ist rund, aber kein Ball.« Sie grübelt, sucht die Baumkrone ab, deckt mit ihren Händen die Sonnenstrahlen zu, damit sie nicht geblendet wird. Sie ist etwa vier Jahre alt, hat blonde halblange Locken. Annica, ihr Name baumelt als Kette um ihren Hals: »Ha, ich sehe es: ein Reifen. Da oben!«

»Genau.«

»Was macht der da?«

»Das ist sein Geheimnis, ich glaube, es ist ein Mutmachring, derjenige, der ihn entdeckt, darf sich was wünschen.«

»Mach mal.«

»Ich wünsche mir, dass meine Mutter wieder gesund wird.«

»Mmm.«

»Und du, was wünschst du dir?«

»Dass meine Mama nicht mehr weint … Wegen mir.«

Erst jetzt fällt mir auf, dass ich vor dem Kinderkrankenhaus sitze.

Zurück auf der Station, sehe ich, wie mein Vater gerade verzweifelt vom Gang ins Zimmer und zurückrennt. Er entdeckt mich: »Gott sei Dank. Sie hat was, ich bin total überfordert. Ich verstehe nichts, ich weiß nicht, was sie will.«

»Warum hast du nicht die Schwester gerufen?«

»Ich wollte nicht aufdringlich sein.«

Meine Mutter will eindeutig auf die Toilette. Ich klingle nach der Schwester. Sie möchte meiner Mutter die Windeln im Bett abnehmen. Dagegen wehrt sie sich. »Kann sie nicht die Toilette benutzen?« – »Hier ist keine«, lautet die knappe Antwort. »Hass schnass, knass, nass. Maltese schnüs mop me kalapp.« – »Das ist doch furchtbar, was soll das werden?«, mein Vater versteht nicht, worum es geht. Meine Mutter schmeißt die Decke vom Bett. Die Bettpfanne verweigert sie. Sie versucht aufzustehen. »Darf sie aufstehen?« Die Schwester sagt: »Je eher, desto besser, ich hole den Toilettenstuhl.« Mein Vater wird etwas ruhiger: »Ihr kümmert euch. Ich warte draußen, du vergisst mich nicht? Ich weiß ja nicht mal, wie ich von hier nach Hause komme.« – »Kalapp, maro schnass, schanss, nass, schnass«, meine Mutter ist in verzweifelter Bedrängnis. »Du kannst sofort zur Toilette, die Schwester holt einen Egon, lass es einfach laufen, du hast doch eine Einlage an.« Tatsächlich trägt sie keine Einlage, sondern eine riesige Windel, die ihr bis unter den Busen reicht. Ihr gegenüber vermeide ich das Wort »Windel«. Sie schüttelt den Kopf, rutscht vom Bett. Fordert gestisch Hausschuhe. Sie vor einem Fall schützend, folge ich jeder ihrer Bewegungen. Sie setzt sich auf den Kunstledersessel, zerrt an der Windel, sie lockert sich an den Beinen. Sie lächelt mich an, ohne mich wirklich zu fixieren. Ich setze mich aufs Bett, warte ab. Plötzlich riecht es nach Urin, von allen Seiten fließt er vom Sessel. Meine Mutter hält das Klinikhemd hoch, hält sich mit einer Hand an der Stuhllehne fest. Die Schwester kommt mit einem Toilettenstuhl zurück, der bestimmt schon im Ersten Weltkrieg eingesetzt wurde. Sie sieht das Malheur: »Das haben Sie aber gut gemacht: Bett und Wäsche trocken, prima.« Der Egon droht wegzurollen. Ich werde angewiesen, ihn festzuhalten, damit sich meine Mutter setzen kann. Sie schickt uns beide aus dem Zimmer. »Aber nicht alleine aufstehen!«, ermahnt die Schwester. »Du rufst mich, ja? Ich stehe direkt vor der Tür.« Sie nickt. Mein Vater springt mich im Gang fast an: »Was ist los? Ein neuer Anfall?« – »Nein, Mammi hat nur ein Bedürfnis.« Er versteht nicht. »Sie musste zur Toilette.« – »Na, das muss ja auch mal sein«, lacht er befreit.

Auf dem Weg nach Hause machen wir einen Einkaufsstopp: Dosen-Suppen, Pudding, Milchreis, Aufschnitt, Käse, Schokolade und Obst wünscht mein Vater. »Du fällst ja jetzt aus für mich, ich mach mir selber was und mittags gehe ich essen.« Wir tragen alles gemeinsam in den Hauseingang. Ich parke hinten am Teltow-Kanal. Meine Eltern wohnen seit 53 Jahren in dieser Straße, seit 44 Jahren in diesem Haus. Ich bin hier aufgewachsen. Mit 15 abgehauen. Verschiedene Nachbarn sprechen mich an, fragen nach meiner Mutter. Es ist ihnen aufgefallen, dass sie Frau Pfeiffer zwei Tage nicht gesehen haben. Nicht auf der Straße und auch nicht aus ihrem Fenster guckend. Meine Mutter ist bekannt wie ein bunter Hund. Die Gegend war das Einzugsgebiet ihrer Sonderschule. Viele ehemalige Schüler oder deren Familien wohnen noch hier. Dazu die Familien meiner Schulkameraden. Sie kennt bis zu fünf Generationen. Meine Mutter ist beliebt. Sie ist hilfsbereit und großzügig. Die beiden Nachbarjungs auf gleicher Etage, inzwischen im Abitur, waren ihre Ersatz-Enkelkinder. Die Neuigkeit wird mit großer Anteilnahme aufgenommen. Nach 20 Minuten habe ich endlich die 50 Meter zu unserem Hauseingang geschafft. Mein Vater hat die Haustür eingehängt und ist schon hochgegangen. »Ich konnte nicht solange stehen, bin ja ein alter Mann«, begrüßt er mich oben. »Ist mir peinlich, dass ich dir nichts abnehmen konnte.« Ich koche Milchreis auf Vorrat. Portioniere ihn, in der Hoffnung, dass er so für drei Tage reicht.

Wieder im Stau auf der Stadtautobahn. Immer noch Berufsverkehr. Ich sitze heute die dritte Stunde im Auto. Mein Gefühl sagt mir, dass meine Mutter mich braucht. Sie ist noch nicht in der neuen Realität angekommen. Vom Pförtner werde ich begrüßt wie eine alte Bekannte: »Sie haben ja ständig Schicht.« Ehrlich gesagt, kann ich mich nicht erinnern, ihn je schon gesehen zu haben.

Mein Handy klingelt. Es ist der Produzent. Er sagt mir den Auftrag für die Krimiserie ab. Vielleicht ein andermal. Er möchte sich ganz locker unverbindlich aus der Affäre ziehen: »Beste Genesungswünsche an Ihre Frau Mutter.« Das verstehe ich nicht. Mein Krimiplot gefällt ihm, der Sender ist einverstanden. Was ist der Grund für diesen Rückzieher? Man wolle mir die Doppelbelastung ersparen. Zu freundlich. Klartext: Sie wollen kein Risiko eingehen, fürchten, dass ich die sehr engen Termine nicht einhalten kann. Würden sie bei einem männlichen Kollegen auch so entscheiden? Mist! Mit dem Geld habe ich fest gerechnet. Nun bin ich »durch Zufall frei«.

Auf dem Stationsgang treffe ich den Assistenzarzt. Ich frage ihn, wann denn die Therapie beginnt. »Am Montag Logopädie, Krankengymnastik, Mobilitätstraining.« – »Sollte mit den Maßnahmen nach einem Schlaganfall nicht so schnell wie möglich begonnen werden?« – »Richtig, Mittwoch ist sie eingeliefert worden, heute haben wir verordnet, morgen ist Freitag, da war kein Termin mehr frei, also Montag.« – »Was ist jetzt das Wichtigste?«, frage ich ihn . »Lebensmut, sie darf nicht resignieren.«

Meine Mutter starrt vor sich hin. Auf dem Nachttisch steht das

Abendbrot: grau in grau, eine original verschlossene Wasserflasche. Sie freut sich riesig, als sie mich bemerkt. Ich decke den Abendbrottisch mit ihrer bestickten Decke aus einem Urlaub auf Madeira, ihrem eigenen Geschirr, Besteck und meinem Toaster. Serviere Lachs mit Sahnemeerrettich, Kresse auf Vollkorntoast, saure Apfelsaftschorle. Eine Marmelade für morgen. Das Glas bereite ich vor, indem ich es öffne und nur locker zudrehe. Auf den Deckel lege ich einen Teelöffel bereit.

Meine Mutter setzt sich im Bademantel zu Tisch. Messer und Gabel kann sie nicht koordinieren. Ich zerschneide ihr Brot in mundgerechte Dreiecke. Sie findet nach mehreren Versuchen ihren Mund. Es schmeckt ihr. Auf dem Einfuhrplan kann ich bald zwei Gläser, also 2 x 200 Milliliter eintragen. Ich zähle die Getränke des Tages zusammen. Bis jetzt hat sie 750 Milliliter getrunken. Definitiv zu wenig! 1,6 Liter ist die Mindestvorgabe. Mein Geheimmittel: heißer Kakao. Bringt ein weiteres Plus von 250 Milliliter innerhalb der nächsten Stunde. Der Tag endet also mit einem Ergebnis von 1 Liter getrunkener Flüssigkeit. Immerhin ein Anfang.

Inzwischen habe ich den Fernseher aktiviert: an einem Automaten kann man eine Chipkarte mit Guthaben kaufen und ihn damit freischalten. Meine Mutter reagiert verstört, wendet sich gequält ab, so als ob ich sie foltern würde. Erst Minuten nachdem der Bildschirm abgeschaltet ist, beruhigt sie sich. Daraus schließe ich, dass ihre optische Wahrnehmung sehr gestört sein muss. Zu viele Reize überfordern sie. Doch das ist nur ein Teil der Wahrheit, wie sich später zeigen wird.

Da hab ick keene Zeit für

Das neue Pflegeteam der Nachtschicht kommt. Pfleger Holger und Frau Schmidt. Ich frage Holger, warum denn einige ihre Vornamen auf den Namensschildern haben und andere ihre Nachnamen? »'n paar Patienten waren sehr anzüglich, auf'n Nachnamen folgt das Siezen, das schafft mehr Distanz. Wir haben alle neue Namensschilder mit unseren Nachnamen bekommen, aber manche finden den Vornamen besser, weil das für sie anonymer ist, die tragen ihre alten Schilder, so wie icke«, erklärt mir Holger. Er hält einen kleinen Plastikbehälter mit den Tabletten meiner Mutter in der Hand. Ihre Augen suchen die Umgebung ab. Sie sieht sie nicht, obwohl sie ihr auf 3 Uhr hingehalten werden. Holger nimmt eine Tablette zwischen seine Finger und will sie meiner Mutter zwischen die Lippen schieben. »Hier, komm Oma …« Weiter kommt er nicht, meine Mutter spuckt die Tablette aus, schlägt mit dem rechten Arm reflexartig aus. Holger bekommt einen Schwinger in den Magen. Ich finde meine Mutter klasse! Großartig. Sie verlangt Respekt. Ich erkläre dem Pfleger, dass, auch wenn wir in unserem Gespräch schnell ins »Du« gefallen sind, er das nicht auf meine Mutter übertragen kann. »Für Sie ist das Frau Pfeiffer! Meine Mutter hat auf einem Auge nur 20 Prozent Sehkraft, auf dem anderen zwar 80 Prozent, dafür aber einen ›Pfropfen‹ in der Mitte von oben kommend in graublauen Farbschattierungen. Ein Quadrant an der rechten Seite in der Mitte ist schwarz. Ein beschränktes Sehfeld rechts und links. Das steht in der Krankenakte.« – »Da hab ick keene Zeit für.« – »Hier steht's auch groß an der Wand und am Bett.« – »Gut, Frau Pfeiffer? Ihre Abendtabletten. Ich halte sie vor Sie hin.« Meine Mutter nimmt sie einzeln mit Wasser. »Ich mach Sie dann fertig für die Nacht.« Meine Mutter erstarrt. »Was heißt das?«, frage ich. »Waschen, windeln, Gebisspflege«, sagt er. »Und Sie wollen das machen?«, hake ich nach. »Ja, na wenn se sich schämt, hole ich Frau Schmidt.« – »Da wären wir Ihnen sehr dankbar.« Frau Schmidt macht das resolut, lässt auch keine Abwehr bei der Windel zu. Immerhin können wir aushandeln, dass meine Mutter ab dem nächsten Tag Einlagen bekommt, die sie selber wechseln kann.

Später am Abend bestelle ich in meiner Stammkneipe, der »Witwe Bolte«, ein halbes Brathuhn und ein Kristallweizen. Die Leute reden über unglaublich wichtige Dinge: Freund hat'n Knall, Urlaub, Geld … die Welt dreht sich weiter, einfach so. Irgendwie tröstlich. Über den Schlaganfall rede ich nicht. Ich genieße die Normalität, bestelle noch ein kleines Bier …

Freitagmorgen empfängt mich meine Mutter sitzend am Tisch. Sie ist aufgebracht, streitet mit einer neuen Schwester. Die weiß nicht, was meine Mutter will, und lässt das in den glorreichen Satz münden: »Sie müssen schon besser sprechen.« Meine Mutter versucht klarzumachen, dass ihr Einlagen versprochen waren und sie wieder gewindelt wurde und der Egon weg ist. Das finde ich mit viel Phantasie, Zeit und Empathie heraus. Es gibt nur einen Egon auf der Station, und der muss nachts am Bett eines Patienten stehen, wird mir erklärt. »Das passt doch, dann kann der Herr ihn nachts haben und meine Mutter am Tag«, versuche ich zu vermitteln. »Am besten, wir legen Ihrer Mutter einen Katheter, dann hat sie keinen Stress mehr mit dem Toilettengang.« – »Sie will selbstständig zur Toilette gehen, das ist doch ein lebensbejahendes Zeichen, das muss doch unterstützt werden«, entgegne ich. Die Schwester wird zu einem Patienten gerufen. Unser Gespräch endet ungelöst. Ich suche die Station nach dem Egon ab. Inzwischen kenne ich die Versorgungs- und Vorratsräume. Ich finde ihn in einer Gangecke, noch benutzt. Also Eimerwechsel und zu meiner Mutter damit. Sie strahlt. Dann mache ich mich auf die Suche nach Einlagen. Ehe ich verbotenerweise in einen Vorratsraum eindringen muss, gibt mir die Lernschwester eine Auswahl in verschiedenen Größen.

»Nass« ist das erste richtige Wort, das meine Mutter auch in der richtigen Bedeutung ausspricht. Doch mit der Zeit ist alles »nass«. Nutzt sie das Wort falsch, oder hat sie eine falsche Wahrnehmung? Hat »nass« für sie die Bedeutung von »trocken«, denn die Sachen sind trocken, die sie als nass bezeichnet. Oder kann sie den Unterschied nicht fühlen? Ist es ihre Angst, nass zu werden/zu liegen? Dass das für sie enorm wichtig ist, weiß ich. Das stammt aus ihrer Zeit als Hilfskrankenschwester: nass = kalt. Kalt + Zugluft = Erkältung. Erkältung im Krieg = Lungen- oder Rippenfellentzündung. Schlimmstenfalls der Tod. Es ist ihre Urangst. Ich gebe ihr einen feuchten Waschlappen: »Nass!!!« O. k., sie will auf keinen Fall nass werden. Ich werte das als einen Schritt voran ins aktive Leben. Ja, sie hat den Kampf aufgenommen.

Eine neue Stationsschwester, Schwester Irina, kommt. Sie erklärt, dass der Egon auf keinen Fall in dem Zimmer meiner Mutter bleiben darf, denn es besteht die Gefahr, dass sie ihn allein benutzt. Das verstehe nun wer will, ich nicht. Die Lösung des

Geheimnisses: Der Egon hat keine Bremse. Er ist wirklich ein historisches Modell. Die Stationsschwester ist Russin, vollausgebildete Ärztin, sie lacht: »Ja, da haben Sie Recht, aber wir haben wirklich keinen anderen. Wenn Ihrer Mutter etwas damit passiert, ist das meine Schuld.« Ich kontrolliere die Rollen, wie könnte man sie blockieren? Schwester Irina macht mit, wir beratschlagen. »Ich kaufe einen neuen, stifte ihn dann dem Krankenhaus.« Schwester Irina hat eine bessere Idee: »Wir klemmen ihn unter den Handlauf an der Wand und zwischen Waschbecken und Esstisch ein.« Das klappt. Er sitzt im wahrsten Sinne des Wortes fest. Dem Gesicht meiner Mutter kann ich leicht entnehmen, was sie davon hält: ein Klostuhl direkt am Esstisch! Aber die Alternativen Windel oder Katheter sind noch weniger erfreulich. »Ich mach einen Vermerk in die Akte, dass der Toilettenstuhl hier bleiben kann.« Wir lächeln uns komplizenhaft an. Durch diese Aktion ist nun der Kunstledersessel am Esstisch so nach hinten an das Hängeregal gerutscht, dass dessen spitze Ecke über die Lehne hinausragt. Jeder, der sich hinsetzt, läuft Gefahr, sich am Hinterkopf zu verletzen. Ich hole draußen vom Wäschewagen einen Waschlappen, polstere damit die Ecke. Meine Mutter zeigt mir ihren Stock, den sie braucht, um allein aufstehen zu können. Sie fuchtelt damit in der Luft herum. Klar: wohin damit, wenn sie sitzt oder wenn sie im Bett liegt? Er soll nicht stören, muss aber griffbereit sein. Erste Versuche mit den leeren Papierkörben schlagen fehl, sie sind zu leicht, kippen um. Mit Leukoplast bastle ich eine Schlinge an den Sesselpfosten und eine an den Bettrahmen. Wenn sie die Schlinge trifft, kann sie den Stock von oben reinstecken und er fällt nicht außer Reichweite.

Bei der nächsten Benutzung des Egons fällt auf, was noch fehlt: Toilettenpapier, feuchtes Tuch, Handtuch, Einlagen in Reichweite.

Ein Papierkorb wird zum Beistelltisch, der zweite für den Abfall bereitgestellt. Ein großes weißes Handtuch dient als Abdeckung des Eimers im Egon. Bereits drei Tage nach ihrem Schlaganfall fügt sich meine Mutter in die neue Situation, ist motiviert, sie zu verbessern. Ich bin stolz auf sie.

Ich lauere auf der Station herum, ich möchte mit der Logopädin besprechen, was ich über das Wochenende tun kann, bis die The-

rapie am Montag beginnt. Es stellt sich heraus, dass die Logopädin Urlaub hat und es keinen Ersatz für sie gibt! Die Krankengymnastin finde ich, sie rät mir, einfach mit dem Laufen zu beginnen, nicht übertreiben, so wie es eben geht.

Auf los geht's los. Straßenschuhe an und Abmarsch. Unser erster
Gang endet an der Glastür, die die vier Überwachungszimmer
von der restlichen Station trennt. Zwei der drei anderen Zim-
mertüren sind geschlossen. Durch die Glasscheiben sieht man
die Patienten schlafen. Eine Tür steht offen. Das Bett unberührt,
mit Plastik überzogen, bereit für eine Neuaufnahme. Erschöpft
will meine Mutter zurück. Jeden viertel Meter bleibt sie stehen
und verschnauft. Ich versuche, ihr die Ein- und Ausatmung bewusst zu machen. Laut atme ich in ihrem Rhythmus. Immerhin
hat ihre Welt sich um vier Meter erweitert.

Nach zwei Stunden Schlaf machen wir eine Sensibilisierungs-
übung: Mit dem Finger berühre ich ihren Körper abwechselnd
auf der rechten und linken Körperhälfte. Sie muss verbal die Be-
rührung bestätigen: »Fühlst du meinen Finger?«, frage ich, während ich ihn auf ihre rechte Schulter lege. »Mmmh.« – »Und
jetzt?«, ich lege ihn auf das linke Knie. »Mmmh.« Und so weiter. Dadurch werden die beiden Hirnhälften aktiviert. Danach
gibt es Mittagessen und einen weiteren Schlaf.

Auf einer Parkbank in der Baumallee beschrifte ich Karteikarten
mit dem Alphabet. Annica kommt zu mir. Schaut mir zu. »Was
machst du da?« – »Ich schreibe das ABC, alle Buchstaben auf die
Karten.«
»Warum?«, fragt sie.
»Ich will sie meiner Mutter zeigen, damit sie sprechen übt.«
»Sie kann nicht sprechen? Sie ist doch schon groß?«
»Sie kann *nicht mehr* sprechen, sie muss das neu lernen.«
»Ich kann nicht lesen.«
»Du kannst nicht lesen?«
»Nein, ich gehe ja noch nicht zur Schule.«
»Aber du kannst sprechen.«
»Klar, ich bin doch schon groß.«
Ich muss über meine Blödheit staunen. »Danke, Annica, du

kannst sprechen, aber nicht lesen, darauf bin ich nicht gekommen.«

»Vielleicht werde ich nie lesen können, ich bin jetzt vier Jahre und drei Monate alt. Bringst du es mir bei?«

Ich nicke, zeige ihr den Buchstaben A: »Das ist ein A, wie …«

»Angst! Stimmt's?« Sie schaut mir direkt in die Augen.

Meine Mutter wartet schon ungeduldig. Sie will angezogen werden und raus aus dem Zimmer. O. k., super. Ich besorge einen Rollstuhl. Wie Queen Mum lässt sie sich durch die Gänge schieben, winkt tatsächlich den Schwestern im Glaskasten zu. Der Fahrstuhl gefällt ihr nicht. In der Halle lege ich ein rasantes Tempo vor, ich möchte möglichst schnell durch den Gestank der Qualmer, die freie Gruppe der Süchtigen. Mein »Freund«, der dicke Trinker im Rollstuhl, hält wieder Hof. Er erkennt mich, mit deutlich schlechtem Gewissen hebt er seine Arme, zeigt seine leeren Hände. »Bin ganz brav«, flötet er. »Kleiner Tipp: Verwechseln Sie morgen nicht wieder den Flachmann mit Ihrem Parfüm!« Die Gruppe grölt, er mag mich nicht, schenkt mir einen trotzigen Blick. In der Baumallee zeige ich meiner Mutter den Wunschring, erzähle ihr von dem Mädchen. Und wie beim letzten Mal bleiben Passanten stehen und folgen unseren Blicken, beginnen zu lächeln. Meine Idee, dass man einen Wunsch frei hat, wird gern angenommen. Ich fahre meine Mutter vor eine Bank und setze mich zu ihr. Sie betrachtet alles aufmerksam um uns herum: Menschen, Pflanzen, den Himmel. Was und ob sie etwas sieht, weiß ich nicht. Schräg gegenüber sitzen der junge Schlaganfallpatient, seine Girlie-Tochter, seine Frau. Alle drei rauchen. »Wo ist dein Geld? Du musst es uns sagen, wir müssen Sachen bezahlen.« – »Mann Papa, lass es raus.« Der Mann windet sich, er versucht den Mund zu bewegen, nichts tut sich. Seine Augen sind verzweifelt. Die Frau versteht das als Weigerung: »Sag, wo das Geld ist, ich hab alles durchsucht, wo ist dein Notgroschen? Oder hast du ihn verschleudert?« Der Zigarettenrauch zieht zu uns. Wir brechen auf. Zurück im Zimmer schläft meine Mutter eine Runde, ich lese. Annica geht mir nicht aus dem Kopf. Ich bastele aus den Karteikarten eine Art Ringbuch montiere es an einen Schlüsselanhänger. Auf die Rückseite von A male ich einen Apfel, bei B einen Besen, bei H einen Hasen.

Dann höre ich auf. Für die restlichen Buchstaben, so stelle ich mir vor, lässt sie sich von anderen Wortbilder schenken.

Für das Abendessen habe ich Spargel mitgebracht. Ich wärme ihn mit holländischer Sauce und Pellkartoffeln in der Mikrowelle der Stationsküche. Ein Kompromiss, den ich notgedrungen eingehen muss. Beim Essen benenne ich jeden Gegenstand: Glas, Teller, Spargel, Butter und so weiter … Ich spreche die Worte laut und deutlich vor. Meine Mutter spricht kein Wort nach. Das Mahl schmeckt ihr. Vom Gang habe ich ein Frauenmagazin mitgebracht. Günther Jauch ist in einer Werbung abgebildet: »Hauch, drastella muntsch. Huch. Enter, Önther Huch.« Sie nickt anerkennend, meint sie ihre Leistung, ihn zu erkennen, oder Herrn Huch? »Jauch, G ü n t h e r J a u c h « – »Önther, machscheknees Huch!«
Zum Abschluss des Tages unternehmen wir einen weiteren Flurspaziergang und gelangen mit vielen Pausen bis zu dem Zimmer der beiden Herren. Sechs Meter. Die Herren haben ihren Fernseher sehr laut eingestellt. Kriegsberichterstattung in den Nachrichten. Geräusche von Detonationen. Meine Mutter zuckt zusammen, macht sich ganz klein. Ehe sie fliehen kann, kommt ein Herr aus dem zum Zimmer gehörenden WC. Er schiebt einen Rollator vor sich her, zieht seine gesamte linke Seite schwerfällig nach. »Dolz nesa bump«, meine Mutter ist erregt. Mit Kraft und Geschwindigkeit drängt sie in die Toilette. Heraus kommt eine glückliche Frau.

Danach fahre ich rasch zu einem Kurzbesuch zu meinem Vater: »Was soll aus uns werden, das ist doch schrecklich.« Meinen Bericht von ihren Fortschritten nimmt er ohne Kommentar zur Kenntnis. Ich esse zum zweiten Mal Spargel, denn »alleine schmeckt's doch nicht«. Lasse mich ausführlich über die Sinnlosigkeit des Lebens aufklären: »Es gibt keinen Gott und keine Seele, das sind nur Konstrukte von Menschen, die einen Halt im Leben brauchen. Was soll denn da auch sein? Eine übergeordnete Macht im Universum? Ja, wo denn, das ist doch riesig. Wäre ja interessant. Warum zeigt se sich nicht?« Seinen Pessimismus kann ich nur begrenzt aushalten, ich flüchte nach Hause, übersehe das Chaos in meiner winzigen Wohnung, sinke angezogen wie ich bin in mein eigenes Bett. Statt die Nachrichten von dem Anrufbeantworter anzuhören, lullen sie mich als Gute-Nacht-Geschichte in den Schlaf.

Sonntagmorgen. Mein Vater hat Sehnsucht nach seiner Frau. Er möchte sie unbedingt besuchen. Die Stadtautobahn ist leer. Nach 20 Minuten sind wir angekommen. Diesmal fahre ich auf das Gelände. Parke fast legal. So spart mein Vater 70 Prozent des Fußmarsches. Meine Mutter erwartet uns angezogen. Ich lasse die beiden allein. In der Tür drehe ich mich um, beide haben mich schon vergessen. Er hält ihre Hand, sehr vorsichtig. Setzt sich neben sie, streicht über ihren Rücken. Mit diesem Bild in mir mache ich mich auf die Suche nach Annica.

Es gibt viele Kinderstationen in dem Haus. Ich beschließe zu warten, ziehe einen Kakao aus dem Automaten, eine Erfahrung, auf die ich künftig verzichten werde. An der Wand ist ein Holzspiel: An einer vertikalen Stange hängen übereinander drei Tafeln mit verschiedenen bunten Abbildungen von Tieren: Oben der Kopf, in der Mitte der Körper und unten die Füße. Es gibt einen Fisch, einen Elefanten, eine Ente, eine Giraffe, einen Tiger, ein Kamel. Ich stelle einen Giraffen-Elefanten-Fisch zusammen. Das macht Spaß, ich lache. Eine Tiger-Kamel-Ente gefällt mir auch. »Das Tier gibt's doch gar nicht«, höre ich Annica in meinem Rücken, diesmal begleitet von ihrer Oma und mit Schokoladeneismund. Ich frage ihre Großmutter, ob ich ihr das Buchstabenspiel schenken darf. »Gerne«, ist ihre Antwort. »Was ist das?« Ich zeige auf den Tigerkopf an der Wand: »Ein Tiger.« Ich schlage die Karteikarte mit dem T auf, zeige sie ihr. »Das ist das T für Tiger.« Ich schreibe auf die Rückseite der Karte TIGER und versuche einen zu malen. »Malen kannst du aber nicht«, rügt mich Annica. »Und was für ein Tier ist das in der Mitte?« – »Ein Kamel!« – »K für Kamel.« – »Kaaaaaaaaa.« Ich schreibe das auf die entsprechende Karte und lasse sie das Kamel dazu malen. »Kamel.« Die restlichen Tiere überlasse ich Annica und ihrer Großmutter.

Im Zimmer meiner Mutter erwartet mich folgendes Bild: Meine Mutter sitzt schlafend auf dem Kunstledersessel, den Kopf hintenüber abgestützt an der mit dem Waschlappen umklebten Regalecke. Mein Vater schläft auf ihrem Bett, zugedeckt mit seinem Mantel. Seine Schuhe ordentlich davor abgestellt. Ich besorge uns drei Tassen Muckefuck, Getreidekaffee. Das Mittagessen wird serviert.

Meine Mutter wacht auf. Sie sieht meinen Vater auf dem Bett liegen: »Helmut«, sagt sie laut und deutlich und mit Liebe in der Stimme. Und noch einmal, ganz weich und liebevoll: »Helmut?« Mein schwerhöriger Vater, der sonst nie was hört, hat ausgerechnet das mitbekommen: »Ich bin Rolf, dein Ehemann.« – »Helmut!«, beharrt meine Mutter. »Mammi, das ist Rooollllffff. ROLF. Papo heißt Rolf.« Meine Mutter lächelt mich nachsichtig an. »Nu lass doch, ich weiß, ich bin nur der Ersatzmann, das ist halt so.« Es klingt erschöpft. Seit wann ist das seine Überzeugung? Helmut Franzke war die große Liebe meiner Mutter. »Du bist kein Ersatzmann, du bist die zweite Liebe von Mammi«, wende ich ein. »Ach nein, das war wohl eher Vernunft.« – »Vernunft? Du willst mir sagen, ihr seid seit 50 Jahren ein Ehepaar und seit 54 Jahren zusammen ausschließlich aus Vernunft?« – »Das nicht, aber am Anfang war es Vernunft. Sieh mal, ich war alleine und zu schüchtern, was Frauen anging, und deine Mutter war alleine und wollte wahrscheinlich ein Kind. Wir waren ja auch nicht mehr die Jüngsten. Der Krieg hat doch die Jahre der Chancen weggenommen.« Ich fasse es kaum: »Aber ihr habt euch doch füreinander entschieden.« Mein Vater korrigiert: »Wir sind verkuppelt worden, da konnte man nicht nein sagen, das weißt du doch, von Tante Renchen. Mit Helmut hätte deine Mutter ein besseres Leben gehabt. Immerhin wäre er Admiral geworden.« Ist das wirklich seine Meinung? Was hat das bewirkt in seinem Leben, nur der Ersatzmann zu sein?

Als Anneliese Helmut das erste Mal begegnete, war sie 14 und er 34 Jahre alt. »Die Kleine behalten wir im Auge«, hatte er zu seiner Mutter gesagt. Am 18. Geburtstag von Anneliese verlobten sie sich. Sehr zur Freude ihrer eng befreundeten Mütter. Da war Helmut bereits 1. Offizier bei der Marine auf einem U-Boot. Im Krieg wurde er schnell Kapitän. Dann widersetzte er sich, unterstützt von seiner Mannschaft, einem in ihren Augen sinnlosen Befehl. Er kam ins Militärgefängnis. Meiner Mutter wurde das Studium verwehrt. Helmut Franzke wurde degradiert. Vom 1. Offizier zum einfachen Matrosen. Er wurde vor der belgischen Küste »verheizt«. Sein Schiff sank in den letzten Kriegstagen. Anneliese hat sich von diesem Schock nie erholt.

»Aber dann gäbe es mich nicht«, entgegne ich meinem Vater. »Ja, das stimmt, das wäre schade.« Meine Mutter isst schweigend Kassler mit Rotkohl.

Meine Mutter hat mich und meinen Lebenspartner, George Moorse, einmal vor Jahren allein in München besucht. Meine Eltern telefonierten jeden Tag viermal. Sie reiste früher nach Hause. Beide hatten Sehnsucht nacheinander. Mich hat das riesig gefreut.

Ich fahre meinen Vater nach Hause. Zum Essen einkehren möchte er nicht. Er will sich selbst versorgen mit einer Dosensuppe. Er lädt mich dazu ein: »Du musst doch auch was essen.« Ich bin zu einem Geburtstagsbrunch eingeladen und hoffe, dass noch was für mich übrig sein wird. Dosensuppe ist nun wirklich nicht mein Geschmack. Mein Vater findet das zwar nicht gut, aber was soll er machen. Er verabschiedet mich: »Dass dir bloß nichts passiert, ich kenn mich ja gar nicht in deinen Angelegenheiten aus. Hast du alles geregelt? Übernimmt das dann dein Anwalt? Informiert er mich? Ich weiß ja nicht mal, wo was ist. Ist überhaupt was da? Müssen wir das Erbe ausschlagen? Du musst das regeln, jetzt wo deine Mutter ausfällt.« Ich stöhne, gebe ihm innerlich Recht. Schade, dass er seine Liebe zu mir nur über den Umweg der Sachlichkeit zeigen kann. Es ist doch Liebe?

Auf der Geburtstagsfeier geht es rund: Die Kinder sind überdreht, hängen vor dem Fernseher: »Manche mögen's heiß.« Die 13-jährige Tochter begrüßt mich stürmisch. »Guck mal, die sieht aus wie Madonna, is nur nicht so gut.« Marilyn Monroe sieht aus wie Madonna. Nennt mich Oma Bibi. Die Erwachsenen sind angeschickert. Zu essen gibt's fast nichts mehr. Der Hausherr hat Erbarmen und macht mir Rührei mit Schinken. Einen gemeinsamen Freund habe ich vor drei Tagen versetzt, er ist sauer, überschüttet mich mit seiner verletzten Eitelkeit. Keine Frage an mich, warum das passiert ist. Ich kläre ihn nicht auf. Wozu? Irgendwie finde ich keinen Anschluss an die Stimmung. Ich verabschiede mich auf französisch, unbemerkt ab durch die Mitte. Ziellos fahre ich durch das leere Berlin. Sonntagsstimmung. Ich fühle mich schutzlos. Es fällt mir niemand mit einer stützenden Schulter ein.

Zurück im Krankenhaus schiebe ich in der Abendstimmung den Rollstuhl meiner Mutter durch die Baumallee. Es ist kühl und es sind kaum noch Besucher oder Patienten unterwegs. Ich erzähle von dem Geburtstag und was mir sonst so in den Kopf kommt. Meine Mutter greift mit einer Hand nach hinten. Ich nehme ihre Hand, sie streichelt meine. Auf der gegenüberliegenden Seite der Allee kommt uns Annica mit ihrer Mutter entgegen. Annica schiebt einen Kinderrollstuhl mit Puppen darin. Sie winkt mir zu. Irgendwie schlaff. Ich mache meine Mutter auf Annica aufmerksam. Das Mädchen, von dem ich ihr schon einige Male erzählt habe. Ich schiebe meine Mutter in einen Verbindungsweg zur anderen Alleeseite. Meine Mutter hat das Kind entdeckt. Sie winkt ihr fröhlich über die Entfernung zu: »Schnatze, schnü, schüüü.« Ich stelle vor: »Annica, das ist meine Mutter: Anneliese Pfeiffer. Mammi, das ist Annica.« Meine Mutter deutet begeistert auf die Puppen: »Wase knatt?« Annica hebt die blonde Puppe hoch, antwortet prompt: »Das ist Friederike und das«, sie zeigt auf die rothaarige Puppe, »ist Pippi. Sie kann weinen, willste mal sehen?« Meine Mutter nickt. Annica lässt den Rollstuhl stehen, geht zu ihr, hält ihr die Puppe dicht vors Gesicht und drückt ihr auf den Bauch. Pippi weint, genauer gesagt: sie heult. Meine Mutter lacht, klatscht in die Hände. »Bari slam gna?« – »Friederike kann nichts, leider.« Sie entdeckt den Amethystring an der Hand meiner Mutter. »Schön, was ist das?« – »Mutter felt dojs dhdg.« – »Von deiner Mutter?«, fragt Annica. »Das ist ein Amethyst«, erkläre ich. »Amü…?« – »Amethyst… A wie Amethyst, der lila Stein der …« – »Schreibst du mir das auf?« Sie holt aus einem Beutel, der am Rollstuhl hängt, unser Buchstabenspiel und den Stift. Ich schreibe unter das Wort Angst das Wort Amethyst, und das garantiert in einer sehr eigenen Schreibweise. »Malen tu' ich selber.« Meine Mutter streichelt Annica über die Haare. Ihr Ring verhakt sich in einer Strähne. Beim Entwirren werden ihre Haare leicht nach hinten gezogen. Annicas Haaransatz wandert zwei Fingerbreit nach oben. Mit einer natürlichen Geste schiebt Annica die Perücke wieder zurecht: »Mein Zauber-Hut.«

Es ist Montag. Tag 5 nach dem Schlaganfall. Heute beginnt die Therapie: Logopädie 20 Minuten, Mobilität 15 Minuten. Ich erhalte eine Aufforderung, mich demnächst bei der Sozialberatung zu melden. Da gerade Sprechstunde ist, beschließe ich sofort zu gehen. Im Wartebereich sitzen auch die Angehörigen des »Rollstuhl-Mannes«. Sie sehen mich nicht. Mutter und Tochter unterhalten sich. »Wir müssen das Geld finden. Vielleicht hat er noch ein Konto irgendwo, wenn er erst im Heim ist, kommen wir nicht mehr ran, dann schnappen die das weg.« Die halbstarke Girlie-Tochter fragt, ob sie dann das Schlafzimmer bekommen könne. »Mein Zimmer ist echt klein.« Doch die Mutter verneint: »Wir müssen uns eine billigere Wohnung suchen, wir müssen jetzt mit meinem Gehalt auskommen, Papas fällt flach.« – »Ziehen wir dann in den Prenzelberg?« Auch das geht nicht. »Wir bleiben in Neukölln, ich kann froh sein, wenn ich nicht noch für ihn zahlen muss.« Jetzt wird die Tochter pragmatisch: »Lass dich doch scheiden, er hat doch eh nur genervt.« – »Wie sprichst du denn über deinen Vater?«

Wohin wollen Sie Ihre Mutter haben?

Die Sozialberaterin erklärt mir, da das Risiko für einen Nachfolgeschlaganfall zurückgegangen ist, meine Mutter nun in ein normales Krankenhaus verlegt werden muss. Dieses Krankenhaus ist ein Akutkrankenhaus. »Soll Ihre Mutter in ein Pflegeheim, wir arbeiten hier mit einem sehr guten zusammen, für ein Altersheim ist ihr Zustand zu schlecht …« In ein Pflegeheim? Natürlich nicht! Ich sehe die Frau entsetzt an. »Haben Sie bereits eine Pflegestufe?«, fragt sie routiniert weiter. »Ja, Pflegestufe eins«, höre ich mich sagen. »Gut, die weitere Beantragung macht das andere Krankenhaus. Wo wohnen Sie? Es macht Sinn, die Angehörigen in der Nähe zu haben, wenn sie sich kümmern wollen.«

Sie schlägt ein Krankenhaus mit einer gerontologischen Station vor und wird die Überweisung mit den Ärzten besprechen. Gerontologie? Die Station für Altersmedizin. Wie betäubt laufe ich durch die schöne Baumallee, ich habe keinen Blick für nichts. Mir wird schlecht. Ich steuere eine Bank an, auf der eine Frau sitzt, genau in der Mitte. »Darf ich mich dazu setzen?« Sie macht keine Anstalten, mir Platz zu machen. Ich lasse mich direkt neben sie auf die Bank plumpsen. »Ich möchte allein sein, können Sie keine Rücksicht nehmen?« – »Lassen Sie mich in Ruhe«, erwidere ich matt, beachte sie einfach nicht mehr. Schweigend in einer »Nicht-Atmosphäre« sitzen wir nebeneinander. ›Pflegeheim? Pflegeheim! Zustand zu schlecht für ein Altersheim?‹ pocht es in meinem Kopf … ›Und mein Vater? Was wird aus ihm? Muss ich zu ihm ziehen? Geht er mit ins Altersheim? Wie bezahlen wir das? 3000 Euro pro Person? 6000 für beide jeden Monat?‹ Ich schnaufe und stöhne, glaube ich. Nicht mit dem Tod, wovor ich immer Angst hatte, muss ich mich auseinander setzen. Nein, es ist das Pflegeheim – die Vorstufe der Hölle: Warten mit anderen an der Schwelle des Todes, versorgt, aber umsorgt? Lebensqualität? Unsortiert rattert es weiter in meinem Kopf. Es gibt auch gute Pflegeeinrichtungen, muss es ja geben. Wie finde ich sie? Wo? Was kosten sie? Meine Eltern im Pflegeheim? Von da zum Friedhof? Nein, nein, ich will das nicht. Neben mir hustet es, ich nehme die Frau wieder wahr. Irgendwas an ihrem Anblick nötigt mich, mich zu entschuldigen. »Verzeihung, ich hab gerade eine schwere Nachricht erhalten.« – »Ich auch«, wie auf ein Signal weint die Frau plötzlich los. Das Weinen steigert sich, sie schluchzt herzerweichend. Was bin ich für ein Trampeltier. ›Ich kann jetzt nicht‹, schreit es theatralisch in mir, ich brauche meine Kraft für mich selber. Sie kann nicht anders, unaufgefordert erzählt sie mir, was sie bedrückt: »Die kleine Tochter meiner Schwester ist eben gestorben.« Ich starre sie mit angehaltenem Atem an, unterdrücke jeden Impuls, an den Namen mit A … auch nur zu denken. Die Frau redet, ohne mich zu beachten, weiter: »Sie war doch erst ein Kind.« NEIN!!! Ich will nicht mehr hören. Doch, ich muss es wissen: »Wie hieß sie?« Sie schluchzt: »Paula, nach ihrer Oma. Sie war erst zehn Jahre.« Ich bin erleichtert. Der anonyme Tod eines zehnjährigen Mädchens macht mich traurig, aber nicht betroffen. Wir sehen uns an, schweigen, diesmal mit Sympathie. Verbunden gerade durch den Verzicht auf Worte.

Das hier ist ein Krankenhaus, eben nicht ein Haus der Gesundheit, obwohl das passender wäre, denn hier läuft alles zusammen, was die Menschen gesund machen soll. Warum also heißt es nicht Gesundungshaus? Mir wird klar, wieso ich die Bezeichnung Krankenhaus noch nie mochte. Die Wege der Gesunden und Krankgebliebenen trennen sich hier. Und die Toten haben sowieso ihren eigenen Weg.

Denken oder nicht denken: Vor meinem inneren Auge sehe ich meine Mutter zu Hause mit meinem Vater am Esstisch sitzen, telefonieren und mich anlachen. Warum soll das nicht wieder so sein? Ich wünsche mir für sie ein gutes Leben, wenn es schon sein muss: einen »guten Übergang«, kein Siechtum. Wer wünscht seinen Lieben, sich selbst das nicht? Was verstehe ich eigentlich unter einem »guten Übergang«? Das ist doch alles theoretisches Gequatsche. Als Teeny habe ich Köbler-Ross gelesen. Zu meinem Fernsehspiel »Letzte Tage« mit Hannelore Elsner eine größere Recherche gemacht, aber das war 1985. Damals gab es die Diskussion über Sterbehilfe durch Dr. Koehnlechner. Ich werde über den Übergang, den Tod ein andermal nachdenken. Ich atme durch: Nun, jetzt ist jetzt. Jetzt leben wir und jetzt ist Nachmittag, Sonne und die Erdbeerschnitten von Bäcker Mann sind noch nicht verputzt worden.

Mit frischem Mut eile ich zurück in die Station. Die Tür des gegenüberliegenden Krankenzimmers steht offen, das Bett ist leer. Die Tür zum Zimmer meiner Mutter steht auch offen. Ich sehe zwei alte Damen am Tisch sitzen: meine Mutter auf dem Kunststoffsessel und eine Dame ihr gegenüber im Klinik-Nachthemd, hinten offen, auf dem abgedeckten Toilettenstuhl. Beide zerkrümeln mit ihren Gabeln den Erdbeerkuchen über Teller und Tisch, unterhalten sich lebhaft: »Kanabe fila grippnup«, erklärt die Besucherin in rauem Bass. Meine Mutter nickt erfreut: »Raput samste haden.« Sie lacht, führt die Gabel mit Kuchen zum Mund. Auf dem Weg dahin fällt der Kuchen runter, sie steckt die leere Gabel in den Mund. Merkt es aber nicht. Sie spricht, als ob er voll wäre, weiter: »Schlagse namm pohu, waret nen kömlü.« Die andere Dame unterbricht sie lachend: »Kömlü!!! Vase kann malse ne gulopp.« Sie will eine Erdbeere aufspießen, doch die glibscht weg, fliegt mir entgegen. »Helmut!«, meine Mutter strahlt mich an. Ganz Dame stellt sie mich mit einladender Geste ihrer linken Hand vor: »Helmut.« Die übermütige Stimmung steckt mich in Millisekunden an. Eine halbe Stunde lang lachen wir, genießen im dadaistischen Stil die Freude von Herz zu Herz.

Später werde ich von der Logopädin erfahren, dass dem Gehirn die Worte, die am stärksten emotional verankert sind, egal mit welchem Gefühl, ob mit Liebe oder mit Hass, als Erstes zur Verfügung stehen. Helmut, die große Liebe meiner Mutter, setzt sie jetzt als Synonym für alles, was ihr gut und lieb ist, ein. Immerhin mein Vater ist Helmut. Ich bin Helmut. Wir werden von ihr geliebt!

Am Ende der Woche ist die Diagnostik abgeschlossen. Ein zweiter Hirninfarkt ist nicht zu erwarten. Die Ärzte empfehlen intensive Therapie und haben eine Überweisung für Freitag angeordnet. Inzwischen sind aus den anfangs vier Metern Fußweg 28 Meter geworden: einmal den Stationsgang hoch, um den Kubus in der Halle. Wir kennen alle Bilder auswendig, ich habe mich mit dem Hirnbild neben dem Besucher-WC angefreundet. Die unendlichen Dimensionen des Gehirns, ich möchte mehr darüber lernen. Heimlich haben wir die Palme gegossen. Mein Benz kennt den Weg zum Krankenhaus von selbst, ich die besten Zeiten, um ohne großen Stau durchzukommen. Mein Vater hat einen Teil meiner Lunchrestaurants kennen gelernt, am liebsten isst er aber zu Hause. Er vermisst seine Frau: »meine heißgeliebte Gattin« oder »meine Olle, das ist ein Titel des Respekts, wie bei Winnetou Old Shatterhand«. Nur zehn Tage war meine Mutter hier. Mir kommt es wie eine Ewigkeit vor. Ich kenne die Station jetzt sehr gut, auch die verschiedenen Pflegeteams. Aus der Sicht der Angehörigen und der Patienten kann man beim Pflegepersonal drei Typen unterscheiden:

Da sind die freundlichen, gestandenen, mal resoluten oder ruhigen, immer aufmerksamen und herzlichen Pflegerinnen und Pfleger, die in ihrem Beruf aufgehen.

Dann gibt es die motivierten, jungen, aufmerksamen Pflege-rinnen und Pfleger, sie sind nur vorübergehend auf einer Station tätig, meist studieren sie Medizin.

Als Drittes bekommt man es mit dem wegsehenden, immer ge-stressten, lieber Kaffee trinkenden und/oder rauchenden Pflege-personal zu tun. Mürrische Leute, denen ihr Beruf nicht gerade eine Berufung, denen Patienten und Angehörige eine Last sind.

Meine Mutter und ich sitzen mit kleinem Gepäck in ihrem Kran-kenzimmer bereit. Am Tag zuvor hatte ich das meiste in meinem Auto mitgenommen. Heute bin ich mit der U-Bahn gekommen, um meine Mutter in dem Krankentransporter zu begleiten. Mit Gel und Spray haben wir eine Frisur gezaubert. Unfrisiert wollte meine Mutter nicht »auf die Straße«.

Zwei forsche junge Männer in Knallrot stellen sich launig vor. Ruckzuck wird meine Mutter durch die Station gefahren. Ich kann kaum Schritt halten, renne hinterher. Sie parliert fröhlich drauflos, winkt jedem Patienten zum Abschied zu: »Thuos, ka-nos.« Die Sanitäter gehen professionell oberflächlich nicht da-rauf ein, unterhalten sich über ihren Kopf hinweg über das letzte Eishockeyspiel. Einer ist Fan der Berliner Eisbären, der andere schwärmt für die Hamburg Freezers. Er ist überzeugter Neuber-liner, aber seinen Club verrät ein echter Mann nicht. Vor dem Glaskasten der Stationsschwestern verlangt meine Mutter reso-lut einen Stopp: »Mamsum gnubte para.« Sie wird gehört, je-doch nicht verstanden. Mit Kraft zupft sie den neben dem Roll-stuhl laufenden Sanitäter am Ärmel und beantwortet seinen überraschten Blick mit einer rigorosen Geste, indem sie beide Hände vorn über Kreuz nach außen bewegt: »Stopp!« Dann zeigt sie auf den Glaskasten. Schwester Silvia, selbst Schwester Frau Schmidt kommen heraus, sichtlich gerührt, verabschieden sich von meiner Mutter. Sie wünschen ihr das Beste für die Zu-kunft. Und meine Mutter: »Tamaa gut, gut!« In dem Blick der Schwestern ist Melancholie, wie sie meiner Mutter nachsehen. Um die Ecke kommt ein neuer Schlaganfall-Patient; ein 18-jäh-riger junger Mann, halbseitig gelähmt, schreiend. »Nachschub.«

Der Krankenwagen hat auch schon bessere Zeiten erlebt. Er ist irgendwas zwischen VW-Bus und Lieferwagen. Die typische

Ausstattung: eine Liege, ein Rollstuhl, ein Begleitsitz. Die Kabine ist vom Fond abgetrennt durch eine Glasscheibe. Die beiden Sanitäter sitzen vorn, rauchen, hören laute Musik. Hinten stinkt es auch nach Rauch. Der Fahrersani fährt wie ein Henker. Das Auto ist ungefedert. Auf der Stadtautobahn wechselt er hektisch die Spuren. Wir werden hin und her geschleudert. Meine Mutter hat Angst. Sie klammert sich an die Stuhllehnen. Ist ganz bleich. Ich klopfe gegen die Glasscheibe. Sie wird einen Spalt geöffnet, Zigarettenrauch quillt mir entgegen. Ich versuche die Musik zu übertönen: »Wenn Sie uns weiter so durchschleudern, sind wir reif für die Notaufnahme.« – »Was?«, brüllt der Beifahrersani direkt in mein Ohr. Das kann ich auch: »Das ist hier wie auf einer Achterbahn, uns ist schleeecht.« Er schiebt das Fenster wieder zu, die Fahrt geht zivilisierter weiter. »Wir sind jetzt auf der Stadtautobahn Richtung Steglitz.« Die Fahrt ist purer Stress für meine Mutter. Auch 50 km/h sind für ihr Hirn eindeutig zu schnell. Insgesamt ist ihr optischer Eindruck farbverfremdet, schlierig durch den Grauen Star, zusätzlich verzerrt das Tempo die Wahrnehmung. Als wir die Albrechtstraße hoch fahren, erkennt sie diese eindeutig. »Pa, paaa, je mlke dom.« Sie zeigt auf ihren Hutladen, dann auf ihren Kopf. »Ja, dein Hutladen. Genau«, das macht mich glücklich. Meine Mutter ist überzeugte Steglitzerin. Als sie geboren wurde, gehörte Steglitz zum Kreis Teltow, wurde 1920 nach Berlin eingemeindet. In der Matthäuskirche ist sie getauft, konfirmiert worden. Sie ist überglücklich, ihre Heimat zu sehen, kommentiert jedes Haus, jedes Geschäft. »Juhuuuu! Ju, Ju!« Die Welt existiert noch und sie in ihr.

Teil II

Leben ist, wenn man trotzdem lacht

Das Pflegepersonal lächelt! Das fällt mir als erstes im neuen Krankenhaus auf. Im Vorbeigehen werden wir freundlich gegrüßt. Wir erreichen die neue Station: Gerontologie. Mit der sich öffnenden Tür sind wir beide schockiert: Es ist ein Vierbettzimmer. Groß, hell, ja, eine ganze Glasfront zum Hof. Rechts eine Toilette, Schränke, zwei Waschkabinen. Hängende Fernseher. Im Fenstererker ein Tisch mit vier Stühlen. Aber eben vier Krankenbetten. Mit vier Nachttischen. Die drei Damen des Zimmers sind anwesend. Links vom Eingang liegt eine apathisch im Bett, rechts zum Fenster hin sitzt eine Dame im Klinikhemd auf ihrem Laken wie ein Häufchen Elend. Nur Haut und Knochen, unterernährt, mit vom Zucker zerstörten Füßen, die blau angelaufen, irgendwie schimmelig von der Matratze hängen. Brauner Pagenschnitt. Große braune Augen sehen uns stumpf an. Am Tisch sitzt eine Dame gekleidet wie zu einer Skitour: drei Pullover übereinander. Weißblonde Haare halblang, locker in Wellen nach hinten gekämmt. Ein verwehter 20er-Jahre-Art-deco-Stil. Ich fahre meine Mutter in die Mitte des Zimmers und sage zu allen: »Guten Tag, das ist meine Mutter, Anneliese Pfeiffer. Ich bin ihre Tochter Ilse. Meine Mutter ist Ihre neue Mitbewohnerin.« – »Na endlich mal einer, der sprechen kann, ich bin Louise, komm mal her, schönes Kind«, sagt die Drei-Pullover-Art-Deco-Dame. Ich gehe zu ihr an den Tisch, sie nimmt meine Hand, betrachtet mich genau: »Ach, sind Sie noch schön jung. Wie jung sind Sie denn?« Ich sage: »47, kann ich selbst kaum glauben«, und finde das alt. »Herrlich, wunderbar und was hat die Mutti?« – »Meine Mutter, Frau Pfeiffer, hatte einen Schlaganfall. Sie kann leider noch nicht wieder richtig reden.« Sie zieht mich zu sich runter, raunt: »Und da?« Mit der freien Hand tippt sie sich an ihre Stirn.

»Im Kopf ist alles o. k.!«, antworte ich ihr. »Dann wird das wieder. Wir hatten hier die letzten Wochen eine Frau, die hatte das auch und heute ist se raus und konnte schon wieder ganz anständig sprechen. Wie alt ist die Mutti denn?« Ich sage ihr, dass meine Mutter 84 Jahre alt ist. »Wunderbar, das wird wieder, ich rede viel mit ihr, das machen wir schon. Was glaubst du, wie alt ich bin?« Ich schüttle den Kopf, hebe die Schultern, keine Ahnung. »Nur zu.« Ich betrachte sie diskret. Louise hat schöne schmale Hände, gepflegte Fingernägel, ein lebensgezeichnetes Gesicht. Sie ist groß, sehr schlank, hat eine majestätische Haltung. Wenn Damen ab einem bestimmten Alter einen auffordern, ihre Erdenzeit zu benennen, kann sich ihre Eitelkeit zwei Antworten wünschen: Entweder möchten sie viel jünger erscheinen, als sie sind, oder sie empfinden das hohe Alter als eine anzuerkennende Leistung. Welcher Typ ist Louise? Ihre Augen beobachten mich, ansonsten: Pokerface. Die Situation macht ihr Vergnügen. »Mmm, Sie können Ende sechzig sein, aber auch schon Mitte 80, ich kann es nicht sagen.« – »94, Kindchen!«, platzt es triumphierend aus ihr heraus. »Ich lebe schon in zwei Jahrhunderten und in zwei Jahrtausenden. Das ist doch was? Kann man sich aber nüscht für kaufen.« – »Dann sind Sie genau doppelt so alt wie ich.« Irgendwie sehe ich sie nun mit anderen Augen an: doppelt so alt, was bedeutet das? »Ja, da haste noch 'ne Strecke vor dir. Immer lachen, das ist das Geheimnis, aber das machste ja schon, det seh ick. Musste nur durchhalten. Nu bring mal die Mutti an den Tisch.« Meine Mutter ist von diesem Dialog wenig begeistert. Ich rolle sie zum Tisch. »Ich bin Louise Wieske, wir werden uns gut verstehen.« Meine Mutter gibt ihr schweigend die Hand. Louise redet weiter auf meine Mutter ein: »Ich bin ganz plötzlich zusammengebrochen, hatte nicht mal was an, das hier stammt alles aus der Kleiderkammer von hier, passt alles nicht zusammen, ich hab so schicke Sachen zu Hause …« Die Pagenkopf-Dame am Fenster hat uns aufmerksam zugesehen und zugehört. Ich trete an ihr Bett und stelle mich noch mal mit Handschlag vor. »Ilse, ich bin die Tochter von Frau Pfeiffer.« – »Christel Kampmann.« Ihr Atem reicht nicht für mehr. Louise plappert weiter: »… hab ja keinen, der was bringt. Die Putzfrau ist in Urlaub …« Christel schweigt erschöpft. Pause. »Christel, ein schöner Name.« Mehr fällt mir zur Aufmunterung nicht ein.

»Ja?«, lächelt sie mich schüchtern an. »Bitte nennen Sie mich so, ich habe meinen Namen schon lange nicht mehr gehört.« Ich muss schlucken. »Wenn Sie mich Ilse nennen, gerne.« Sie nickt. »Gehen Sie noch mal runter ins Foyer, Ilse? – »Ja, warum nicht.« – »Bringen Sie mir dann eine BZ mit?« Jetzt muss ich lachen: »Mach ich, Christel. Eine Berliner Zeitung, geht klar.« Ich beginne die Sachen meiner Mutter in Schrank und Nachttisch einzuordnen.

Ein Pfleger fordert den Rollstuhl zurück, der war nur für den Transport bestimmt. Jetzt wird er für eine Entlassung gebraucht. Ich helfe meiner Mutter auf einen Stuhl am Tisch. Instinktiv auf den Platz, der in der gleichen Anordnung steht wie ihr Bett zu den anderen Betten im Zimmer. Eine Heulboje kreischt im vorderen Bett los: »Das ist mein Platz, da muss sie weg! Weg. Sofort, ich sag's der Schwester.« Die eben noch apathische Frau sitzt nun sehr lebendig im Bett, rudert drohend mit den Armen. Meine Mutter rührt sich nicht, schaut sie nicht einmal an. »Ich hab's gesagt!« Sie drückt demonstrativ die Klingel. Für ihre enorme Beleibtheit behände schwingt sie die Füße in die Pantoffeln und kommt in einem wogenden gelben Zelt von Nachthemd, mit Rüschen an nur jeder erdenklichen Stelle, auf den Tisch zugerauscht. »Das ist mein Platz, war es schon immer: Mein!!! Platz!!!«

Louise stöhnt und hält sich die Ohren zu. Meine Mutter sieht das wogende gelbe Monster an. Mich erinnert es an Bibo aus der Sesamstraße. »Los weg, das ist mein amtlicher Platz!« Meine Mutter lacht lauthals los. Glockenhell in Kaskaden. Louise schaut verdutzt, dann erschreckt. Christel wacht aus ihrem Dösen auf und wendet sich mühsam dem Geschehen zu. Das gelbe Monster ist verblüfft. Es steht bereits sehr nah bei meiner Mutter, die immer noch lacht. Bibo schaut sie, in einer Mischung zwischen Bedrohung und Erniedrigung, an. Ehe die Stimmung kippen kann, nimmt meine Mutter die Hand der Frau und tätschelt sie, macht eine einladende Handbewegung zum Nebenstuhl. Die Frau starrt sie unnachgiebig an. Meine Mutter lächelt. Mühsam beginnt sie aufzustehen. Bibo schaut ungerührt zu, dann, als meine Mutter endlich steht: »Na, ich kann mich auch ans Fenster setzen, is ja zu.« Sie drängelt sich hinter dem Stuhl durch, rammt ihn ihr damit in die Kniekehlen, ohne es zu bemerken.

Meine Mutter plumpst in den Stuhl zurück. Von Louise und Christel fällt die Spannung ab. Meine Mutter wirft mir einen Blick zu, der heißen soll: Und hier willst du mich lassen? Die Tür wird schwungvoll aufgerissen. »Mittagessen«, plärrt eine Krankenschwester, es klingt wie »Antreten zum Appell«. Sie lässt die Tür offen stehen. »Ich hatte geklingelt«, sagt Bibo. »Und was gibt's?«, fragt die Schwester im Weggehen über ihre Schulter. »Hat sich schon bestens erledigt«, wirft Louise schnell dazwischen. In Erwartung einer Mahlzeit hat Bibo das Interesse an dem Vorfall verloren. Alle Damen bleiben sitzen. Ich gehe in den Krankenhausflur. Dort steht ein mobiles Mittagsbüfett. Es gibt Gemüseeintopf mit Salzkartoffeln ohne Fleisch. Oder Salzkartoffeln mit Quark. Es ist Freitag und der Träger des Krankenhauses ist die katholische Kirche. Zu beiden Menüs gehören noch Gurken- und Bohnensalat, Kompott aus der Dose. Ein Stück trockener Blechkuchen für den Nachmittag.

Eine Schlange von Patienten drängelt sich vor der Essenausgabe. Schwestern treten von der Seite heran. Sie holen die Mahlzeiten für diejenigen, die nicht mobil sind und werden bevorzugt bedient. Das führt zu Verwirrung und Diskussionen: Wieso müssen die sich nicht auch anstellen?

Ein hübscher Zivildienstleistender ist für unser Zimmer zuständig. Christel bekommt Diabetikerdiät, die abgepackt mit Namen und Wärmehaube in einem fahrbaren Regal steht.

Für Bibo und Louise ist es medizinisch egal, was sie bekommen, sie werden auch nicht nach ihren Wünschen gefragt: also Gemüseeintopf, der geht nicht so gut, muss aber weg. Ich stelle mich für meine Mutter an, mit Tablett, Teller und Besteck. Erbitte Quark und Kartoffeln, Gurkensalat und Kompott. Kuchen bekomme ich, ohne zu wollen. Ungeöffnet liegt eine kleine Flasche Leinöl neben dem Bottich mit dem Eintopf. Ich mache darauf aufmerksam. Die Küchenschwester jovial: »Hab ich noch gar nicht gesehen.« Sie gibt mir die ganze Flasche mit. Ich fülle etwas Öl in ein Glas ab, gebe die Flasche zurück. Alle Nachfolgenden wollen nun von dem Öl: »Gehört doch dazu«, höre ich. »Fehlt noch der Kümmel, dann wär's richtig 'ne Berliner Spezialität«, ruft jemand anderes dazwischen. »Na, da würde es aber heute ein reges Nachtleben geben«, kichert ein rüstiger Rotschopf.

76

Zurück im Zimmer stehen auf dem Tisch zwei Tabletts vor Louise und Bibo. Das gelbe Monster isst gierig. Louise stochert lustlos im Eintopf. Auf dem Tisch ist kein Platz mehr für das Tablett meiner Mutter. Ich habe noch nie von so etwas gegessen. In der Mensa der Uni wurde ich deshalb immer als bourgeois aufgezogen. Ich serviere meiner Mutter den Teller mit dem Essen, die Schüsselchen mit dem Salat, das Besteck, eine Papierserviette, das Glas mit Öl und ein frisches fürs Getränk. Es fehlen ihr noch ein Handtuch als Schutz auf den Knien, etwas zu trinken, Salz und Pfeffer. Christel ist im Bett über dem Essen eingeschlafen. »Das sieht aber lecker aus. Quark mit Öl, das ist doch mal was, damit kann man gesund werden, aber doch nicht mit dieser Fertigpampe«, beschwert sich Louise. Ich gehe raus, will für sie Quark besorgen, aber es ist keiner mehr da. »Salz und Pfeffer?«, frage ich. »In der Stationsküche hinten rechts.« Als ich davor stehe, kommt von hinten von der gleichen Schwester: »Dürfen Sie aber nicht rein.« Da sie jetzt nicht vom Essenwagen weg kann, erübrigt sich ein weiterer Dialog. Ich warte, bis sie mich nicht mehr beachtet, gehe in die Küche. Hier gibt es auch sauberes Geschirr und Saft: Apfel und Orange. In der Charité habe ich gelernt, dass es Saft nur auf Nachfrage gibt. Ich nehme einen Liter von einer großen Palette. Kaum aus der Tür, erspäht mich die Schwester. Sie sieht mich strafend an, ich komme mir vor wie damals im Kinderheim, als ich mir ohne zu fragen ein Stück Brot genommen hatte und zur Strafe eine Stunde in der Ecke stehen musste: »Ich bring das Geschirr nachher zurück, ist das mit dem Saft o. k.?« – »Für wen?« – »Zimmer 4, für alle Damen.« – »Geht klar.«

Meine Mutter beobachtet Bibo neben sich. Sie putzt gerade mit einem Stück Butterkuchen, das nun meiner Mutter fehlt, die restliche Soße vom Eintopf auf und schiebt es sich gierig in den Mund. Der Teller glänzt wie frisch abgespült. Louise hingegen hat weder den roten Tee noch den Eintopf angerührt. Sie hält sich ihre Hand sehr vorsichtig an ihre rechte Schläfe. »Tinnitus, höllische Schmerzen.« Ihr Mund ist trocken. »Brauchen Sie ein Schmerzmittel?« Sie sagt: »Hilft ja doch nicht. Und krieg ich noch dazu Magenschmerzen.« Bibo belehrt: »Sie essen ja auch nie was.« – »Was soll ich denn essen?«, kommt es prompt zurück. Der große Teller mit dem vielen Quark und dem Haufen Kartoffeln steht noch unberührt vor meiner Mutter. »Haben Sie Lust auf Quark, Louise?«, frage ich. Sie nickt. »Is aus«, stellt eine Schwester ungefragt klar und räumt das Geschirr von Christel und Bibo weg. »Kann das auch weg?«, sie deutet auf Louises und Mutters Mahlzeit. Louise nickt resigniert. Bibo fährt eilig dazwischen: »Lassen Sie es man hier, vielleicht überlegt sie es sich noch.« – »Darauf falle ich nicht mehr rein, Sie sind auf Diät, hat der Doktor Ihnen verschrieben.« – »Wegen den paar Pfund, einfach lächerlich«, das gelbe Zelt wogt beleidigt zu seinem Bett. »Und Sie?«, wendet sich die Schwester an meine Mutter. »Meine Mutter hat Aphasie. Nein, danke. Sie isst noch. Ich bringe die Sachen nachher selber raus.« Schnell schnappe ich noch die Gabel von Louises Tablett. Dann decke ich den Tisch für zwei Personen und stelle den Quarkteller in die Mitte. Meine Mutter bedenkt mich mit einem missbilligenden Blick. Eine Folge von Kriegserlebnissen, sie hat hungern müssen. »Nur ein ganz bisschen, ich hab ja schon lange nichts gegessen.« Ich serviere den Quark zu gleichen Teilen auf frische Teller, bei Louise schiebe ich ihn zusammen, so dass er eher wenig erscheint, bei meiner Mutter verteile ich ihn flach und großzügig. Gieße in eine Mulde das Öl. Diese Aufteilung suggeriert ihr, dass sie die größere Portion hat. Meine Mutter ist wieder versöhnt. Auf die kalten Kartoffeln kommen Salz und Pfeffer. Beide essen mit gutem Appetit. Die Apfelsaftschorle reißt auch Christel aus dem Mittagsschlaf. »Das hatten wir noch nie.« Ich mache ihre ganz dünn, wegen ihrer Diabetes. »Trullaa«, meine Mutter hebt das Glas, prostet allen zu: »Trullaa.« – »Prost!«, haucht Christel. Bibo schnarcht laut. »So geht das die ganze Nacht«, erklärt Louise mit Mordlust in den Augen. Sie zieht einen der drei Pullover aus. »Endlich mal warm.« In dem Zimmer sind mindestens 24 Grad. »So, jetzt haben Sie was im Magen, jetzt können Sie nach Ihrem Schmerzmittel klingeln«, ermuntere ich sie. »Nee, Ilsekin, ich halt's lieber noch aus, ich bin nicht für Chemie, keiner in meiner Familie, als es sie noch gab. Hab schon von meiner Mutter Biokost bekommen. Freikörperkultur und Homöopathie waren ihre Überzeugung, und sie war Jahrgang 1885.«

Deine Mutter fehlt mir sehr

Vom Krankenhaus laufe ich zur elterlichen Wohnung. Nach gut 80 Minuten komme ich an. »Gut, dass du da bist, ich habe solchen Hunger«, empfängt mich mein Vater. »Du musst doch nicht warten, du kannst dir doch selbst ein Ei in die Pfanne hauen.« – »Alleine essen, das ist doch nüscht. Deine Mutter kann ja ein ziemlicher Zickendraht sein … jetzt fehlt sie mir … sehr.« Ich tröste ihn: »Das schaffen wir schon.« – »Deinen Optimismus möchte ich haben, oder ist das einfach nur schnöde Feigheit vor der Realität? Sie wird doch nie mehr wie sie war, machen wir uns nichts vor.« Mein Vater beobachtet jede Regung in meinem Gesicht. Er will die Wahrheit wissen. »Das ist nicht gesagt. Und ist außerdem doch auch egal«, antworte ich. »Na, du bist lustig, das Leben muss doch lebenswert sein.« – »Sie kommt nach Hause zu uns, eben so wie sie ist.« – »Klingt nach pragmatischem Pessimismus, da fällt der Apfel doch nicht weit vom Stamm«, wirft mein Vater ein. Er fühlt sich bestätigt: »Optimisten sind entweder dumm oder irre, sie glauben an etwas, das es nicht gibt.« Ich kontere: »Und was machen wir deiner Auffassung nach, wenn sie leidend ist, sie aber eben lebt?« Mein Vater pariert die Frage prompt: »Ich bin Mitglied im Verein ›Humanes Sterben‹, sie wollte das als Christin ja nie.« Es klingt wie auswendig gelernt, wie ein sorgfältig zurecht gelegtes Argument für den entscheidenden Augenblick, den Fall der Fälle. Bestimmt hat er diesen Satz hundertmal in seinem Kopf hin- und hergeschoben, so lange, bis das Gefühl aus ihm gewichen war. »Alles hat seine Zeit, hab ich bei der Trauerfeier für Clemens gehört«, entgegne ich. »Ich bin Atheist«, stellt mein Vater klar, damit ist für ihn das Thema beendet. Er sieht unglücklich aus. Ich versuche es noch mal anders: »Mir ordnet Nenntante Esthers Lebensmotto immer wieder meine Prioritäten: Leben ist, wenn man trotzdem lacht.« Mein Vater schüttelt traurig den Kopf: »Sie stand fünfmal an der Rampe von Theresienstadt, das braucht keine Worte. Fünfmal davongekommen und trotzdem gelacht. Ich kann's mir nicht vorstellen.« – »Wenn sie *das* geschafft hat … schaffen wir das mit Mammi mit links«, bleibe ich trotzig mutig. »Na ja, gefragt werden wir ja sowieso nicht, also dein Wort in Gottes Ohr.« – »Gottes Ohr?«, ein Lächeln kann ich mir nicht verkneifen. »Na, für deine Mutter ist er doch zuständig. Lass uns zum Italiener essen gehen.« Ich hasse diesen Italiener vorne an der Ecke: schlechte Küche, alles Fabrikware in der Mikrowelle gewärmt. Kein Mittagstisch, weil hier nur Senioren, keine Arbeitnehmer essen gehen. Ausbeuter. Ich weigere mich, begreife wieder einmal nicht, dass er mir etwas Gutes tun will. Mich entlasten und beschenken möchte. Ich mache Spaghetti mit Tomatensugo, frischem Parmesan, Basilikum vom Fensterbrett. Mein Vater isst es schweigend. Er hasst Tomatensoße, fällt mir nach einem halben Teller ein. Für mich ist es ein Seelenstreichel-Beruhigungsessen. »Na, ich würg's runter, es gibt Schlimmeres. Beim Italiener gibt's Nudeln mit Holländischer Sauce.« Nee auch! Mich schüttelt's. Ich mach den kulinarischen Fauxpas wieder gut mit einem karamellisierten Eierpfannkuchen mit flambierten Äpfeln. Kann man auch vom Zusehen dick werden? »Gibt's auch mal wieder Milchreis? Das wär schön.«

Am frühen Abend fahre ich mit dem Fahrrad wieder zum Krankenhaus. Zur Hälfte ist das mein alter Schulweg. Ich ging ins Beethoven-Gymnasium in Berlin-Lankwitz. Als Jugendliche durfte ich nicht mit dem Fahrrad zur Schule fahren, das war meinen Eltern zu gefährlich. Mein Vater war für Laufen, 50 Minuten hin und 50 Minuten zurück. Entlang an der stinkenden Hauptstraße. Der Weg an der Bahntrasse durch einen einsamen Park war verboten. Meine Mutter spendierte mir ein Jahresticket für den Bus. Mein Vater empfand das als unnötige Verschwendung. Doch meine Mutter hatte ihr eigenes Geld. Sie war und ist eine unabhängige Frau. Ihre Pensionierung mit 45 Jahren führte immer wieder zu verärgerten Gesprächen: »Ich muss schuften und du verdienst dein Geld im Schlaf.« Ich habe diesen Streit gehasst, mich davor gefürchtet, bin, wenn's irgend ging, schnell geflüchtet vor diesen Auseinandersetzungen, die leise, hart, verletzend waren.

Ich fahre die »verbotene« Strecke. Eher zufällig komme ich in den Thaliaweg. Hier ist meine alte Schule. Ich mache einen Abstecher. Das Portal ist einem griechischen Tempel nachempfunden, typische einschüchternde Schul-Architektur. Vor der Schule stehen Jugendliche, rauchen und besprechen, wo sie sich heute Abend treffen werden: Kino oder Disco oder zur Party

bei Kalle? Im vorderen Schulhof trainiert eine Fußballmann-
schaft. Die Jugendlichen fühlen sich von mir beobachtet: »Is
was?«
»Nee, ich bin hier mal zur Schule gegangen.«
»Wir müssen noch.«
»Is offen?«
»Ja, noch ist Sport- und Theater AG bis 18.30 Uhr.«
»Danke.« Theater AG gab's zu meiner Zeit nicht. Ab meinem
13. Lebensjahr hatte ich professionellen Schauspielunterricht bei
Tamara Stiebner. Selbstfinanziert und mit Spenden von Oma,
meiner Großmutter väterlicherseits. Im hinteren Teil des Schul-
hofes steht jetzt eine neue Sporthalle. Ich betrete das Schulhaus,
es riecht wie früher. Unglaublich, wie das Gehirn Gerüche spei-
chert. Links ist immer noch das Lehrerzimmer und das des Di-
rektors. Den Namen auf dem Schild an der Tür kenne ich nicht.
Rechts geht es zur ausladenden Treppe. Ich setze mich auf die
unteren Stufen. Hier habe ich oft gesessen damals und diskutiert
und diskutiert. Unsere Referendarlehrer waren bewegte 68er, die
Echten! Wir wurden durch die Vorgabe des Lehrinhalts und
durch ihre persönliche Wut auf die Vätergeneration einer Ge-
hirnwäsche unterzogen, zumindest was das Naziregime und den
Zweiten Weltkrieg anging. Letztlich hat diese Erziehung zu
einem Bruch mit meinem Vater geführt. Angefüllt mit pubertä-
rer Wut über die Gräueltaten habe ich bei jedem Mittagessen versucht, ihn in Gespräche zu dem Thema zu verwickeln. Es ist mir
nur selten gelungen. Mein Vater hatte seine Steuerkanzlei in unserer Wohnung, vom Wohnzimmer nur durch eine Doppeltür
getrennt. Gott sei Dank war er schon damals schwerhörig. Er ent-
zog sich weiteren Verhörversuchen durch Arbeit oder »klappte
seine Ohren zu«. Schaltete sein Hörgerät ab. Gab vor, mich nicht
zu hören. Was nicht immer stimmte. Oft nach dem Mittagessen
musste dann meine Mutter dran glauben. Ich saß regelrecht über
sie zu Gericht. In meiner Wut und Ohnmacht fand ich ihre ganze
Generation schuldig, die Generationen davor sowieso. Mein un-
bedingtes Rechtsempfinden wurde zu einer flammenden inneren Qual. Ich liebte meine Eltern, ja! Meine Familie, ja! Aber in
meinen Augen hatten sie sich schuldig gemacht, waren sie doch
keine ausgewiesenen Widerständler gewesen. Ich war besessen,
verbohrt, total einseitig informiert. Ich wollte sie retten, aber

81

wie? Mindestens durch das Eingeständnis ihrer persönlichen Schuld, durch Sühne, Wiedergutmachung? Ich forderte, auf ein internationales Internat geschickt zu werden, damit meine Erziehung unpolitisch stattfinden könne. Ich wollte Unterstützung haben auf meinem Weg zu einem demokratischen Leben. Wollte in ein Kibbuz. Mindestens Hebräisch lernen. Ich las *Mein Kampf*, Rosenthal, auch Irving. Malte zu Hause nur noch Leichenberge à la Stuck. Oft verließ meine Mutter heulend den Mittagstisch oder ich, Türen knallend, das Wohnzimmer. An meine Großmütter traute ich mich mit dem Thema nicht ran. Warum eigentlich nicht? Sie hatten zwei Weltkriege durchlebt, überlebt. Ich denke, ich wollte sie schonen. Großväter hatte ich leider nicht. Keiner in meiner Umgebung gab mir Auskunft, ich war allein damit und wollte es so gern nicht sein. Meine Pubertät war furchtbar, besonders für meine Mutter. Ich versuchte, sie zu manipulieren. Sie sollte meinen Vater verlassen. Weil sie meiner Meinung nach nicht analytisch genug sprach, unterstellte ich ihr einen klimakteren Wahnsinn. Fast hätte ich sie hineingetrieben. Doch dann kam alles ganz anders.

Noch heute schäme ich mich. Vielleicht habe ich keine Kinder bekommen, weil ich Angst vor deren Pubertät hatte? Ich die Erziehung meiner Familie nicht unbewusst wiederholen wollte?

In meiner Pubertät wurde ich streng reglementiert, überprüft, verdeckt kontrolliert. Bis 14 hatte ich gern ausgiebig Auskunft gegeben. Ich hatte Vertrauen zu meinen Eltern. Dachte, sie hätten es auch zu mir. Diese Kontrollen fand ich ehrlos. Nun, wenn sie es so wollten. Also log ich. Meine Gehilfin war Bea, eine wasserstoffblondgefärbte 15-jährige, mit einem Ruf wie Donnerhall, die meine Eltern als nicht ebenbürtig betrachteten. Das war meine Rache und meine Chance, denn mit den Eltern meiner echten Freundinnen und Freunde hatten auch meine Eltern einen freundschaftlichen Kontakt, alle wohnten in unmittelbarer Nähe. Auf der richtigen Seite des Teltowkanals, wie ich das damals spöttisch nannte. Bea kam aus dem tiefsten Lankwitz, also aus der Provinz, fand meine Steglitzer Mutter. Bea war mein Ticket in die Freiheit. Ich log, mit ihr zu lernen, und ging stattdessen ins Theater und danach auf die Partys der Schauspieler. Ich ging ins Kino und zu Lesungen. Auf der Funkausstellung fiel mir ein Nachrichtensprecher auf, der dort eine Werbeshow für Saba-Fernseher moderierte. Den fand ich attraktiv, der sollte es sein. Dieser Gedanke war plötzliche Gewissheit. Ich schickte Bea als Kontaktanbahnerin vor. Es klappte. Als meine Eltern dahinter kamen, war alles schon gelaufen und ich eine stolze Frau von 14 Jahren. Mein Vater muss wohl explodiert sein, oder die ganze Familie? Hat mein Vater meine Mutter gezwungen, mich zu einer Frauenärztin zu schleppen? Oder Amma, meine Großmutter mütterlicherseits? Ich weiß es nicht. Jedenfalls musste ich zu einer Gynäkologin, einer Freundin der in unserem Haus wohnenden und praktizierenden Zahnärztin. Das finde ich im Nachhinein immer noch peinlich und empörend. Die Ärztin sollte mich auf meine Jungfernschaft untersuchen. Meine Eltern wollten den Nachrichtensprecher verklagen, wegen Verführung Minderjähriger. So ein Quatsch: Ich hatte ihn verführt. Das einzig Gute an ihm war, dass er mich machen ließ. Vehement führte ich das Recht über meinen Körper ins Feld. Sie versuchten, mich zu überreden, zu überzeugen. Ich machte keine Aussage gegen den Nachrichtensprecher. Nichts. Sie versuchten, mich mehr oder weniger gewaltsam auf den Untersuchungsstuhl zu zwingen. Sie machten mir Angst mit einer möglichen Schwangerschaft, mit Geschlechtskrankheiten, die ich bestimmt schon hätte. Ich hielt ihnen stand, berief mich auf die internationalen Menschenrechte. »Meine Generation wird dafür sorgen, dass es nie wieder Krieg gibt. In diesem Land gibt es keine Folter mehr!« An den Satz kann ich mich erinnern und werde rot. Die Aktion wurde hilflos abgebrochen. Mein Urvertrauen zu meiner Mutter war ab jetzt gestört. Von da an suchte ich kein Gespräch mehr mit meinen Eltern über den Krieg oder die Diktatur. Ab dem Moment gab ich keine Auskunft mehr über das, was mich bewegte. Noch heute fällt es mir schwer.

Tutti Saluti! Trinken muss sein

Als ich wieder im Krankenhaus ankomme, liegt meine Mutter angezogen auf dem Bett. Sie umarmt mich, mit dem Empfinden »endlich bist du da!« Sie ist aufgeregt, will mir auf der Toilette etwas zeigen. Mit Stock und bei mir untergehakt schlurfen wir dorthin. Erst als die Tür zu ist, bricht ein Schwall von Wörtern aus ihr heraus. Ich verstehe nur, dass sie sehr empört ist. Sonst nichts.

Die Einlagen, die ich ihr bereit gelegt hatte, sind weg. Das Toilettenpapier ist auch alle, kein Nachschub bereit. Ich reime mir zusammen, dass sie einen Vorrat an Einlagen braucht, um sich selbst versorgen zu können. Außerdem will sie sich nicht mit Papierhandtüchern die Hände trocknen. Ich erinnere mich, dass sie das schon immer für Verschwendung gehalten hat. Als wir das Bad wieder verlassen, steht Bibo drohend vor der Tür: »Ja, ich hab die Windeln benutzt. Na und, hier gibt's doch immer Nachschub. Übrigens schnarcht Ihre Mutter, da kann kein anderer mehr ein Auge zukriegen«, schnaubt das gelbe Monster, drängelt sich ins Klo. »Logorrhö, wirdse aber nich schlank von«, kichert Louise. »Logo was?«, möchte Christel wissen. »Sprechdurchfall, guten Tag die Damen.« – »Das hatte ich noch nicht, Tachchen«, erwidert Christel, legt sich beruhigt wieder hin und döst weiter. Meine Mutter setzt sich an den Tisch, ihr Kaffee ist unangetastet und nun kalt. Es gibt drei Wasserflaschen, alle fest verschlossen. Louise hat Durst. »Wieso trinkt ihr nichts?«, frage ich. »Wir kriegen die Flaschen nicht auf«, antwortet sie. Ich öffne das Wasser, schenke ein: Wieso klingeln sie nicht nach der Schwester? »Das ist hier so 'ne Sache, am besten man macht wenig Aufhebens.« Sagt Louise resigniert. Ich hole frischen Kaffee für drei. Stelle mich der neuen Pflegeschicht vor. Erbitte Apfelsaft und drei Einfuhrpläne. »Wieso drei?« – »Meine Mutter kann sich nicht äußern, wie viel sie getrunken hat und ihre Zimmerkolleginnen wollen sie unterstützen. Wie viel Apfelsaft darf Christel mit ihrer Diabetes trinken?« Die Schwester vermerkt ein Glas in ihrer Krankenakte.

Louise wird zur Schriftführerin erklärt. »1,3 Liter täglich sind Minimum nach Anordnung der Ärztin, besser wären 1,6 Liter«, gebe ich vor. »Kaffee zählt nicht mit«, mogele ich bewusst. – »Wieso nicht, ach so, ja, Kaffee entzieht dem Körper Wasser, na aber nicht diese Plörre hier«, denkt Louise laut. Trotzdem: »Er zählt nicht, dann haben wir einen Puffer, einverstanden?« – »1,3 Liter, so viel habe ich schon lange nicht getrunken.« – »Ein Glas hat 200 Milliliter, eine Tasse 150 Milliliter.« Ich halte beide in die Höhe. »Über sechs Gläser, ich weiß nicht, ob ich das schaffe«, gibt Louise zu bedenken. »Aber du hast Recht, unsere Körper brauchen Flüssigkeit.« – »Und eure Gehirne, sie bestehen hauptsächlich aus Wasser und Salz, zum Wohl«, ich hebe mein Glas, trinke meine Apfelsaftschorle in einem Zug aus. Alle prosten sich zu und trinken. Ihre Gläser sind noch zu zwei Dritteln gefüllt. Sie sehen mein leeres Glas. Louise: »Prooost, aufs Alter.« – »P o s t, P o s t«, echot meine Mutter fröhlich und hebt ihr Glas. »Schmeckt prima«, befindet Christel, »gibt's noch was?« – »Aber gerne«, ich fülle ihr Glas erneut im Verhältnis 20 Prozent Apfelsaft zu 80 Prozent Mineralwasser. Angespornt trinkt auch Louise ihr Glas aus und beginnt ihre Eintragungen zu machen. »Los, Mutti Pfeiffer, zeig mir dein leeres Glas, ich will 200 Milliliter eintragen.« Wir gehen durch, was sie am Tag schon getrunken haben. Wir kommen auf 400 bis 600 Milliliter, mit Kaffee höchstens 200 Milliliter mehr, es ist bereits 17 Uhr!

Ich habe meiner Mutter Anziehsachen mitgebracht. Auf dieser Station wird sie sich jeden Morgen mit Hilfe der Ergotrainerin ankleiden. Auch das ist Teil des Mobilitätstrainings zur Wiedererlangung der Selbstständigkeit. Aus dem Auspacken wird eine kleine Modenschau, das heißt, meine Mutter legt sich die Kleidung auf ihren Körper. Sie besitzt viele Stücke, die sich gut kombinieren lassen. Dazu war sie übergegangen, als sie noch schöne Reisen mit meinem Vater gemacht hat, aber nicht mehr schwer tragen konnte. Ich habe zwei Hosenanzüge gebracht, grün und blau, ein beiges Kostüm, zu allem passend Pullover, Strickjacken, Polo-Blusen, Seidentücher, ihren Paschminaschal, Unterwäsche, Strümpfe, Schuhe. Nichts ist kompliziert zuzuknöpfen. Zwiebellook für verschiedene Temperaturempfindungen, ohne großes Umziehen. Meine Mutter präsentiert auf dem Stuhl sitzend immer neue Variationen.

Plötzlich muss sie sofort auf die Toilette. Die Toilettensitzerhöhung ist runtergerissen, liegt am Boden. Ich montiere sie wieder an. Bibo war als Letzte auf der Toilette gewesen. Na ja. So eine Toilettensitzerhöhung erleichtert das Aufstehen. Zu Hause haben wir das wegen ihrer Kniearthrose auch. Mein Vater wütete die ersten Monate dagegen. Eine Veränderung: nein! Er ging aus

Protest sogar auf einen Eimer. Ich habe damals gelernt, dass für einen Mann seiner Generation das Thema »im Sitzen« oder »im Stehen« nur eine Antwort kennt: Wenn ich nicht mehr im Stehen kann, dann nur noch im Liegen!

Was fehlt, sind immer noch die Einlagen. Aus dem anderen Krankenhaus habe ich den kleinen Vorrat aus ihrem Zimmer mitgenommen. Damit versorge ich meine Mutter. Den Rest hänge ich in einer Plastiktüte, auf die ich mit Filzstift in Großbuchstaben ihren Namen schreibe, neben die Toilette. Auf einem Versorgungswagen im Gang finde ich weißes Hansaplast. Handtücher, Einlagen, Toilettenpapier in einem offenen Versorgungsraum. Im Bad klebe ich über den Haken ein Schild aus Leukoplast: Händehandtuch Pfeiffer. Lege drei Rollen Toilettenpapier in Reichweite als neuen Vorrat parat. Meine Mutter ist glücklich. Später fordern auch die anderen Damen ihr persönliches Handtuch und Einlagendepot. Es spart den Schwestern Zeit und gibt den Patientinnen Sicherheit.

Nun geht es erst einmal auf eine Expedition: Wir verlassen die Station durch eine große, doppelte Glastür, die sich auf Schalterdruck automatisch öffnet. Die Station meiner Mutter liegt gegenüber den Fahrstühlen des Zentraltraktes. Wir gehen nach links einen breiten Gang hoch, entdecken einen schönen großen Balkon zu einem Innenhof. Leider stehen auch hier die grässlichen weißen Plastikstapelstühle. Ich empfinde sie als Beleidigung des Auges und einen ästhetischen GAU, der sich auf der ganzen Welt breit gemacht hat: an einem einsamen Strand in Griechenland ebenso wie in Paris, selbst in der Sahara. Dem Erfinder möchte ich gern mal meine Meinung sagen.

Wir legen Handtücher darauf, setzen uns. Unter dem Glasdach des Balkons schwirren die Insekten. Zwei Spatzen unternehmen Raubflüge von den Blumenkästen aus unters Dach. Spatzen-Abendbrot. Wir genießen die Sonne. Eine Kirchenglocke ruft zur Messe. Auf den Balkonen ringsum ist kein Patient mehr zu sehen, es ist ruhig und schön, als mir blitzartig einfällt, warum. Das Abendessen! Es muss nach 18 Uhr sein. Ich springe auf, laufe auf die Station, gerade als das mobile Abend-Büffet weggefahren wird. Es ist nichts Ansprechendes mehr im Angebot. Am Bett meiner Mutter steht nichts bereit! Flugs verschwindet die Küchenmannschaft im Lift. Ich bleibe davor stehen in der Hoffnung, dass auch die Büffets von den anderen Stationen hier in die Küche gefahren werden. Richtig kombiniert! Von der Nebenstation kommt der Büfettwagen: Ich erkläre, dass wir Neulinge sind und darf mich bedienen.

Meine Mutter isst vom Käse und von dem Obst. Wir genießen die Abendstimmung auf dem Balkon.

Eine Stunde später und ziemlich durchgefroren, überrasche ich Louise mit einem zweiten Abendbrot: vier Knäckebrot-Quadrate mit Quark, zwei mit Petersilie und zwei mit Banane zurechtgemacht. Im Gegensatz zum ersten Abendessen verputzt sie alles mit Wonne. »'ne Tomate wär mal lecker, hab ich hier noch nicht gesehen.« Der Abenddienst kommt aus dem Staunen nicht raus. Den Obstteller stelle ich für alle auf den Tisch. Das Tagestrinkpensum hat keine erfüllt. Aber heute haben wir auch erst um 17 Uhr begonnen, für morgen sind alle motiviert. Ich verabschiede mich, lasse meine Mutter die erste Nacht im neuen Krankenhaus. »Ich pass auf die Mutti auf, kann eh nicht schlafen, nu geh schon, komm aber morgen wieder, ja?« Louise ist gleichzeitig forsch und ängstlich, meine Mutter verschlossen. Bibo mampft »heimlich« Schokolade.

Ich fahre durch den Abend, weiß nicht wohin mit mir. Soll ich ins Zentrum fahren? Nach Charlottenburg? Oder Schöneberg? Zum Prenzlauer Berg? Überall dort wohnen Bekannte. Soll ich jemanden besuchen? Oder lieber zufällig treffen? In der Kneipe? Oder verabreden? Ins Kino? Das ist mir alles zu anstrengend. Also fahre ich weiter durch Lankwitz und Steglitz. Irgendwie kann ich hier alle Restaurants oder Kneipen nicht leiden. Dann fallen mir Michael und Kerstin Götz ein, die ich über meine Mutter kennen gelernt habe. Sie pflegen eine rege Freundschaft »über den Gartenzaun«. Ihre Wohnung liegt im Parterre und verfügt über eine kleine Oase direkt vor der Tür. Michael hat einen grünen Daumen. Er ist von einer ehemaligen Wohngemeinschaft übrig geblieben, Musiker, spielt in Big Bands und in der Band »Blues Brothers«. Er komponiert Filmmusik. Seine Frau war Sportlehrerin, jetzt sind sie stolze Eltern von Maya und Milo. Ihr Sympathiefunke ist auf uns übergesprungen. Ich gehe durch den Vorgarten und klopfe an die ehemalige Balkontür. Innen geht gerade ein Essen mit Gästen zu Ende. Ich werde trotz des spontanen Überfalls herzlich willkommen geheißen. Die Gäste müssen die letzte U-Bahn erwischen, die Kinder gehen murrend ins Bett, ich bekomme ein Bier und die Reste des Festmahls serviert. Kerstin räumt währenddessen auf. Michael rührt mit dem Harry Potter-Hut von Milo auf dem Kopf Gelee aus dem selbst eingekochten Holunderbeersirup für seine Tochter Maya, die seit letztem Jahr darauf besteht, dass auch noch eine Prise Chili dazukommt. »Götzengold« haben sie diese besondere und einmalige Marmelade getauft. Ich bekomme den Rest aus dem Glas als Chutney zum Huhn. Lecker. Hier und jetzt fühle ich das Leben.

Nach dem Frühstück mit meinem Vater kaufe ich Gutelaune-Sachen fürs Krankenhaus: Osterglocken im Topf, Erdbeeren, Croissants, Soya-Pudding. Im Krankenzimmer helle Freude über meine Ankunft. Doch sie währt nur kurz. Meine Mutter hat in der Nacht die Toilette nicht gefunden, erzählt mir Louise, sie ist im Zimmer umhergeirrt. Louise hat die Schwester gerufen, aber da war es zu spät. Die Schwester hat meiner Mutter Vorwürfe gemacht. Sie wurde gegen ihren Willen gewindelt. Das kam einem Nahkampf gleich. Meine Mutter will mit mir auf die Toilette. Sie zeigt mir die Windel, die ihr nicht ermöglicht, selbst auf die Toilette zu gehen. Sie ist zu fest zugeklebt. Ich gehe zum Schwesternzimmer, frage nach der zuständigen Schwester. Wir geraten in eine erregte Diskussion. Die Schwester will meine Mutter trocken verpackt wissen, da muss »sie dann auf nichts mehr achten«. Ich will die Selbstständigkeit meiner Mutter erhalten. »Sie kann die Einlagen unter Anleitung wechseln. Sie wird wieder lernen, sie eigenständig zu wechseln.« Das scheint der Schwester zu viel Arbeit zu machen. Ich verlange, den diensthabenden Arzt zu sprechen. An einem Sonnabend. Da gibt es nur die kleine Besetzung. Die Schwester lenkt lieber ein: »Ihre Mutter war heute Nacht orientierungslos. Sie hat ihr Bett nicht mehr gefunden.« Es ist Vorwurf und Erklärung. »Sie hat im anderen Krankenhaus einen Toilettenstuhl am Bett gehabt. Den hat sie heute Nacht gesucht«, erkläre ich. »Bei uns ist die Toilette im Zimmer.« – »Das wusste sie aber nicht mehr. Es war heute ihre erste Nacht hier. In neuer Umgebung, mit drei fremden Leuten im Zimmer, sie muss sich erst einfinden.« Die Krankenschwester macht einen Eintrag in die Krankenakte. »Wenn wir einen Egon frei haben, kann sie ihn haben.« Sie kommt mit mir, um meine Mutter von der Windel zu befreien. Wir machen die erste Bekanntschaft mit einer Netzhose, einem elastischen Netz mit großen Löchern für die Beine, um die Einlagen zu fixieren. Darüber wird die Unterhose angezogen.

Die Osterglocken muss ich wieder mitnehmen. Blumenerde ist im Krankenhaus verboten. Es könnten sich Keime einschleichen. Die Krankenschwester erwartet offensichtlich einen Widerspruch von mir. Kommt aber nicht: »Schade, wir mögen lieber Blumen mit ›Füßen‹.« Ich will die Glocken abschneiden, doch alle Damen sind dagegen. Meine Mutter schenkt mir die mitgebrachten Blumen. Wir kippen jeder noch 400 Milliliter Apfelsaftschorle. Nur Bibo verweigert sich, flüchtet aus dem Zimmer. Wir lachen, übertrumpfen uns mit Trinksprüchen. »Rumnoi ma, sulem«, verkündet meine Mutter mit Grandezza. »Tutti Saluti«, kichert Christel. »Auf das Leben, le chaim«, prostet Louise. Sie wird von der schwungvoll auffliegenden Zimmertür unterbrochen. »Gehörrrt diese Frau hier?«, fragt eine Patientin im Miss-Piggy-Jogginganzug, mit viel Goldschmuck und Akzent. Sie zeigt auf eine alte Dame hinter sich in einem ärmlichen Bademantel. Wir schütteln den Kopf. Die Dame aber schaut sich im Zimmer um und geht ohne Umschweife auf Louises Bett zu, legt sich hinein. »Also dooch, Thous«, Miss Piggy macht die Tür temperamentvoll zu. »Ist jetzt hier schon Schichtschlafen? Ist ja wie im Luftschutzkeller.« Ich bin mir nicht sicher, ob Louises Humor nicht überstrapaziert wurde. In ihrem Blick ist kein Lächeln. Die »Untermieterin« zieht sich die Bettdecke über den Kopf: »Ruhe bitte, mein Sohn kommt gleich.« Wir kommen überein, nach der Schwester zu klingeln. Die erklärt uns gut gelaunt: »Das ist Frau Krause, ich bringe sie in ihr Bett. Frau Krause, aufwachen, ihr Sohn ist da, er wartet in einem anderen Zimmer.« Die Schwester bittet uns mit ihrem Blick um Verständnis; soll das heißen, dass sie lügt? Der Sohn ist gar nicht da? Hat sie überhaupt einen? »Endlich, mein kleiner Walter, wo ist er?« Frau Krause steht bereitwillig auf, geht mit der Schwester mit. Auf ihrem Rücken ist mit einer Sicherheitsnadel ein großer Zettel befestigt: Station 7a/Zi. 2014. Wir schweigen. »Ich habe auch einen Sohn, der ist noch nicht einmal gekommen«, murmelt Christel betrübt vor sich hin. In die Stille fragt sie: »Gibt's noch was zu trinken?« – »Auf uns«, ich hebe mein Glas. »Ich gehe jetzt nach Hause und schlaf 'ne Runde.« – »Als ich jung war, konnte ich so schön schlucken wie du«, lächelt Louise traurig. »Ich bin auch hundemüde. Kommst du wieder?«, fragt Christel. »Ja, am Nachmittag, irgendwelche Wünsche?« Meine Antwort hört sie nicht mehr, sie ist wieder eingedöst. An der Abschiedsumarmung spüre ich, dass meine Mutter den Zettel gesehen hat. Ihr Leseverständnis ist stark beeinträchtigt. Hat sie den Inhalt dennoch begriffen? »Ab morgen hast du Logopädie, bald kannst du wieder richtig sprechen. Dein Kopf ist gesund. Dein Gehirn wird ein anderes Zentrum für die Sprache aktivieren.« Meine Mutter nickt ernst: »Gust hal ma Helmut.« Ich verstehe das als: ›Wir schaffen das schon‹ oder: ›Danke Ilse?‹ Oder: ›Grüße an Papo?‹ Sie drückt meine Hand.

Meine Mutter hat die neue Klinik angenommen. Dass sich diesmal die Pfleger, Schwestern und Therapeuten vorgestellt haben, hat ihr dabei geholfen. Der geregelte Tagesablauf gibt ihr Sicherheit. Sie hat Mobilitäts- und Ergotherapie, Logopädie. Ein junger Engel von einem Physiotherapeuten bringt ihr auf ihren eigenen Wunsch das Treppensteigen wieder bei. Sie hat bereits gelernt, selbstständig am Rollator zu gehen. Wir spielen, kuscheln, üben sprechen, essen, erkunden das Gelände der Klinik. Das Therapieziel ist ihre seelische und physische Stabilisierung, das Wiedererlangen der Ressourcen. Meine Mutter ist hoch motiviert, macht alles mit, ist immer wieder schwer erschöpft.

Nach dem Mittagsschlaf meines Vater hole ich ihn ab zu einem gemeinsamen Besuch. Er hat sich wieder schick gemacht: Kavalier alter Schule. Einstecktuch, Schal, selbstentworfener Siegelring. Louise ist entzückt. Noch ehe mein Vater meine Mutter begrüßen kann, hat sie ihn in Beschlag genommen: »Sie sind der Herr Pfeiffer, da gratulier' ich aber. Was für ein stattlicher Mann. Mit dem kann man doch Staat machen.« Mir war nicht aufgefallen, dass mein Vater seine Hörgeräte eingeschaltet hatte. Er freut sich sichtlich über die Komplimente. Formvollendet begrüßt er Louise, gerade, dass er ihr nicht die Hand küsst. Dabei wendet er meiner Mutter den Rücken zu. »Danke, das ehrt mich sehr, ich freue mich sehr, Ihre Bekanntschaft zu machen, ich habe schon so viel Gutes von meiner Tochter über Sie gehört«, antwortet er Louise. Meiner Mutter langt das. Sie klopft mahnend mit ihrer Hand auf die Stuhllehne. »Die Kombination steht ihnen aber gut. Und diese elegante Seidenkrawatte«, zwitschert Louise zurück. »Ein Geschenk, ich geh ja in keinen Laden, ich höre schwer, hab keine Geduld.« – »Das merkt man aber gar nicht.« Meine Mutter klopft ungehaltener, lauter. Sie hat meinem Vater die Krawatte zu Weihnachten geschenkt. Mein Vater wendet sich zu mir um: »Irgendwas klopft hier, Ilse.« Meine Mutter schießt Giftpfeile aus ihren Augen ab. »Mammi und ich gehen schon mal vor auf die Terrasse.« – »Ich komme mit.« Auf dem Flur sagt mein Vater überlaut: »Wolltest du mich mit dem alten Weib alleine lassen? Das war mir unangenehm, so aufdringlich.« Da mir seine Lautstärke peinlich ist, gehe ich nicht näher darauf ein. Meine Mutter würdigt ihn keines Blickes. Sie braucht auch ihre ganze Aufmerksamkeit zur Bewältigung der Strecke. Mit Stock und eingehakt in meinen Arm.

Auf dem Balkon stupst mein Vater meiner Mutter einen Kuss auf die Wange, wirkt eher wie ein Nasenrempler. Meine Mutter reagiert nicht. »Was hat sie denn?« – »Ich glaube, sie fühlt sich zurückgesetzt, weil du sie nicht gebührend begrüßt hast.« – »Das mache ich doch nicht vor allen. Du bist doch meine allerliebste Gattin, das weißt du doch.« Er nimmt die Hand meiner Mutter, beklopft sie. Dabei kommt er mit dem Siegelring auf ein entzündetes Gelenk. »Ijuuu«, sie zieht empört ihre Hand weg. »Wer wird hier abgelehnt?«, macht mein Vater mir zum Vorwurf. Beide sind über den anderen empört, sehen mich Solidarität fordernd an. Ich antworte betont ernst: »Nee, nicht mit mir! Das Einzige, woran ich definitiv unschuldig bin, ist, dass ihr euch geheiratet habt! Das war vor meiner Zeit.« Meine Eltern lieben diese Aussage. Sie ist am Tag ihrer Goldenen Hochzeit zu einer stehenden Redewendung geworden. Ich kam an jenem 27. 3. mit den von meinem Vater bestellten 50 langstieligen roten Rosen, der von meiner Mutter bestellten Torte und eigenen Geschenken in ihre Wohnung. Beide hörten weder mein Klingeln noch mein Aufschließen. Aus der Diele hörte ich, wie meine Mutter meinen Vater gerade wegen einer möglichen Affäre vor 30 Jahren anbrüllte, mein Vater konterte in gleicher Lautstärke mit ihrer ewigen Liebe zu Helmut, der nunmehr seit 57 Jahren tot sei. Ich hatte meine Eltern sich noch nie wie die Bierkutscher anbrüllen hören. Streitgespräche wurden immer mit Florett geführt, im kultivierten Ton, mit stechenden Argumenten. Das war der gewünschte Standard. Ich stand wortlos in der Diele. Mein Vater jaulte auf: »Dann lass dich doch scheiden. Mir soll's recht sein.« Er stürmte aus dem Zimmer an mir vorbei, ohne mich wahrzunehmen, knallte die Tür zu. Meine Mutter rannte, hochrot vor Wut, wie ein Derwisch hinter ihm her, riss die Tür zu seinem Zimmer auf und drehte sich dann plötzlich mit einem Doubeltake verdutzt zu mir um: »Du hier?« Mein Vater erschien in der Tür: »Das tut mir leid«, sagte er mit Blick auf mich und die Geschenke. Es war ihm sichtlich peinlich. »Werde ich jetzt ein Scheidungskind?«, fragte ich in die Pause. Keine Antwort. »Das könnt ihr mir doch nicht antun.« – »Frag deine Mutter«, brummte mein Vater. Da platzte es aus mir heraus: »Das Einzige, woran ich definitiv unschuldig bin, ist, dass ihr euch geheiratet habt! Das war v o r meiner Zeit.« Der Bann war gebrochen, der 50. Hochzeitstag wurde gefeiert. Wie damals funktioniert es auch heute: Wir lachen, ich packe ein von Maya und Milo geborgtes Kinderspiel aus, ein Holz-Memory. Hirntraining für alle. Wir spielen gemeinsam.

Die wenige Zeit, die mir bleibt, verbringe ich meistens erschöpft im Bett. Freunde? Arbeit? Alles nicht möglich. Seit dem Selbstmord von meinem Freund Clemens habe ich eine Depression. Durch einen Seelenfreund fand ich die für mich richtige Therapeutin. Ich mache seitdem eine Gesprächstherapie. Durch meine Erziehung habe ich eine so exzellente, preußische Selbstbeherrschung, dass ich mir sogar selbst vormachen kann, es ginge mir gut. In meinem beruflichen Umfeld würde keiner erkennen, dass ich depressiv bin. Wenn ich mich dazu bekenne, werde ich ausgelacht: Du doch nicht. Als Regisseurin bin ich gezwungen, im Sekundentakt zu entscheiden, also tue ich es auch. Im Fernsehbusiness bin ich umgeben von Egos, die ich verführe, anleite, ihnen Anweisungen gebe zu meiner Vision des Drehbuches. Diese Führungsposition verleiht Stärke. Sie zwingt dazu, ein Vorbild zu sein. Mein privates »Ich« löst sich dahinter auf. Mein Leben, meine Verpflichtungen und leider auch die notwendige Bürokratie bewältige ich nicht, schiebe ich zurück, bis die Katastrophe mit voller Wucht über mich hereinbricht. Ich verdächtige mich zunehmend, dass ich die Pflege meiner Eltern auch als Vorwand nutze, um der nötigen Veränderung meines eigenen Lebens auszuweichen. Andererseits zwingt sie mich in einen Tagesablauf, durchdringt meine Depression, ich habe nun einen Zwang, aufzustehen, das Haus zu verlassen. Meine Therapeutin fordert mich auf, mir Gutes zu tun. Mir fällt dazu nichts ein! Wünsche? Für andere sprudeln sie nur so aus mir heraus. Aber für mich? Da versiegt die Quelle. Ich erkenne immerhin, dass ich nur langfristig hilfreich sein kann, wenn ich mich über der Hilfe nicht selbst vergesse. Eben auch für mich sorge: für Ruhezeiten, Freude, Anerkennung. »Die Kür ist, seine Eltern zu begleiten, ohne sie irgendwann dafür zu hassen«, sagt meine Therapeutin. Der Satz sitzt. Ich wiederhole ihn in meinem Kopf, zerlege ihn, kaue auf ihm rum: »Die Kür ist, seine Eltern zu begleiten, ohne sie irgendwann dafür zu hassen.« Noch hat er keinen Inhalt für mich. »Liebe deinen Nächsten wie dich selbst«, lacht meine Großmutter in meinem Herzen. Ich werde lernen, mir Gutes zu tun, schwöre ich mir. Einen Schritt vor, drei zurück.

Bibo liegt im Bett. Louise ist aufgeregt. Christel döst. Meine Mutter begrüßt mich nicht, sondern erzählt drauflos, zeigt dabei immer wieder aufgeregt auf Bibo. Diese ist wieder ganz die debile Frau. Louise und meine Mutter reden gleichzeitig auf mich ein. Ich verstehe: Bibo hat ein gynäkologisches Problem, das ein Frauenarzt in drei Minuten beheben könnte, im Krankenhaus aber gibt es keinen solchen Arzt. Der externe Frauenarzt kommt immer dienstags in die Klinik, heute ist Mittwoch. Bibo soll eine Woche auf die Behandlung warten. Was sie hat, verstehe ich nicht. »Muss es dringend gemacht werden?« Bibo brüllt in den Raum: »Ich habe sechs Kinder geboren, meine Organe hängen aus mir raus, wenn ich keinen Ring trage, der sie hoch hält. Jetzt hängt der Ring raus.« Sechs Kinder! Und keines hat sie besucht. »Kümmer dich drum«, sagt Louise bestimmt. Meine Mutter und Bibo nicken. »O. k., ich spreche mit der Ärztin. Wie ist der Name von ihrem Frauenarzt?« Die heute zuständige Ärztin ist nicht in ihrem Zimmer, ich lasse sie anpiepsen und warte. Eine junge Frau um die 35 kommt zu mir, sehr attraktiv, leider gestresst. Ich trage ihr das Anliegen von Bibo vor. Aggressiv macht sie mich nieder, davon sei sie schon informiert, das hätte Zeit, das sei keine lebensnotwendige Maßnahme. »Die Patientin muss warten«, damit dreht sie sich um und läuft mit wehendem Kittel davon. Eine Antwort von mir hat sie nicht vorgesehen. Ich hole sie in der Doppelglastür ein: »Das Gespräch ist noch nicht beendet«, spreche ich sie freundlich an. »Ich habe alles gesagt«, entgegnet sie mir. »Ich aber noch nicht. Ich habe Achtung vor der Leistung, die Sie hier täglich bringen müssen …« Weiter komme ich nicht, sie lässt mich erneut einfach stehen. Ich überhole sie, stelle mich ihr in den Weg, so freundlich ich kann: »Was ist los? Sie sind aggressiv, das hat mit mir aber nichts zu tun, also? Was ist los?« – »Ich habe seit 36 Stunden nicht geschlafen, heute Nacht ist meine Mutter in Köln ins Krankenhaus gekommen, und ich kann hier nicht weg.« Sie schüttet mir ihr Herz aus. So erleichtert, ist sie bereit, eine Lösung für Bibos Problem zu finden. Nachdem der Frauenarzt von Bibo sich bereit erklärt hat, zu dem üblichen Regeltarifsatz des Krankenhauses zu kommen, geht es Bibo am Nachmittag wieder gut. Umgänglicher, freundlicher wird sie dadurch nicht.

Mit meiner Mutter mache ich Sprechübungen auf dem Balkon. Wir essen Erdbeeren. Ich möchte meinen Abendbesuch ausfallen lassen. Mir fällt es schwer, ihr das mitzuteilen. Mit Anlauf: »Der Schlachtensee ist jetzt warm genug zum Baden, ich möchte mich dort mit Bekannten treffen und den Abend im Biergarten der *Alten Fischerhütte* verbringen.« Ich habe tatsächlich ein schlechtes Gewissen! Verlegen stopfe ich mir eine Erdbeere in den Mund. »Ta gbsex trum?« Das verstehe ich nun wirklich nicht. Meine Mutter reibt Daumen, Zeige- und Mittelfinger aneinander, deutet auf sich und dann auf mich, lächelnd. Sie lädt mich zum Essen im Biergarten ein, ich soll die Auslage mit ihr verrechnen. Meine Mutter freut sich für mich, ist traurig, selbst nicht mitkommen zu können, wie lieb.

Am nächsten Morgen begleite ich meinen Vater zu seiner Bank: »Deine Mutter fällt jetzt aus. Du brauchst eine Vollmacht zu meinem Konto, wenn mir was passiert, musst du für uns sorgen können.« Jetzt stehen wir in der Reihe vor einem der Schalter,

warten. Das Stehen fällt ihm schwer. Einen Stuhl im Wartebereich gibt es nicht. Wieso gibt es keinen Schalter für Senioren
und Schwangere? Mein Vater brüllt mir ins Ohr. Er denkt natürlich, dass er mir leise und diskret mitteilt: »Du hörst dann gut hin
ja, ich verstehe den immer nicht, der kriegt seine Zähne nicht
auseinander.« Alle Köpfe drehen sich uns zu. »Mach ich.« Endlich kommen wir dran. Mein Vater bestellt für mich eine Bank-
vollmacht über seinen Tod hinaus. Der Bankangestellte nuschelt
vor sich hin. Auch ich verstehe ihn kaum. Er spricht mit mir über
meinen Vater, der direkt vor ihm steht, als wäre er nicht anwesend. Ungerührt wiederhole ich die Worte des Bankangestellten
laut und langsam, dass mein Vater sie verstehen kann. Frage ihn,
was er möchte. Der Bankangestellte nuschelt nasal nölend weiter. Irgendwann reicht es mir. Am liebsten würde ich den Kra-
wattenträger an seinem geschmacklosen Disney-Binder über den
Tresen ziehen: Mein Vater ist nicht blöd, er hört nur schwer. Tatsächlich erkläre ich gezügelt höflich: »Übrigens ist Herr Pfeiffer, mein Vater, seit 70 Jahren Kunde in dieser Filiale und sogar
noch länger Kunde Ihres Instituts. Ich werde wohl meinen Vater
dahingehend beraten müssen, die Bank zu wechseln.« Der Typ
versteht nicht oder tut er nur so? Also Klartext: »Sie sind unhöflich und verhalten sich der Situation nicht angemessen. Um eine
diskrete Beratung durchführen zu können, hätten Sie uns in eine
Ihrer Beratungszellen einladen können. Ist Ihnen nicht aufgefallen, dass es meinen Vater sehr anstrengt, zu stehen? Sie reden
weiterhin in einer Lautstärke und einem Tempo, dass mein Vater
Sie nicht verstehen kann. Darf ich Ihnen mal vorrechnen, was Ihr
Arbeitgeber an meinem Vater und seiner Kanzlei in den letzten
70 Jahren verdient hat?« Meinem Vater sind meine Ausführungen peinlich. Der Bankangestellte bleibt borniert. Der Filiallei-
ter schaut von seinem Schreibtisch auf, sonst nix, er ist neu hier.
Seit einiger Zeit findet ein Personalkarussell statt. Persönliche
Bindungen werden bewusst zerschlagen: Ein totales Fehlmana-
gement am Kunden! Mein Vater möchte noch Bargeld vom
Schalter holen. Das geht nicht mehr in der Filiale. Der Geld-
schalter ist abgeschafft. Nur noch am Automaten im gläsernen
Vorraum der Bank kann man sein Geld abheben. Mein Vater hat
jedoch die PIN-Nummer nie aktiviert. Über eine einmalige Hilfs-
nummer bekommen wir, vom Bankangestellten assistiert, Geld

am Automaten. Ohne den Tresen zwischen uns wird er zugänglicher. Dieser Service ist aber ab sofort auch nicht mehr möglich, erklärt er uns, immerhin bedauernd. Wenn alle Kunden über 60 ihre Konten, Depots, etc. abziehen würden, wäre selbst die Deutsche Bank pleite. Dieser fehlende Service stinkt zum Himmel! Wieso begreifen ausgerechnet diese Geldexperten nicht, welchen ökonomischen Schaden sie sich mit dieser Art von Kundenmissachtung zufügen? Es läge doch auch in ihrem ureigenen Interesse, Kunden zu binden …

Die Generation der 68er-Bewegung ist heute um 68 Jahre alt! Wann kommen die Impulse für ein neues Altersverständnis?

Bibo ist entlassen worden, auf eigenen Wunsch. Hier in der Klinik würde man sie glatt verhungern lassen. Das Abnehmen ist ein ihr nicht zumutbarer Stress, begründet sie ihren Entschluss. Zumindest im Zimmer jammert ihr keiner nach. Eine neue Dame ist eingetroffen. Sie liegt schweigend im Bett. Reagiert auf keine Ansprache. Jeder Neuzugang drückt erst einmal die Stimmung im Zimmer.

Gerade als ich komme, weigert sich Christel lautstark, sich in den Rollstuhl setzen zu lassen. Der Mobilitätstrainer sieht das nüchtern: »Wenn Sie sich nicht selbstständig bewegen können, kommen Sie von hier aus ins Pflegeheim. Das ist Ihre Entscheidung. Ich dachte Sie wollen nach Hause?« Christel bricht in Tränen aus. Louise liegt mit großen Schmerzen still, bleich, jede Bewegung vermeidend in ihrem Bett. Meine Mutter guckt vorwurfsvoll: ›Hier will ich nicht bleiben, nur alte Leute.‹ Draußen scheint die Sonne, hier drinnen lastet eine graue, schwere Atmosphäre. Ich gebe meiner Mutter eine Illustrierte, Erdbeeren. Christel liegt wie ein Embryo zusammengerollt wimmernd im Bett.
»Möchtest du auch ein paar Erdbeeren?«
»Es hat alles keinen Sinn mehr.«
»Dann ist ja alles egal.«
»Genau.«
»Dann brauchst du auch die BZ nicht mehr.«
»Nee.«
»Bezahlen musst du sie aber.«
»Mhhh.« Mist, kein Widerspruch. Ich komme nicht an sie ran. Sie wimmert weiter.

Die neue Patientin ruht. Ich gebe meiner Mutter etwas zu trinken. Halte ihr das Glas. Christel hangelt sich allein in den Rollstuhl. Sie rollt mir einen Meter entgegen, drückt mir 80 Cent in die Hand: »Für heute«, sie rollt schwer atmend den einen Meter zurück. »Soll ich dir morgen wieder eine *Berliner Zeitung* mitbringen?« – »Noch eine Woche, dann kann ich mir selber eine BZ holen«, sagt sie trotzig entschlossen, ohne mich anzusehen. Christel nimmt ihr Leben wieder in die eigene Hand. Das freut mich.

Ich biete Louise Erdbeeren an. Sie verneint mit ihren Augen. »Hast du dir ein Schmerzmittel geben lassen?« Wieder ein stummer Blick, der nein sagt. Sie liegt mit den immer gleichen drei Pullovern im Bett und friert dennoch. Sie deutet mit den Augen auf ein paar Socken auf dem Sessel. Ich soll sie ihr anziehen. Ich hebe die Bettdecke hoch, ihr Nachthemd ist hochgerutscht. Schockiert sehe ich ihre ausgezehrten Beine. Nur Haut und Knochen. Ist Louise magersüchtig? Jedenfalls stark unterernährt. Wieso ist mir das bis jetzt nicht aufgefallen? Die Krankenschwester bestätigt das. Sie isst nicht, weil sie Schmerzen hat, sie nimmt keine Schmerzmittel, weil sie nicht isst. Sie bekommt dann Magenschmerzen, da er leer ist. »Wir müssten sie zwangsernähren, aber das lehnt sie ab. Die Ärzte werden bald eine Magensonde anordnen. Auch gegen ihren Willen, wir können sie doch nicht verhungern lassen.« Sie gibt mir ein paar Päckchen Astronautennahrung. »Versuchen Sie es.« In der Stationsküche vermische ich Astronautennahrung mit Vanillegeschmack mit Sahne, Honig und zerstampften Erdbeeren. Ich biete das Louise mit Strohhalm an. Sie trinkt davon zwei Gläser. Über 1000 Kalorien.

Ich wurde zur Sozialberatung im Krankenhaus bestellt. Die Dame eröffnet mir, dass meine Mutter in zehn Tagen entlassen wird. Mehr kann die Gerontologie nicht leisten, wird mir mitgeteilt. Länger als drei Wochen bleibt hier keiner. Ich soll jetzt entscheiden: Soll meine Mutter in ein Pflege- oder in ein Altenheim verlegt werden? Oder kann sie zu Hause versorgt werden? Die Pflegestufe zwei wird von der Klinik aus beantragt. Die Sozialberaterin geht wie selbstverständlich davon aus, dass meine Mutter in eine Pflegeeinrichtung kommen wird. »Zehn Tage? So schnell habe ich damit nicht gerechnet. Ich muss die Wohnung erst einmal vorbereiten. Der Wohnblock ist 1930 gebaut, vor jedem Zimmer gibt es eine hohe Schwelle. Meine Mutter geht jetzt am Rollator ...« – »Gut, dann beantragen wir eine Reha, können wir versuchen, wird vielleicht bei dem Alter ihrer Mutter nicht genehmigt, aber wenn sie danach nach Hause könnte? Das wäre das beste Argument.« Die Sozialarbeiterin ist unter immensem Druck, sie spricht wie ein Maschinengewehr, der nächste Angehörige wartet schon draußen, die Akten stapeln sich auf dem Tisch: »Erholen Sie sich erst mal, da kommt noch was auf Sie zu«, gibt sie mir mit auf den Weg.

Meine Therapeutin verwendet am nächsten Tag Zeit und Intensität, mir klar zu machen, dass es das Beste wäre, wenn meine Mutter nicht in oder bei Berlin in die Reha ginge. Sie weist mich darauf hin, dass ich sie dann auch dort zweimal am Tag besuchen würde. Ich weiß, dass sie Recht hat. Ich brauche die Zeit für die Renovierung. Unter dieser Prämisse kann ich den Hinweis annehmen. Die Therapeutin versucht, mich auf die Möglichkeit eines Umzuges meiner Mutter in ein Pflegeheim einzustimmen. In mir rebelliert alles! Nein, das kann ich mir nicht vorstellen.

Bilder aus meiner Kindheit kommen hoch. Tante Emma, die Schwester meiner Großmutter mütterlicherseits, lebte in einem städtischen Altersheim. Von meiner Geburt bis zu meinem 13. Lebensjahr war ich dort viermal die Woche, nach der Kinderfrau/ dem Kindergarten/der Schule. Meine Spielkameraden waren meistens so um die 80 Jahre älter. Ein 89-jähriger Dirigent hat mir Mozart nahe gebracht. Eine 76-jährige Buchhalterin hat mit mir mein Taschengeld bilanziert. Oft wusste ich, wer als nächstes für immer geht. Es war ein deutsches Haus, der alten Zucht und Ordnung verpflichtet. Die Menschen und den Garten dort mochte ich. Alles andere war für mich grau und Zwang. »Last Exit Jenseits«. Wer das vor Augen hat, lügt ein Kind nicht an. Wir haben gelacht und geweint: zehn kleine Rentnerlein ... da waren's nur noch neun ... neun kleine Rentnerlein ... da waren's nur noch acht ...

Wissenschaftliche Untersuchungen belegen, dass Menschen, die bereits als Kind für jüngere Geschwister sorgen mussten, im Erwachsenenalter einen eindeutigen Kinderwunsch haben. Ich bin mit der engen Fürsorge für die alten Familienmitglieder aufgewachsen. Das dürfte mich sicher auch geprägt haben.

Die Ärzte der Station befürworten eine Reha von drei bis vier Wochen. Sie empfehlen, dass entweder mein Vater oder ich meine Mutter begleiten sollten. Sie kann sich allein nicht orientieren. Braucht eine vertraute Person. Mein Vater winkt entsetzt ab: »Ich nicht, ich bin zu alt zum Reisen. Und ich versteh sie doch nicht, wie soll das gehen?« Er reagiert vollkommen unangemessen: erst panisch, dann verweigert er sich. Flüchtet in sein Schneckenhaus. Wie soll ich das verstehen?

120 Jahre Leben

Zu Hause betrete ich zum ersten Mal seit Jahren das Schlafzimmer meiner Mutter. Es verschlägt mir den Atem: eine Rumpelkammer. Das vergessene Zimmer meiner Kindheit und Jugend: knapp zwei Meter breit und vier Meter lang. Alle Möbel aus meinem Jugendzimmer stehen unverändert an ihrem Platz. Auch der Inhalt von damals ist als Grundausstattung eingemeindet worden. Darüber, daneben, mittendrin hat meine Mutter ihre Sachen untergebracht. Das alte Klappsofa, für mich vor 35 Jahren angeschafft, damit ich in meinem Zimmer Gäste empfangen und schlafen konnte, benutzt sie immer noch als Bett. Damals der Dernier cri, jetzt hängt es schief, Scharniere sind gebrochen. An der Wand hängen Dutzende von alten Zeitungsausschnitten, die über mich geschrieben worden sind. Fotos über Fotos aus meinem Leben, von meinen Rollen. Verstaubt, vergilbt. Mein Schreibtisch, das Hängeregal, das Regal an der Wand – voll gestopft. Es riecht nach Staub. Die letzte Renovierung ist 38 Jahre her. Eine Motte verlässt frech ihr Biotop, fliegt an mir vorbei in Richtung Diele. Ich verhelfe ihr zu einer vorzeitigen Reinkarnation. Meine Mutter bezeichnet das Zimmer als ihr »privates Boudoir«. Ich hatte immer wieder gefragt, ob wir nicht ein neues Bett für sie kaufen sollten. Es kam nie dazu. Jetzt begreife ich, dass ihr Aufschieben von Entscheidungen mit schwindenden Kräften zu tun gehabt haben muss. Hilfe anbieten – Hilfe annehmen – um Hilfe bitten, darüber werde ich gründlich nachdenken. Ich setze mich auf den Schreibtischstuhl, der von meiner Ur-Oma stammt und den ich einmal mit Kunst-Zebrafell bezogen habe, und weine. Weine darüber, dass meine Mutter das Zimmer in diesem Zustand ertragen hat, dass ihr andere Dinge wichtiger waren, Dinge wie …? Ja, was für Dinge eigentlich? Das Gesicht wahren? Nicht zur Last fallen? Was war ihr wichtiger als ihr eigenes Wohlfühlen? Oder war diese Höhle, diese Abstellkammer längst vergangener Zeit gerade der richtige Ort der Ruhe für sie? In meinem Kopf fügen sich Mosaiksteine zu einem Bild zusammen. Ich war die letzten Jahrzehnte immer »nur« zu Besuch hier. Immer nur für Stunden. Zwischenstopp auf dem Weg vom oder zum Flughafen, gerade da und schon wieder auf dem Sprung zu einem Termin oder zu Freunden. In Ruhe anwesend? Ja, so dachte ich, aber in definierten Zeitgrenzen so zwischen zwei und vier Stunden. Die persönlichen Zimmer meiner Eltern waren für mich tabu: das ehemalige Büro meines Vaters, jetzt Herrenzimmer, sein Schlafzimmer und das »Boudoir« meiner Mutter hätte ich nur nach Aufforderung betreten. Das Telefon klingelt, eine Freundin meiner Mutter. Tief bestürzt nimmt sie die Neuigkeit zur Kenntnis. Bis in die Nacht muss ich meine ›Aufräumarbeit‹ zehnmal unterbrechen und ihre Bekannten informieren. Ich bin gezwungen, fast unfreundlich zu werden, denn die Damen möchten das Gespräch ausweiten, statt von meiner Mutter nun eben von mir ihre tägliche Portion Aufmerksamkeit bekommen.

Die letzten zwei, drei Jahre seit dem Schlaganfall meines Vaters habe ich oft hier gekocht, alles besorgt, hochgeschleppt, meine Eltern zu Ärzten begleitet, zu Ausflügen abgeholt. Der Haushalt war die Domäne meiner Mutter, ihre damalige Putzfrau war schlampig und unzuverlässig, meine Mutter hielt zu ihr. Die Frau war in eine soziale Schieflage geraten, verlassen von Mann und Kind zur Trinkerin geworden. Sie starb an einem Hirntumor. Die Defizite im Haushalt wurden überspielt, vertuscht. Jetzt fällt mir auf, dass das die Zeit war, in der plötzlich die Geschirrhandtücher nicht mehr gebügelt wurden. Genauso die Bettwäsche. Nicht mehr zu jeder Mahlzeit die Tischdecke gewechselt wurde. Ich Spinnweben und Wollmäuse in Diele, Bad

und Wohnzimmer einfing. Ich hatte das nur auf die Putzfrau geschoben. Wohl ein Irrtum.

Der Neuzugang im Krankenhaus hat Geburtstag. Fünf Angehörige sitzen um das Bett herum, unterhalten sich lautstark unter-
einander. Es gibt drei große Blumensträuße. Zwei stehen auf
dem Boden, einer auf dem ausklappbaren Teil vom Nachttisch,
so sind zwei Besucher für die Jubilarin von den Blumen verdeckt.
Sie liegt ruhig, desinteressiert im Bett. Dazu braucht es keinen
Kommentar.

Louise möchte noch mal einen Astronauten-Kalorienbomben-
Drink. »Darf die Schwester dir ein Schmerzmittel reintun?« Sie
nickt. Die Krankenschwester ist begeistert. Sie gibt das Schmerzmittel in Tropfenform in die verfeinerte Astronautennahrung.
»Ich will noch nicht sterben, keine Sorge«, wispert Louise mir
zu, sie trinkt alles aus. Ich stelle ihr einen Soya-Pudding bereit
fürs Abendbrot. In ihren Augen ist Gleichmut und Stärke. Das
schenkt mir Kraft. »Soll ich jemanden für dich anrufen? Vielleicht würden deine Freunde dich gerne besuchen?« – »Lass man,
ich will nicht zur Last fallen. Wenn ich gesund bin, seh’ ich sie ja
wieder.«
    Meiner Mutter und ich verlassen das Krankenzimmer. In der
Tür treffen wir auf die Oberschwester. Sie lächelt uns freundlich
an: »So wie Ihre Tochter kümmert sich nur jeder 10 000ste Angehörige um ein Familienmitglied.« Ich schüttle den Kopf: »Das
kann ich nicht glauben, ich mach doch nichts Besonderes.« –
»Ich arbeite seit 30 Jahren in der Pflege, ich weiß, wovon ich
spreche«, sie macht eine andeutende Bewegung zu der Geburts-
tagsgesellschaft. »Angst, Egoismus, Uninformiertheit, die Herzen sind in Eis verpackt, heutzutage.« – »Wenn das so ist, schreibe
ich ein Buch darüber. Für mich ist das ja auch alles neu und ich
lerne täglich dazu.« – »Gute Idee, aber vorher machen Sie ein
bisschen Pause, solange Ihre Mutter noch hier ist. Sie braucht Sie
noch.«

Die Vorstellung, irgendwann die Wohnung meiner Eltern auf-
lösen zu müssen, hat mir immer entsetzliche Albträume bereitet.
Gelebte, einst geliebte Materie vom Beginn meines Lebens: viele

›Das-erste-Mal-Zeugen‹. Die Sachen meiner Mutter aus 60 Jahren ihres Lebens, dazu die Sachen von Amma, einige über 120 Jahre alt. Das Zimmer ist ein Ausgrabungsort von drei Generationen.

Mein Vater hatte nach dem Tod seiner Mutter bis auf wenige Sachen alles von einem Verwertungsdienst entrümpeln lassen, selbstverständlich ohne mich zu fragen, was ich als Andenken haben wollte. Bis heute esse ich mit Großmutters Besteck von ihrem Sonntagsgeschirr, aber alltags. Hätte ich die Aufgabe, mich um die Wohnung meiner Eltern nach ihrem Tod zu kümmern, würde ich bei meinem Charakter in Gefahr kommen, alles in Ehren zu halten, und so erzwungenermaßen damit weiterzuleben. Da hab ich noch viel zu lernen. Mein Vater kommt. »Ich werde morgen Mammi fragen, ob ich hier aufräumen darf. Das Zimmer muss renoviert werden, sie braucht ein neues Bett, das muss hier in zehn Tagen alles schön sein. Falls das mit der Reha nicht klappt.« – »Das ist doch nicht nötig«, ist die prompte Antwort. »Du kannst doch nach unserem Tod alles renovieren.« Dazu fällt mir nichts ein, das nicht in einer Dissonanz enden würde. Ich frage meine Mutter. Sie stimmt zu.

In der nächsten Nacht beginne ich mit der Arbeit, ab 7.00 Uhr früh unterstützt von der Haushaltshilfe Tina. Sie ist Mutter von fünf Kindern und aufräumerprobt. Ich ordne nach dem System »Mutter privat«, »Mutter amtlich«, »Kleidung, schön«, »Andenken«, »Familie allgemein«, »Ilse privat« und »Wegwerfen«. Bei Wegwerfen landet alles, was kaputt oder wertlos im ideellen oder materiellen Sinne ist. Ich finde meinen ersten Liebesbrief, mein Mikroskop, eine Faschingsverkleidung, Bittbriefe meiner Mutter an die Gestapo betreffend Helmut Franzke, die große Liebe meiner Mutter. Ich lese sie nicht.

In der Morgendämmerung schrillen die Mauersegler, ein reger Flugverkehr von und zu dem alten Jalousienkasten beginnt. Ich habe meine Untermieter immer sehr gemocht. Sie waren meine Verbündeten, mit ihnen flog meine Fantasie in die Freiheit. Ihre Jungen machten oft ihre ersten Flugversuche in meinem Zimmer. In der wievielten Generation sie jetzt wohl hier zu Hause sind?

Fünf Kisten Spielzeug, Bücher, eigene Bastelarbeiten. Auch ein Brief von meinem ehemaligen Geographielehrer, in dem er meine Mutter aufklärt, dass aus mir nie etwas werden könnte. Ich könne mich nicht ausdrücken, weder in Wort noch in Schrift. Ich sei eigenwillig, und diese Zweigleisigkeit von Schule und Schauspielerei würden mich verderben für ein ordentliches Leben. Die Folge: In Geographie kenne ich mich bis heute nicht aus.

Tatsächlich bin ich nie aus diesem Zimmer ausgezogen. Zuerst habe ich hier glücklich gelebt, dann wurde ich eingesperrt, dann bin ich geflüchtet: mit Pass, Sparbuch und Bargeld. Nun lasse ich die Möbel mit Einverständnis meiner Mutter entsorgen: Ade Jugendzimmer.

Fahrt ins Leben

Meine Mutter und ich machten 1973 einen Besuch auf der Kunstmesse unter dem Funkturm in Berlin. Dort entdeckten wir die ungarische Hinterglaskunst. Mit dem schwulen Galeristen, der im Winter in Düsseldorf, im Sommer auf Sylt residierte und nur weiße Klamotten trug, hatten wir einen amüsanten Schlagabtausch. In der Folge lud er mich, die 15-Jährige ein, in meinen Sommerferien seine Galerie in Kampen zu beaufsichtigen. Kost, Logis, Fahrt frei und eine Erfolgsprämie von 3 Prozent bot er meiner Mutter für mich an: »Ich passe selbstverständlich auf Ihre Tochter auf, wie auf meinen Augapfel.« Meine Mutter war von seiner charmanten, ungarischen k. u. k.-Art eingenommen. Vor den Sommerferien rief Tomàs tatsächlich an. Das Telefon stand im Arbeitszimmer meines Vaters. Privatgespräche waren für mich in den Bürozeiten nicht erlaubt und auch sonst nicht erwünscht. Meine Mutter sprach zuerst mit Tomàs, sie war geschmeichelt, nicht abgeneigt, mir den Ferienjob für drei Wochen zu erlauben. Auf Sylt kannte ich mich aus, hatte dort viele Ferien mit meinen Eltern verbracht. Immerhin, ich wurde zum Telefon gerufen, stand vor dem Schreibtisch, meinem Vater vis-à-vis, bekam den Hörer weitergereicht. Tomàs' gute Laune war ansteckend, ich antwortete mit Begeisterung, dass ich das Angebot gern annehmen würde. Ja, Sommerkleider und ein Partykleid könnte ich mitbringen. Mein Vater hatte genug gehört. Energisch drückte er die Gabel des Telefons herunter. Die Verbindung war unterbrochen. Das war gegen jede Regel der Höflichkeit! Eine Verletzung der Postfreiheit! Ich versuchte meine Empörung mit seinen eigenen Erziehungsargumenten zu formulieren. Die kalte Antwort: »Telefonverbot ab sofort«, damit war ich aus dem Büro entlassen. »Du hast es doch erlaubt?«, wandte ich mich an meine Mutter. Sie sagte nichts. Ich brüllte: »Ich werde fahren! Daran hindert mich keiner!«, rannte aus dem Arbeitszimmer zur Toilette, schloss mich ein. Dies war der einzige Ort, den ich abschließen durfte. Dies war meine Zuflucht, hier las ich heimlich die *Bravo*, hier träumte ich von meiner Zukunft. Der Schutz der verschlossenen Tür ließ meine Gedanken freier sein. Ich saß auf dem Toilettendeckel in Wut, Verzweiflung, Ohnmacht: Sie vertrauten mir nicht. Ich war allein auf der Welt. Seit Ammas Tod fühlte ich mich als Einzelwesen. Wenn sie mir so wenig vertrauten und zutrauten, waren denn das überhaupt noch Eltern? Weiter kam ich nicht mit meinen Gedanken, mein Vater klopfte – keinen Widerspruch duldend – an die Tür: »Mach auf! Mach sofort auf!« An den Dialog kann ich mich nicht mehr erinnern. Ich machte nicht auf. Mein sonst so introvertierter Vater trommelte an die Tür. Das steigerte sich so sehr, dass ich es mit der Angst bekam. Meine Mutter schrie, wurde von ihm mundtot gemacht. Er schlug gewalttätig auf die Tür ein, gleich würde die Tür zersplittern. Instinktiv sagte ich irgendetwas Beruhigendes, er ließ von der Tür ab, ich schloss auf. Die Diele ist ein Rechteck von gut 18 Quadratmetern, von der alle Zimmer abgehen. Meines liegt am nächsten zur Wohnungstür. Ich hatte wohl den Gedanken, an ihm vorbei in mein Zimmer zu rennen, doch er stand so im Raum, dass das unmöglich war. Ohne Vorwarnung schlug er auf mich ein: »Dieser Mann kriegt dich nicht!« Eine nicht enden wollende Schimpftirade. Ich versuchte meinen Kopf, meinen Busen zu schützen, er riss mir die Arme weg. Meine Mutter ging dazwischen, er schlug sie brutal weg. Ich wollte nun meiner Mutter zu Hilfe kommen. Wieder schlug er auf mich ein. Irgendwie brüllte es aus mir … und ich schlug zurück. Einmal. Wir waren beide geschockt. »Du schlägst deinen Vater?« – »Du hast mich dazu gezwungen.« Stillstand … Still – Stand … Waffenstillstand. Wir standen regungslos Auge in Auge. Blitzschnell stürmte ich die zwei Meter an ihm vorbei, in Richtung meines

Zimmers. Ich hatte den Vorteil der Überraschung. Aus der Tür riss ich den Schlüssel, stolperte durch das enge Zimmer: rechts unterschiebbarer Tisch, Klappsofa, dann links Schrank, gegenüber Schreibtisch, im Weg der Zebrastuhl, dann rechts und links Regale. Am Ende des Zimmers das Fenster. Ich riss es auf, wollte den Türschlüssel hinauswerfen. Instinktiv fürchtete ich, eingesperrt zu werden. Mein Vater dachte wohl, ich wollte aus dem Fenster springen. Der Schlüssel flog in die eine, ich in die andere Richtung. Mein Kopf schlug auf dem Metallfuß des Klapptisches auf. Ich blieb liegen. Meine Mutter warf sich zu Boden, hielt meinen Kopf, beschimpfte meinen Vater. Er stieß sie weg, trat voller Wut und mit voller Wucht mit dem Fuß in meinen Bauch und meinen Busen. Ich hatte Stubenarrest, ein Novum. Er verließ die Wohnung. Mit meinem Zimmerschlüssel in der Hand kam er zurück.

Eingeschlossen. Ein Eimer wurde ins Zimmer gestellt, nichts zu essen, nichts zu trinken. Am frühen Abend verließ mein Vater die Wohnung. Er wollte seine Mutter besuchen, wie jeden Tag. Meine Mutter wurde ermahnt, mich zu bewachen: »Keine Nachgiebigkeiten, *deine Tochter* bleibt im Zimmer.« Ich blieb vor allem stumm. Meine Mutter hielt das nicht lange aus. Ich durfte ins Bad, in die Küche. Mit ihr! Sie gab mir trockenes Brot und Wasser. Dann kam mir das Telefon zu Hilfe. Sie verließ die Küche, um das Klingeln zu beantworten. Schnell räuberte ich alle Schlafmittel aus den Verpackungen im Küchenschrank, der den reichlichen Arzneimittelvorrat meiner Eltern beinhaltete. Mein Vater nahm jeden Morgen »Aufwachmittel« und jeden Abend Beruhigungs- und Schlafmittel. Die Hardcore-Präparate hatte er an seinem Bett. Wieder in meinem Zimmer, schmiss ich das Brot aus dem Fenster, nahm viele Tabletten. Ich dachte, auf leeren Magen wirkten sie intensiver: Baldrian Dispert und ähnliche Einschlafhilfen. Ich wollte nicht sterben, wollte raus!!! Tatsächlich ging es mir irgendwann sehr schlecht. Ich hatte Magenkrämpfe, Kreislaufprobleme. Meine Eltern bekamen es mit der Angst. Sie stritten, ob ich ihnen das vorspielen würde. Mein Vater verbot, mich in die Notaufnahme des Krankenhauses zu bringen. Dr. Rudzki, der Hausarzt meiner Eltern, Kunde meines Vaters, inzwischen Freund, wurde angerufen. Mit Milch und Salz, einem »fremden« Finger in meinem Hals wurde ich per telefonischer Anleitung zum Erbrechen gezwungen. Der nächste Tag war ein Sonnabend. Am Sonnabend arbeitete mein Vater immer nur bis Mittag. Diesmal verließ er ohne sein Mittagessen das Haus, es hatte also Streit zwischen meinen Eltern gegeben. Meine Mutter wollte nicht mehr kochen, solange ich nicht auch etwas zu essen bekommen durfte. »Ich werde eben essen gehen! Schmeckt eh besser«, verkündete mein Vater in der Diele. Mein Entschluss stand fest: Hier würde ich nicht länger bleiben. Ich hatte alles vorbereitet. In einem Schuh versteckt lagen Geld, mein Sparbuch, mein Hausschlüssel, mein Pass. Meine Mutter schloss die Tür zu meinem Zimmer auf, brachte mir etwas zu essen. Im Nu war ich an ihr vorbei, aus dem Zimmer raus, an der Wohnungstür. Sie war verschlossen, wie immer, der Schlüssel steckte nicht, wie immer. Ich holte mein Schlüsselbund hervor, steckte es aufgeregt ins Schloss, löste die erste Barriere, das komplizierte Stangenschloss. Weiter kam ich nicht. Meine Mutter riss mich von der Tür weg in die Diele, stellte sich wie eine Schwellenwächterin vor die Wohnungstür. In der Hand ein großes Fleischmesser. Wollte sie sich damit Mut machen? Mir bildlich klar machen: no way? Ich bin zu allem bereit? Es verletzte mich, sie so zu sehen. Eine weitere Demontage. An den Dialog kann ich mich auch nicht erinnern, wir verhandelten. Irgendwie, irgendwann kam ich aus der Wohnung. Meine Mutter rannte laut klagend hinter mir her, verstellte mir den Weg auf der Straße vor dem Haus. Peinlich war mir das! Es ging hin und her und ich immer weiter voran, weg von zu Hause. Es endete mit einer Forderung, die ich akzeptierte. Ich sollte mit ihr zum Grab ihrer Mutter, meiner geliebten Amma, gehen, ihr dort wiederholen, dass ich nicht mehr nach Hause kommen würde. Ich fand das absurd und gemein. Amma war ja emotional meine Mutter gewesen. Ich tat es, um endlich Ruhe zu haben.

Beide Eltern hatten ihre Väter im Alter von fünf Jahren verloren. Der Vater meiner Mutter starb an einer Blutvergiftung. Er war für Amma die große und einzige Liebe ihres Lebens. Für meine Mutter war und ist ihr Vater ein Heiliger. Ich hatte nie einen Bezug zu ihm bekommen, nie wurde mir mitgeteilt, dass ihr Vater auch mein Großvater war. Er blieb immer nur der Vater meiner Mutter. Ich hatte mit ihm nichts zu tun.

Meine Mutter hatte trotz erzwungener Umwege – Krieg, Studienverbot, Nachkriegszeit – ihren Traumberuf erreicht: Sie war Sonderschullehrerin in der Grundschule. Ihre Schwangerschaft wurde bis zum Geburtstermin, selbst von Nachbarn und Kollegen, nicht bemerkt, wie sie mir vielmals stolz mitgeteilt hat. Frisch auf der Welt fing meine Reise an. Morgens früh mit Vater kuscheln, dann zur Kinderfrau über den Korridor des Treppenhauses. Am Nachmittag und an den Feiertagen bei Amma. Mit ihr zusammen dann viele Stunden bei Tante Emma, ihrer Schwester im Altenheim. Und wenn keiner Zeit hatte, stand ich kurzerhand im Kinderwagen hinten im Klassenzimmer. Meine Eltern gingen aus, reisten viel. Ich wurde abgegeben. Alles wechselte schnell, dass Menschen wiederkehrten, war für mich immer wieder eine Überraschung. Auch heute habe ich dieses Erleben noch. Ich war meistens bei Amma und im Altenheim. Amma war mein Zuhause, mein Halt, immer verlässlich für mich da.

Beide Großmütter waren enttäuscht von ihren Kindern, jedenfalls vermittelten sie mir das, streng geheim. Oma empfand ihren Sohn als ein Muttersöhnchen, zu weich, seine Karriere, na ja. Ihm gegenüber verherrlichte sie ihn. Keiner durfte je Kritik an ihm äußern. Auf ihrem Sterbebett sagte sie mir: »Krieg keinen Sohn, das ist nichts für eine Frau.« Amma fand ihre Tochter zu weich, sie machte sich Sorgen um sie, wünschte sich mehr Geborgenheit und Schutz für meine Mutter. Amma wollte mich zur »Überlebensgarantin«, die die Familie sicher durch einen Dritten Weltkrieg bringen kann, erziehen. Sie hatte schon zwei miterlebt: Ich musste strammstehen, mich mit kaltem Wasser waschen, lernen, aus nichts etwas zu essen zu machen. Die Überlebenstrainings-Touren in ihrem Garten habe ich geliebt. Ich habe auch heute immer die wichtigsten Lebensmittel im Vorrat. Kann Brennnesselbrot backen, aus Bucheckern Kaffee brühen. Aus dem Nichts etwas zu zaubern hat mich fasziniert. Ich kann einen Garten bestellen, alles verwerten, einmachen, trocknen und so weiter … Das Recyceln von wertlos gewordenen Materialien zu neuer Kleidung oder Ähnlichem hat meine Fantasie bereichert. Ich kann aus einem alten Kleidungsstück den Faden heraustrennen und eine Angel basteln. Heute habe ich eher das Problem, dass ich jedem Gegenstand einen Wert zugestehe und mich deshalb nur schwer trennen kann, vielleicht brauchen wir ihn ja noch mal. Das ist unzeitgemäß, da wir, Gott sei Dank, zur Zeit nicht im Mangel leben. Die wichtigste Grundausbildung von Amma war: die Kunst der Selbstbeherrschung. Erst jetzt in meiner Therapie ist mir klar geworden, was für eine gute Schülerin ich war. Amma wollte mir das Rüstzeug geben, einer Gestapo standzuhalten. Auf der anderen Seite hat sie mich in die Malerei eingeführt, mich schon im zarten Alter von vier Jahren in Konzerte mitgenommen. Auch meine Mutter liebte es, mit mir ins Theater, in die Oper, ins Kino zu gehen.

Auf dem Friedhof in der Bergstraße, am Grab von Amma, ihrem Mann und Tante Emma musste ich die Trennung von dem gemeinsamen Leben mit meinen Eltern aussprechen. Ich tat das bewegt. Verlieren wollte ich beide nicht. Nur nicht mehr mit ihnen zusammenleben. Auch hatte ich die Vorstellung, so ihre Ehe zu retten. Und selbst aus dem Feuer zwischen den Fronten zu sein. Meine Mutter gab mir den Wohnungsschlüssel zu Ammas Wohnung. Sie war kürzlich in meinem Beisein im Krankenhaus gestorben. In der Wohnung war noch nichts verändert worden. Es roch, als wenn Amma noch leben würde, jederzeit wieder kommen könnte. Das war das Schmerzvollste für mich. Meine Mutter wollte die Wohnung als Mausoleum erhalten. Sie entdeckte die Macht, die sie damit über mich hatte. Lange durfte ich nichts verändern. Oft hatte ich den Albtraum, wir hätten Amma irgendwo vergessen, sie würde hilflos herumirren.

Meine Verletzungen durch den Wutausbruch meines Vaters, hatte ich von einem Arzt und einem Anwalt dokumentieren lassen. Ich hatte ein Attest über diverse Hämatome am Körper, einen Kopfschwartenbluterguss, einen Haarriss im Schädelknochen. Meine Drohung, damit zum Jugendamt zu gehen, ermöglichte mir, mit elterlicher Erlaubnis weiterhin in Ammas Wohnung zu leben. Ich wurde von der Schule abgemeldet. Das war die Konsequenz meines Vaters: Schule kann sie sich jetzt nicht leisten, sie geht dann eben in die Ausbildung, gemeint war eine Lehre. Gerade er, der sein Leben lang darunter gelitten hat, dass sein Stiefvater ihn von der Schule genommen hatte. Dass seine Mutter, die ihr eigenes Geld verdiente, es zuließ. Die ewige Wiederholung … Nun, ich fuhr nicht nach Sylt. Ich fuhr ins Leben …

Inoffiziell ging ich weiter in die Schule, dank der unbürokratischen Unterstützung meiner Lehrer. Seitdem habe ich nie mehr in meinem Elternhaus übernachtet. Habe außer der Nutzung der Wohnung nie Geld angenommen. Ich kam durch meine Schauspiellehrerin zum SFB, Sender Freies Berlin, und bekam meine erste Rolle: eine Trebegängerin in der Krimireihe »Direktion City«. Ich ging zur Schule und verdiente Geld! Und spielte, wovor meine Eltern am meisten Angst hatten: »gefallene« Mädchen. Acht Jahre sprach ich nicht mit meinem Vater. Sah er mich auf der Straße, wechselte er die Seite. Mein Studium fand mein Vater unnötig. Meine Schauspielkarriere hat er mir gegenüber nie kommentiert. Meine Arbeit als Regisseurin im direkten Gespräch negiert. Keinen meiner Filme gesehen. Kein Drehbuch gelesen. Insgeheim – höre ich jetzt von Nachbarn – war er stolz auf mich. Hinter diesem Buchprojekt steht er: »Das ist endlich mal kein Tralala. Dann ist unser Leiden wenigstens für etwas gut. Ohne dich wär alles nichts.« Mittendrin hat er mir gestanden, dass er selber Schriftsteller werden wollte, einst im Mai seines Lebens …

Eine Tote in der Toilette

Noch sechs Tage, bis meine Mutter aus dem Krankenhaus entlassen wird. Noch gibt es keinen Bescheid der Krankenkasse für einen Reha-Aufenthalt. Um nicht das Risiko einzugehen, dass sie noch einmal in ihr verwohntes Zimmer kommt, bestelle ich – trotz des andauernden Widerstandes meines Vaters – den Maler. Planstufe 1: Renovierung und neue Möblierung des Schlafzimmers meiner Mutter.
Planstufe 2: Renovierung der Diele, während des Aufenthaltes in der Reha.
Planstufe 3: Renovierung und Ausstattung von Bad und Küche.
    Meine Mutter ist begeistert, auch ein wenig ängstlich. Sie will mir nicht die viele Arbeit zumuten. Ich versichere ihr, ihre Geheimnisse zu wahren, alles zu beaufsichtigen und schenke ihr die gesamte Aktion zum Geburtstag. Für die folgenden Tage erstelle ich eine Besucherdisposition: Mein Vater fährt allein jeden zwei-

ten Tag mit dem Bus ins Krankenhaus, ihre Grundschul-Freundin Lilo, die Haushaltshilfe und deren Kinder kommen jeweils einmal und ich jeden Tag kurz. Der Maler schiebt den Auftrag dazwischen. Teppichboden und neue Möbel blockieren Vaters Arbeitszimmer und die Diele. In seinem Schlafzimmer sind die Sachen aus dem Zimmer meiner Mutter in Umzugskisten zwischengelagert. Mein Vater hasst mich, er ist total orientierungslos in dem brutalen Chaos, wie er es nennt. »Zerstör doch dein Zuhause und lass uns in Ruhe. Wozu neue Möbel, das lohnt doch nicht mehr«, und-so-weiter-in-einem-fort. »Wer sind die fremden Menschen, die hier ein- und ausgehen?« Er fragt mich das öfter, ich interpretiere seine Veranlassung zur Frage falsch, wie sich später zeigen wird. Mein Vater genießt aber auch meine Gesellschaft. »Jetzt hab ich dich mal.« Da er Listen liebt, bitte ich ihn, seine zehn Lieblingsgerichte aufzuschreiben, was hat er bei seiner Mutter, seiner Großmutter am liebsten gegessen? Er erzählt mir wieder einmal, wie er nach einem Kundenbesuch bei »Kempinski« eingekehrt ist. Dort gab es exakt in Rechtecke geschnittenen Tafelspitz mit frischem Apfelkren. 1958, ein kostbares Essen. Oder bei seinem chinesischen Kunden Herrn Lin, Ente mit Ananas, süßsauer. Mein Vater liebt die klassische europäische Küche, die asiatische und alle Süßspeisen dieser Welt. Er ist neugierig auf neue kulinarische Genüsse. So lenke ich ihn ab. Ich lese mich ein in die Unterlagen der Pflegeversicherung. Wo beantragt man welche Hilfsmittel? Was gibt es überhaupt für Hilfsmittel? Ich lasse mir in einem Reha-Technik-Zentrum das Sortiment an Hilfsmitteln vorführen. Besorge von der Klinik, den Ärzten die entsprechenden Rezepte. Ich telefoniere mit der Krankenkasse, der Pflegeversicherung, lasse mich dort informieren. Das Buch der ZDF-Reihe »WISO Pflegeversicherung«[1] hat mir am meisten geholfen.

Um auch sinnlich ein Verständnis für das Befinden meiner Mutter zu bekommen, starte ich einen Selbstversuch so wie ich mich in einen Charakter als Schauspielerin/Regisseurin einarbeiten würde. Ich trinke zwei Liter warmen Tee, nehme die Unterteile eines Besens und eines Schrubbers und schnalle sie mir unter die Sohlen von zwei verschieden hohen Schuhen, um die

---

[1] Thomas J. Kramer: WISO Pflegeversicherung. Campus Verlag 2004.

Arthrose zu simulieren. Nehme eine alte Brille meiner Großmutter, verkleinere das Sichtfeld mit dunklem Klebeband, be-
schmiere den Rest mit Spülmittel, lege eine Einlage aus dem
Krankenhaus ein, stopfe mir die alten Hörgeräte meines Vaters
in die Ohren, verstelle sie sinnlos, nehme Mutters Stock und
schwanke so ins Treppenhaus. Wahrscheinlich sollte ich noch
drei Cognac trinken, doch darauf verzichte ich. Dafür atme ich
bewusst falsch, hyperventiliere fast. Nach der dritten Treppe
stellt sich eine Unsicherheit ein. Ich halte die vermaledeiten
76 Stufen durch. Ungeduld und Wut kommen in mir hoch: Ich
möchte es besser können. Scheiße, ich könnte schneller sein. Zurück nach oben spüre ich die Anstrengung, mir ist schwindelig
und schlecht. Ich uriniere absichtlich in die Einlage, sie saugt
nicht alles auf. Urin fließt an meinen Beinen herunter in meine
Schuhe. Ich höre den Schlüssel meiner Nachbarn im Schloss,
nee, ist mir das peinlich! Ich flüchte in die Wohnung zurück,
werde das Malheur gleich aufwischen. Wie meine Mutter das
ohne meine Kraft schafft, ist mir ein Rätsel, immerhin trennen
uns 39 Jahre.

Meinen ganzen Benz voller Balkonblumen und Erde, parke ich
vor dem Krankenhaus, hetze durch den Gang der Gerontologie.
Durch eine geschlossene Tür höre ich eine Frau bitterlich weinen, auch tröstende Worte. Meine Mutter ist nicht in ihrem
Zimmer. Louise weiß, sie ist bei ihrer Logopädiestunde. Ich suche das Behandlungszimmer, die Logopädin kenne ich noch
nicht, ich möchte Mäuschen spielen. Es ist genau der Raum, aus
dem das Weinen zu hören ist. Ich klopfe. Der Engel-Physiotherapeut öffnet die Tür. Er erkennt mich, reißt mich fast ins
Zimmer. »Wir haben Ihre Mutter aus dem Zimmer abgeholt, sie
war schon so aufgeregt. Wir haben noch nicht verstanden, was
sie hat.« Ich habe meine Mutter noch nie weinen sehen. Sie weint
ohne Tränen! Schluchzt aber bitterlich. Sie erkennt mich, ku-
schelt sich in meine Arme. Ich wiege sie sanft, spreche melodi-
sche, beruhigende Worte, summe einfach eine Melodie. Allmählich beruhigt sie sich. Sie zieht ihren rechten Pulloverärmel hoch.
In ihrer Armbeuge sitzt ein großer blaugrüner, richtig dicker
Bluterguss. Mittendrin, aus einem Nadelstich quillt ein Blutstropfen. Jemand hat das vorhandene Hämatom durchstochen,

um noch einmal an der gleichen Stelle Blut abzunehmen. Die Logopädin und der Engel-Physiotherapeut können einschätzen, welche Schmerzen meine Mutter durchleidet. Sie redet komplett unverständlich. Wir haben den Eindruck, dass sie vom Vorfall erzählt. Wir verstehen nichts.

Einige Zeit später liegt meine Mutter angezogen auf ihrem Bett, ich halte ihre Hand. Sie hat eine Eismanschette auf dem Hämatom. Sie ist aus dem Lot, total verängstigt. Der Neuzugang von gestern ist weg. Stattdessen steht ein frisch bezogenes, mit Folie verschweißtes Bett bereit. Louise ist bedrückt, starrt nur an die Decke. Sie hat mich nicht begrüßt. Es ist still. Die Sonne scheint. Die fröhlichen Farben der Blumen auf dem Esstisch wirken grell, aufdringlich. Etwas rumpelt an die Tür, dann wird sie aufgemacht. Christel kommt selbstständig und allein in ihrem Rollstuhl herein. Sie ist gekämmt, hat sogar Lippenstift aufgelegt. Ich lächle sie an. »Na, haste nich gedacht, oder?«, sie ist sichtlich stolz auf sich. »Ganz prima, dann kannst du doch bald wieder nach Hause.«
»Ich hab 'ne Reha beantragt, da lass ich mich pflegen und dann gehe ich richtig gesund nach Hause.«
»Klasse«, entgegne ich, »jetzt haste die Kurve gekriegt.«
Sie nickt: »Ja, hier bleibe ich nicht mehr, du weißt ja gar nicht, was hier heute Nacht los war.« Louise zieht sich das Kopfkissen über das Ohr, kriecht noch mehr unter die Decke.
»Die Frau von hier vorne ist gestorben.«
Meine Mutter wird unruhig.
»Sie hat ge …«
Ich unterbreche Christel: »Bitte erzähl mir das draußen.« Mit einem Blick zu meiner Mutter: »Komm gleich wieder.«
Auf dem Gang erzählt mir Christel: »Die Frau hat gebrüllt: Bombenalarm! Bombenalarm!!! Die Bomben kommen. Alle in den Luftschutzkeller! Sie hat versucht, uns aus den Betten zu zerren. Es war schrecklich. Ihre Stimme, ganz furchtbar.«
»Habt ihr nicht nach der Nachtschwester gerufen?«
»Die kam, sie hat sich beruhigt, aber 'ne Stunde später hat sie im Bett gekämpft gegen Russen, die sie nacheinander vergewaltigt haben. Sie hat geschrien, geweint, gebettelt, alle beschimpft. So eine Stimme habe ich noch nie gehört. Die Schwester hat sie

rausgefahren. Jetzt liegt sie tot in der Toilette da vorne.« Sie deutet in den Gang Richtung Schwesternzimmer. »Ich wollte eben auf die Toilette gehen, da hab ich sie gesehen. Mit 'ner Tüte aufm Bauch«, sagt Christel.

»Die Toilette ist offen und da liegt eine Tote?«, ich kann es nicht glauben.

»Ja, die Besuchertoilette. Komm, ich zeig es dir.« Christel fährt voran. Irgendwas krempelt sich in meiner Brust um. Ich bekomme eine eiskalte Wirbelsäule. Wir stehen jetzt beide vor der Toilettentür. »Geh rein, dann siehste's selber.«

»Nee, das möchte ich nicht.«

Eine winzig kleine, sehr alte Nonne im Ornat kommt um die Ecke. Sie denkt, Christel schafft es mit ihrem Rollstuhl allein nicht in die Toilette: »Soll ich für Sie die Tür öffnen?«

»Nein!!!«, schreien wir wie aus einem Mund.

Die Nonne sieht uns verständnisfrei an: »Ich höre schwer.« Bevor sie weiter fragen kann, antwortet Christel: »Ich möchte nicht noch mal rein.«

»Ich möchte auf keinen Fall da rein, danke«, ergänze ich. Christel winkt die Nonne näher. »Können Sie mal nachsehen, ob die Tote da noch drin ist?« Die Nonne geht ganz selbstverständlich in den Raum. Mit freundlichem Gesicht bejaht sie Christels Frage. Ich veranlasse die Stationsschwester, den Raum abzuschließen. Hätte ich die Toilette benutzen wollen und unvorbereitet eine Leiche gesehen? Ich will mir nicht vorstellen, wie ich reagiert hätte.

Mir wird jetzt erst richtig klar, das hier ist die Gerontologie. Hierher kommt man zum Sterben. Wieder im Zimmer, verteile ich Apfelsaft an alle. Christel döst, sie hat sich überanstrengt. Louise hat Schmerzen? Oder den eigenen Tod vor Augen? Sie will nach Hause: »Da liege ich besser und Schmerzen habe ich hier wie da. Die finden eh nichts, können es nicht ändern. Zu Hause schmeckt's wenigstens, da habe ich meine Ruhe.« – »Aber du brauchst Hilfe«, wende ich ein. »Meine Nachbarin, eine Putzfrau und mein ehemaliger Postbote versorgen mich. Du kannst mich ja mal besuchen. Ich habe so eine Lust auf Sauerkraut. Echtes Sauerkraut ohne Wurst, das wird mich gesund machen.«

Meine Mutter sagt nichts. Ihr Blick ist die reine Verzweiflung. In meinem Kopf rattert es: Der Maler ist heute fertig geworden. Die neuen Möbel von Ikea, der Teppichboden stehen bereit zum Aufbau und Verlegen. »Möchtest du nach Hause?« Schwupp sitzt meine Mutter im Bett: »Kalmenke Tap Tap.« Sie verlangt nach ihren Straßenschuhen. »Schaffst du es alleine die Treppen hoch?« Sie nickt bestimmt: »Jo, oh jo, jo.« – »Ich muss erst mit dem Arzt sprechen.« In ihrem Blick ist nun das Feuer des Revolutionärs, wir wissen beide, dass das für uns nur eine Formalie ist. Wir sind schon auf dem Weg nach Hause.

Zwischenstopp zu Hause

Für die 76 Treppenstufen hoch brauchen wir gefühlte zwei Stunden. Der Engel-Physiotherapeut hat ganze Arbeit geleistet. Stufe für Stufe geht meine Mutter mit eisernem Willen Richtung Wohnung. Zwischen den Treppenabschnitten macht sie immer wieder lange Ruhepausen auf einem Stuhl, den ich mittrage.

Oben angekommen, empfängt mich mein Vater mit einer Standpauke. »Das ist deine Verantwortung. Ich habe damit nichts zu tun. Das ist doch Wahnsinn.« So befreit wendet er sich meiner Mutter zu, zeigt ihr seine überquellende Freude, umarmt sie unbeholfen: »Endlich bist du wieder da. Ohne dich, das ist doch nichts. Du Beste meines Lebens.« Er umsorgt meine Mutter aufmerksam, seinen Möglichkeiten entsprechend, und ist sehr bedacht auf ihr Wohlergehen. Meine Mutter übersieht das Chaos, die halb ausgepackten Möbel in der Diele. In ihrem Chippendale-Sessel am Esstisch angekommen, geht eine tiefe Verwandlung vor sich: Meine Mutter versinkt ganz in sich. Nach langer Stille streicht sie mit ihrer Hand sachte über das Holz der Stuhllehne. Streichelt sanft über die Stickerei der Tischdecke auf dem Esstisch, ein Hochzeitsgeschenk ihrer Großmutter an ihre Mutter, eigene Handarbeit. Es sind Liebkosungen. Ihr nach innen gerichtetes Lächeln breitet sich erst in ihrem Körper, dann in ihrem Gesicht aus. Erst als sie ihre Augen öffnet, lässt sie uns daran teilhaben, sie strahlt: ein Glück, wieder zu Hause zu sein. Ein

bisschen, ich bin noch einmal davongekommen, schwingt mit.
Oder ist das meine Interpretation?

In dieser Nacht schlafen meine Eltern nach Jahrzehnten wieder
zusammen in ihrem Ehebett, jeder auf seiner Seite. Währenddessen verlegt ein Freund von mir, Reinhold, den neuen schönen
hellen Bodenbelag aus Naturwolle in Mutters Schlafzimmer. Gemeinsam montieren wir die Möbel: ein Bett, ein Regal, zwei
Kommoden mit 16 Schubfächern. Im Morgengrauen ist alles geschafft. Wir auch. Mit Wonne zerreißen wir die Montageanlei-
tungen.

Es ist Sonnabendmorgen. Mein Vater holt Brötchen und Blumen.
Er will seiner besten Gattin eine Freude machen. Der Besorgungs-
gang hat ihn sehr angestrengt, er legt sich erst einmal auf sein Tagesbett. Ich decke den Tisch. Meine Mutter möchte auf keinen
Fall im Nachthemd an den Frühstückstisch. Ich helfe ihr bei der
Toilette, nach ihren Anweisungen: das Gebiss muss in Kukident
und darf erst danach mit der Zahnbürste und Zahnpasta geputzt
werden. O. k., gern, ich hinterfrage es nicht. Den Mund spült sie
nur mit Odol aus. Das Mundwasser von meinem Vater lehnt sie ab.
Klare Anweisung durch temperamentvolle Verweigerung: der
helle, frisch aus dem Schrank geholte Waschlappen ist für »oben«,
der mittelhelle für die Intimzone, der dunkle für die Füße. Für je-
den Waschvorgang wird frisches Wasser eingelassen. Den Oberkörper wäscht sie allein, aber nur eine Seite, die andere vergisst sie.
Ich mache sie darauf aufmerksam. Mein Erinnern beschämt sie.
Ohne Kommentar wäscht sie ihre andere Seite. Für Beine und
Füße bin ich zuständig. Die Fußnägel meiner Mutter sind in der
Zeit des Krankenhausaufenthalts stark gewachsen. Sie hat bereits
Schmerzen, davon wurde ich im Krankenhaus nicht informiert.
Vom kleinen bis zum Ringzeh wachsen sie nicht horizontal, son-
dern vertikal, also in die Höhe! Ein Phänomen. Nur der Nagel
vom großen Zeh wächst wie gewöhnlich. Später erklärt mir ein
Homöopath, dass das auf eine Lungenlabilität schließen lässt.
Meine Mutter ist unzufrieden über den Zustand ihrer Füße.
»Soll ich die Fußtante von Papo am Montag anrufen? Vielleicht
kommt sie auch ins Haus?« Meine Mutter schüttelt erschrocken
den Kopf. Ich erinnere mich, wie oft mein Vater mit blutenden

Nagelbetten nach Hause kam. Ihre Augen sagen: »Mach du es doch.« – »Ich habe nur Erfahrung mit meiner eigenen Pediküre.« Sie schaut mich lächelnd an. Plötzlich erinnere ich mich: »Weißt du noch, wie ich als Kind allen Kleinnagern und Vögeln der Umgebung Krallen und Schnäbel geschnitten habe?« Meine Mutter nickt heftig: »Dakamum dele zehn.« Ich reibe ihre Beine mit Franzbranntwein ein. »Gut, ich versuch's, ich mache dir nach dem Frühstück ein Fußbad.« Für die Intimwäsche reiche ich ihr die Utensilien, verlasse das Bad. Meine Mutter hat einen schönen Frauenkörper: weibliche Rundungen, strahlende Haut, halblange Haare in weichen Locken und sieben verschiedenen Grautönen, von Dunkelgrau bis Silber. Einst war ich ein Teil dieses Körpers. Grandios.

Nach dem Frühstück, nach dem Fußbad mit erfolgreicher Pediküre – ich kann es also auch bei Menschen –, nach dem Trockenshampoonieren, Aufdrehen und Frisieren der Haare, präsentiere ich meiner Mutter ihr neues Schlafzimmer: zartgelbe Wände, sonnengelbe Übergardinen, neuer Store, eine Sonne als Deckenlampe, ihre blau-gelbe Bettwäsche aus den Siebzigern, neue Regale mit ihren persönlichen Sachen. Es gefällt ihr. Nur die Bilder an der Wand vermisst sie. Ich erkläre ihr, dass ich sie mit ihr zusammen aufhängen wollte. Die elektrische Duftlampe verströmt einen Hauch von Rose und Vanille, das Bett ist kuschelig vorbereitet mit einer Wärmflasche. Am Bettrand liegen Taschentücher, Zeitschriften, Bonbons, und auch ein Radio fehlt nicht. Auf der Bettdecke ist eine schöne flauschige Wolldecke. Sie entdeckt einen Halbmond über dem nagelneuen Toilettenstuhl. Ich erkläre ihr, das dies ein Nachtlicht ist. Meine Mutter legt sich auf das Bett. Befühlt die Matratze, Latex. Nickt, als sie die Feuchtigkeit aufsaugende Unterlage ertastet. Sie knipst ihre neue Bettlampe an. Auf dem Lampenschirm ist ein Hase abgebildet, der in einem Bett selig lächelnd schläft. Ich schäme mich ein bisschen: »Ich hab auf die Schnelle nichts richtig Passendes gefunden. Wir können sie später verschenken.« – »Ich hab ihr gesagt, dass das Ganze völlig unnötig war, hat nur Unruhe gebracht. Vorher hat's doch auch gereicht«, drängt sich mein Vater mit ins Zimmer. Meine Mutter verdreht die Augen Richtung Himmel. Sie greift nach meiner Hand: Das Drücken ist Solidarität, Anerkennung und ein Danke.

Ihr erster Tag zu Hause verläuft ruhig. Erste Willkommensblumen von Nachbarn treffen ein. Frau Erler, mit deren Sohn ich sechs Jahre zur Schule gegangen bin, hat sie zusammen mit frisch aufgetautem Kuchen vor die Tür gelegt. Bei Überprüfung der Pillen, die uns das Krankenhaus bis inklusive der Ration für den Montag mitgegeben hat, stellen wir fest, dass ein Medikament fehlt. Also radle ich hin. Auf dem Weg kaufe ich im Reformhaus Sauerkraut für Louise, ein kleines Fläschchen Nagellack für Christel. Beide freuen sich riesig. Wir sagen »Auf Wiedersehen«, nicht Adieu.

Meine Mutter schläft viel. Sie verlangt um 18 Uhr bereits ihr Abendbrot und möchte um 19 Uhr schlafen gehen. Diese Zeiten hat sie sich im Krankenhaus angewöhnt. Mein Vater sieht darin ein schlechtes Zeichen: »Das war doch sonst nie.« Ich helfe ihr, sich auszuziehen. Wie am Morgen kämpfen wir mit ihrer Stützstrumpfhose. Meine Mutter trägt seit mindestens 20 Jahren Stützstrumpfhosen. Keine extra angepassten, sondern fertige aus dem Handel. Ihrer Meinung nach ist das eine Vorsorge gegen Thrombose. Jemand, der viel sitzt, braucht diese Kompression, meint sie. Meine Mutter hat keine Krampfadern oder sonstige Beschwerden. Außerdem formen diese Strumpfhosen ein schönes Bein, meint sie, und sie gehen nicht so schnell kaputt. Das An- und Ausziehen ist jedoch mühsam. In ihrem neuen Bett angekommen, geben wir uns einen Gute-Nacht-Kuss. Sie umschlingt mich mit ihren Armen, drückt mich sehr kraftvoll. Lächelt mich voller Liebe an: Sie ist zu Hause angekommen. Ein neues Kapitel beginnt in meinem Leben, ich spüre es ganz deutlich. Was es bedeutet? In mir ist diese starke Empfindung. Kein Bild, kein Gedanke. Was für eine Zukunft wird es sein?

Mein Vater bietet mir an, an seiner Seite im Ehebett zu schlafen. Ich zucke zurück, er bemerkt das. »Ich bin dein Vater! Von mir hast du nichts zu befürchten.« – »Ich habe jetzt 40 Stunden nicht geschlafen, ich …«, weiche ich aus. »Aber das Sofa ist zu schmal, das ist doch unbequem, wenn du willst, nimm mein Bett, dann schlafe ich auf meinem Tagesschlafplatz, dem Sofa vor meinem Bett.« Seit meinem Auszug vor 32 Jahren habe ich hier keine Nacht mehr verbracht. Bin ich spießig? Dass ich nicht mit mei-

nem Vater in einem Bett oder einem Zimmer schlafen möchte?
In mir ist ein klares »Nein«. Habe ich ihn verletzt? Ich schiebe
die Gedanken beiseite »Es ist doch die erste Nacht zu Hause und
in ihrem neuen Zimmer.« Er schiebt meine Mutter vor, tatsächlich hat er Angst, mit ihr allein zu bleiben.

Das Telefon zertrümmert meinen Traum. Gerade hatte ich in
meiner Wohnung in den Schlaf gefunden. Sofort bin ich knall-
wach, im Alarmzustand. »ILLseee?« – »Ja?« – »Du musst sofort
kommen. Deine Mutter …« Im Hintergrund höre ich einen gel-
lenden Schrei. »Deine Mutter liegt im Bett und schreit.« Im
Bett? Es klang, als wäre sie in unmittelbarer Nähe des Telefons.
»Bin sofort da!« In sieben Minuten stehe ich in der Wohnungstür, höre meine Mutter schon im Treppenhaus schreien. Reflexartig versucht mein Körper sich zwischen Flucht und Angriff zu
entscheiden. Noch ein Schrei! Wie von einem wilden, verletzten
Tier. Sie sitzt aufrecht im Bett, schreit schrill und schlägt mit den
Armen um sich. Es sind keine Worte, keine Laute, nur schrille,
spitze Frequenzen, die direkt unter die Haut gehen, die wehtun.
Ich will sie beruhigend umarmen, sie stößt mich weg. Ihre Augen
scheinen voneinander losgelöst zu sein, schauen wie bei einem
Chamäleon unabhängig voneinander in verschiedene Richtun-
gen. Sie sind glasig, irgendwie wie tot. Meine Mutter greift meinen Arm, schüttelt ihn, dass es mir weh tut: »Blind, blind, b l i n d.«
– »Mammi?« – »Blind, Bliinnnd!!!« – »Mammi, hörst du mich?«
Mein Vater kommt im Schlafanzug, so habe ich ihn als Erwachsene noch nie gesehen. »Da siehst du, was du angerichtet hast,
jetzt müssen wir sie zurückbringen.« Meine Mutter schreit in
drei Oktaven weiter: »Blind« – »Mammi?« – »Blind, blind,
blind« – »A n n e liese!!!« Ich gebe es auf, umarme sie, versuche
sie zu beruhigen. Sie klammert sich mit der Kraft der Verzweiflung an mich. Wir fallen beide aufs Bett. Sie ist völlig außer sich,
in Panik. Zittert vor Angst, schluchzt, verschluckt sich, bäumt
sich auf, hyperventiliert. Ich atme ihr vor. Mein Vater steht hilflos daneben. Sie umklammert mich. Soviel Nähe kenne ich nicht.
Ich halte sie, streichle sie beruhigend. Nach einer langen Zeit liegt
sie, innerlich immer noch aufgewühlt, ruhig. Mit einer Hand deckt
sie ihre Augen ab. Das ganze Bett ist nass. »Möchtest du ins Krankenhaus?« Energisch schüttelt sie den Kopf. »Darf ich dich kurz

alleine lassen? Bin gleich zurück.« Sie nickt. Mein Vater erwartet mich in der Diele: »Das ist unverantwortlich, wir müssen sofort den Krankenwagen rufen, ich hab's dir doch gesagt. Blind? Hat sie blind gesagt? Jetzt kann sie wieder sprechen, dafür nichts sehen? Wir müssen sie zurückbringen, das schaffen wir nicht. Ach, wär' ich doch schon tot.«

»Eins nach dem anderen. Mach du doch erst einmal Kaffee und decke den Frühstückstisch.« –

»Deine Ruhe möchte ich haben.« Froh, etwas zu tun zu haben, geht mein Vater in die Küche und bereitet das Frühstück vor. Ruhe? Hat der eine Ahnung. Aber er hat auch Recht, irgendetwas schiebt die beginnende Panik beiseite und ermöglicht mir trotz massiver Erregung, einsatzbereit zu bleiben. Es ist so eine Art Notaggregat, das da anspringt, eine besonders wache Konzentration. Blind? Das erste Wort zu Hause, das sie richtig ausspricht, ist ausgerechnet blind. Aber meint sie auch blind? Oder erkennt sie den neuen Raum nicht als ihr Zimmer? Das Gelb der Wände strahlt in der Sonne, sonst ist nur das weiße Regal und das Fenster ihr gegenüber vom Bett aus zu sehen. Das Regal steht in ihrem toten rechten Sehfeld. Das sieht sie vielleicht nicht. Ist das Fenster im toten Mittelquadranten ihres linken Auges? Dann würde sie nur strahlendes Gelb sehen. Ich gehe zu ihr. Reiche ihr ein Glas Wasser. Sie greift daneben. Mein Herz krampft sich zusammen. Furchtsam halte ich zwei Finger in die Höhe: »Siehst du meine Finger?« Ich bewege sie ganz langsam vor ihren Augen: »Nase, Nase.« – »Wie viele Finger zeige ich dir?« Ich sehe, dass ihre Augen nicht fokussieren. Ich halte ihr Wasser an die Lippen, lasse sie trinken.

Nach schier endlosem Klingeln wird mein Anruf in der Gerontologie des Krankenhaus entgegengenommen. Die nette Stationsschwester verbindet mich mit der Ärztin, deren Mutter in einem Kölner Krankenhaus liegt. Ich beschreibe die Situation, die Symptome. Sie definiert das als mögliche Nachwehen des Schlaganfalls, ich kann meine Mutter gern zurückbringen: »Wir würden sie aber auch nur unter Beobachtung halten, heute ist Sonntag. Wir haben keine Augenstation, und der Augenarzt kommt frühestens Dienstag, wenn Sie keinen eigenen bringen«, sagt sie ohne Häme. »Sie können sie als Notfall ins Benjamin

Franklin oder ins Virchow einliefern, die haben eine Augenabteilung.« Unser Telefon steht auf dem Esstisch im Wohnzimmer. Mein Vater kommt mit dem Frühstückstablett herein. Er setzt sich auf seinen Platz gegenüber, schaltet seine Hörgeräte ein.
»Kann das ein Zeichen für einen neuen Schlaganfall sein?«, frage ich.
»Es kann alles sein, muss es aber nicht. Wenn Sie sichergehen wollen, rufen Sie die Feuerwehr. Oder kommen Sie mit ihr zu uns. Oder rufen Sie einen Notarzt, das kann aber auch ein Orthopäde sein, der gerade Dienst hat. Die letzte Anmerkung war privat.« Wir beenden das Gespräch.
»Die Tasche ist ja, Gott sei Dank, noch gepackt. Wann geht's los?«, fragt mein Vater.
»Ich möchte noch eine zweite Meinung. Ich rufe die nette Stationsschwester an. Geh du doch bitte zu Mammi und beruhige sie.«
Er fühlt sich überfordert: »Muss das sein? Ich kann sie doch nicht leiden sehen.«
»Ja, bitte.«
Mein Vater stöhnt auf: »Ich kann ihr ja doch nicht helfen.«
»Doch, kannst du, halte ihre Hand, damit sie sich aufgehoben fühlt.«
Mein Vater verlässt kopfschüttelnd den Raum: »Das weiß sie doch sowieso.«
Die nette Stationsschwester willigt in ein privates, also inoffizielles Gespräch ein. Einen medizinischen Rat zu erteilen ist ihr verboten. »Der größte Schock für Ihre Mutter wäre es jetzt, wieder ins Krankenhaus zu müssen.« Das sehe ich ganz genauso. »Beobachten Sie sie und wenn es gar nicht anders geht, fahren Sie ins Benjamin Franklin.«
Ich bespreche das mit meinem Vater. »Das ist deine Mutter, du trägst jetzt die Verantwortung.«
»Darf ich dich darauf aufmerksam machen, dass du ihr Ehemann bist? Trägst du keine Verantwortung?«
»Du weißt doch, ich höre schlecht, das ist doch nichts, mach du das.«

Ich bin so erschüttert, dass mir nicht einmal auffällt, wie sehr er mich im Regen stehen lässt. Scheiße, Scheiße, Scheiße, was soll ich machen?

Wieder im Zimmer meiner Mutter prüfe ich alle Reflexe, ist eine Gesichtshälfte verzogen? Nein. Taubheit, Kribbeln in den Armen? Nein. Den Beinen? Nein. Schwindelig, Gleichgewichtsstörungen? Nein. Schmerzen? Nein. »Sollen wir das im Krankenhaus überprüfen lassen?« – »Nein.«

»Stirbst du?«

»Nein.« Ich führe meine Mutter ins Bad. Sie hat eine gute Verdauung. Ist insgesamt ruhiger. Aber ihre Augen blicken wirr umher. Sie ist ansprechbar, versteht meine Worte. Ich beschließe abzuwarten. Mein Vater jammert, dass das das Ende sei. Ich bitte ihn inständig, sich zurückzuhalten.

»Du musst den Tatsachen ins Auge sehen! Früher oder später sterben wir alle, dass sie nun vor mir gehen muss … du verlässt mich nicht, nicht wahr?« Ich kann's nicht mehr hören, gehe nicht darauf ein. Meine Mutter liegt inzwischen auf dem Sofa. Ich bringe ihr Wasser mit Calcium. Sie will nur trinken, wenn ich ihr eine wasserabweisende Unterlage bringe. Stattdessen gebe ich ihr ein naturbelassenes Schafsfell. Das habe ich ihr letztes Jahr vom Ammersee mitgebracht. Mein Vater steht hinter mir: »Ohne ihre Rente reicht's bei mir wahrscheinlich nicht, du lässt mich doch nicht verhungern.«

Mein Herz zieht sich zusammen, ich spüre, wie belastend dieses Eingeständnis für meinen Vater ist. »Ich werde dir immer beistehen, wir schaffen das schon. Mammi versteht jedes Wort, sie kann nur nicht sprechen. Im Hirn ist sie vollkommen o. k.«

Meine Mutter hatte durch ihre Pension immer mehr Geld als mein Vater durch sein Steuerberatungsbüro? Das ist eine neue Information für mich. Hat er sich dadurch minderwertig gefühlt? Meine Mutter ist eingeschlafen. Ich betrachte ihr ruhendes Gesicht. Ist es meine Depression, die mich alles so ruhig ertragen lässt? In meinem Inneren ist tatsächlich Ruhe, kein Zweifel an der Besserung ihres Zustandes, kein weiterer Gedanke. Bin ich gefühllos? Ich spüre eine zärtliche Verbundenheit mit meiner Mutter. Sie ist jetzt das Wichtigste in meinem Leben, nach ihr richtet sich alles aus. Das Ego hat Urlaub.

Auf der Toilette werde ich von meinem Vater gestört: »Telefon!!! Hörst du, T E L E F O N !!!« Er trommelt und brüllt durch die geschlossene Tür. Ich beeile mich. »Du weißt doch, dass ich nichts verstehe. Und ich will auch niemanden sprechen.«

Ich hebe den Hörer ab, es ist die Frau eines ehemaligen Klienten meines Vaters, Herrn Reim. Sie stehen seit 24 Jahren in freundschaftlichem Kontakt. Sie will uns vom Tod ihres Mannes informieren. Als sie vom Schlaganfall meiner Mutter hört, bricht sie weinend zusammen. Ihr Mann, auch 86 Jahre alt, war bettlägerig, verkrebst, konnte nichts mehr allein, hatte Schmerzen, die ihn stundenlang schreien ließen. Er hatte keine Pflegestufe, denn als eine junge Ärztin vom MRK, Medizinischen Dienst, zur Begutachtung kam, wollte er sich – ganz Kavalier der alten Schule – vor der jungen Dame keine Blöße geben und sprang behände aus dem Bett, behauptete, alles allein zu können. Eine glatte Lüge, die ein geschultes Auge leicht erkennen sollte. Seine 83-jährige Frau pflegte ihn bis zu ihrem physischen und psychischen Zusammenbruch. Ihre beiden Arme waren von oben bis unten mit schwarzen Blutergüssen übersät. Ihr Mann zog sich an ihren Armen im Bett hoch. Sie hatten keine Hilfsmittel. Kein Pflegebett, keinen Toilettenstuhl, nichts! Kein Heim wollte ihn aufnehmen, da er weder eine Pflegestufe noch eine Voranmeldung hatte. Nur ein privates Heim weit vor Berlin war endlich bereit. Mit öffentlichen Verkehrsmitteln würde eine einfache Fahrt über zwei Stunden dauern, mit mehrmaligem Umsteigen. Der Krankentransporter des Heimes holte beide ab. Er bezog ein »schönes Zimmer« mit Blick auf den Wald, den er nicht mehr sehen konnte. Als sie sich von ihm verabschiedete, sagte er: »Ich danke dir für ein schönes Leben.« Kaum zu Hause angekommen, teilte ihr das Heim mit, dass es ihrem Mann gut gehe, er aber nur Suppe essen könne, da sein Gebiss nicht richtig passen würde. Jetzt wusste sie, warum er seit Monaten fast nichts gegessen hatte. Sie möge 10 Euro Praxisgebühr für den Zahnarzt mitbringen. Eine Stunde später war er friedlich eingeschlafen. Sie waren 67 Jahre ein Paar gewesen. Mein Vater hat nur die Hälfte verstanden. »Er ist tot?« Ich schau mich schnell nach meiner Mutter um, sie schläft noch. Ich lotse meinen Vater aus dem Wohnzimmer in die Küche. »Ja, er ist gestern gestorben, friedlich. Bitte lass uns das nicht Mammi erzählen.«

»Wieso denn nicht, das können wir ihr doch nicht vorenthalten.«

»Es ist nicht der richtige Zeitpunkt, sie ist selbst krank und braucht keine weitere Aufregung.«

»Das ist doch Quatsch, sein Tod, das ist Realität, der Tod gehört zum Leben.«

»Ich bin dagegen, eine große Aufregung kann einen weiteren Schlaganfall auslösen, ich möchte nicht, dass du ihr gegenüber den Tod von Herrn Reim erwähnst.«

»Du verbietest mir den Mund? Deinem Vater? So zimperlich ist deine Mutter nicht.«

»Das ist Quatsch. Also gut: Ich verbiete es dir«, meine Stimme klingt hart.

»Na, wenn's dich glücklich macht.« Er verlässt die Küche, sagt zu sich selbst im Hinausgehen: »Nun hab ich keine Tochter mehr, bin ganz alleine auf der Welt, Mund verbieten, nee. …« Kurze Zeit später, ich bin beim Abwasch, kommt er zurück: »Gibt's mal wieder Milchreis? Das wär gut. Ich hab übrigens Hunger.« Vor zwölf Stunden hat mein Vater seinen letzten Milchreis mit Mandeln, Zucker und Zimt gegessen.

Am Nachmittag kann meine Mutter wieder sehen. Ihre Augen können wieder fokussieren. Halleluja! Zur Feier gibt es Baumkuchen von »Rabin«, der ehemaligen Hofkonditorei von Wilhelm II. aus Potsdam. Mein Vater möchte die »Nasen«, ein altes Familien-Ritual, die »Nasen« gelten als das Beste vom Baumkuchen. Wir haben uns immer spielerisch darum gestritten. Ich reiche meinem Vater drei »Nasen«. Er tritt sie großzügig seiner Frau ab. Meine Mutter nimmt das Angebot an, sie reicht mir eine Nase weiter, ihm nicht. Meine Mutter trägt einen warmen Hausanzug, darüber ihren Bademantel. So bekleidet, fühlt sie sich aber nicht wohl. Wir trinken ruhig Tee, bis mein Vater rausplatzt: »Vorhin hat Frau Reim angerufen, der alte Reim …« Ich falle ihm vehement ins Wort: »Die beiden wollten sich nach deinem Befinden erkundigen und dir weiterhin alles Gute wünschen.« Mein Vater schüttelt beleidigt den Kopf, schaltet seine Hörgeräte aus und den Fernseher ein, sehr laut. Er hört trotzdem nichts. Ich nehme ihm die Fernbedienung ab, aktiviere die Stummtaste. Mein Vater brüllt: »Ich will nur fernsehen, ich höre ja sowieso nichts, kann euch nicht stören, meist versäumt man auch nichts.« Meine Mutter reagiert aufgeregt auf den eingeschalteten Fernseher, sie will nicht hinsehen. Ich begleite sie wieder zum Sofa. Sie hält ihren Kopf vom Bildschirm abgewandt. Mir fällt auf, dass sie jetzt zum dritten Mal so ablehnend reagiert. Meine Mutter sieht sonst begeistert jeden Tag fern. Sie wählt das Programm am Morgen aus ihrer Tageszeitung aus. Ich gehe ins Internet, sehe mir das Programm der Woche vor dem Schlaganfall an. Auf allen Sendern wurde anlässlich des 60. Jahrestags intensiv über des Ende des Zweiten Weltkrieges berichtet. Meine Mutter hatte bis tief in die Nacht viele Sendungen zu diesem Thema gesehen. Sie war sehr aufgewühlt. Das Letzte, was sie gesehen hat, war eine Dokumentation über U-Boot-Einsätze. War das der Auslöser für den Schlaganfall? Laut der Schulmedizin hat ein Schlaganfall nichts mit Aufregung zu tun. Ich habe da meine Zweifel.

Helfen ja, einmischen nein

Montagmorgen um 7.15 Uhr klingelt das Telefon. Es ist die Rehaklinik, die mitteilt, dass für meine Mutter bereits ab übermorgen, also Mittwoch, ein Platz frei ist. Ich sage unser Kommen zu.

Der Neurologe meiner Mutter und auch die Ärzte der Gerontologie hatten dringend empfohlen, meine Mutter von einer vertrauten Person begleiten zu lassen, damit sie eine Orientierung in der Fremde habe. Ich habe ein Attest für meinen Vater als Begleitperson bei der AOK eingereicht. Eine Bewilligung der Kostenübernahme ist noch nicht eingetroffen. Die Genehmigung kann ich nicht abwarten, dann geht uns der Reha-Platz verloren. Werden sie bezahlen? Immerhin geht es um 1800 Euro für Logis im Doppelzimmer und Vollpension. Mein Vater ist entsetzt, er ist überzeugt, dass er stirbt, wenn er die Wohnung, wenn er Berlin verlassen muss. Lieber will er allein zu Hause bleiben. Ich soll meine Mutter begleiten. Ich möchte, dass beide fahren, damit ich die Wohnung »alterstauglich« gestalten kann. Meine Mutter geht schwerfällig am Rollator, das heißt, alle Schwellen müssen raus. Die Diele ist dunkel und verwohnt. Bad und Küche müssen mit Haltegriffen versehen, rutschfest gemacht, mit Hilfsmitteln ausgestattet werden.

Ich versuche, eine Freundin meiner Mutter zur »Kur« einzuladen. Keine fühlt sich dazu fähig. Vater schlägt Frau Reim vor. Ich halte das für keine gute Idee, eine eben erst Verwitwete mitzu-schicken. Bis heute hatte meine Mutter immer Frau Reim beige-standen. Anneliese soll sich ohne Belastungen auf ihre Therapien einlassen können. Ich versuche, meinem Vater die Reise schmack-haft zu machen: Die Rehaklinik ist wie ein Kurhotel an einem schönen See gelegen mit einem Balkon mit Blick zum See, einem Pool, Behandlungsmöglichkeiten, die auch er in Anspruch neh-men kann. Ich besorge Massage-Rezepte für ihn. Doch seit er weiß, dass es übermorgen losgeht, ist er in Panik: »Ich kann nicht packen, weiß gar nicht, wo mein Koffer ist, habe ich alle Medi-kamente? Ich muss doch die Steuer vorbereiten.« Mein Ein-wand, es sei jetzt erst Juli, wird gekontert: »Man kann nie früh genug mit den Steuervorbereitungen anfangen.« Meiner Mutter gefällt es auch nicht, von mir getrennt zu werden, sie fügt sich je-doch. Ihr Wille und Ziel ist es, gesund zu werden. Diese Reha-klinik ist bekannt für ihre gute logopädische Abteilung und liegt 120 km vor Berlin. Ich verspreche, sie jede Woche mindestens einmal zu besuchen.

Mit meinem Vater habe ich ausgehandelt, dass er für eine Wo-che mitfährt. Wenn er es dann nicht erträgt, hole ich ihn persön-lich ab, finde eine andere Lösung. Mein Vater jammert. Ich ver-stehe seine Haltung, seine Angst, sein Drohen, dass er sicher sterben wird, nicht. Er wirft mir vor, dass er bei mir keine Gnade findet. Das tut mir weh. Er versucht, mich mit aller Macht in die Führungsposition der Familie zu drängen. Er will alle Entschei-dungen und Verantwortung an mich delegieren und sich selbst auf den Stand eines immer motzenden Kindes zurückziehen. Da-rauf gehe ich nicht ein. Ich bin bereit, weitere Aufgaben zu über-nehmen, aber nur unter der Prämisse, dass die Hierarchie der Fa-milie gewahrt bleibt. Mein Vater bleibt an erster Stelle: Er ist der Ehemann und mein Vater. Meine Mutter bleibt seine Ehefrau und meine Mutter. Ich bleibe das Kind beider. Kein Rollen-tausch. Eine Verschiebung der Aufgaben innerhalb der Vater-Mutter-Kind-Ordnung. Übernahme der Verantwortung für die Zeit der akuten Krankheit gern, aber keine Entmündigung, kein Überstreifen von Verantwortung darüber hinaus. Meine Über-zeugung ist, dass nur so ein gegenseitiger Missbrauch vermieden werden kann. Ich möchte mit ihnen leben, nicht sie bevormun-den! Ich möchte ihnen gern helfen. Möchte aber nicht versklavt werden. Gerade gegenüber Hilflosen setzt das höchste Disziplin voraus. Denn der Gesunde, Jüngere kann es besser, schneller, leichter. Aber darum geht es nicht. Aufgaben abnehmen, wenn es nötig ist, gut. Ansonsten anleiten zum Mitmachen. Unbedingt die Eigenständigkeit erhalten, und wenn es nur noch der eigene Stuhlgang wäre! Einbeziehen, den Möglichkeiten entsprechend. Meine Mutter ist jetzt soweit gesundheitlich stabil. Jetzt muss sie Fähigkeiten wiedererlernen, wie Sprechen und Schreiben. Sie muss auch lernen zu akzeptieren, dass sie eine andere geworden ist. Ihren Frieden damit finden, dass ihr Freiraum, ihre Selbstständigkeit minimiert sind. Sie wird Phasen von Wut, Trauer, Annahme durchlaufen. Der Anteil der Begleiter an ihrer Genesung ist, sie sich in ihrem Tempo entwickeln zu lassen, ihre Möglichkeiten zu fördern. Das Ego der Helfer »muss Urlaub nehmen«. Fördern, auch fordern, ohne zu überfordern. Anerkennung geben. Auch mal einen Punkt setzen, um zu entspannen. Bei Kindern ist das auch nicht leicht, aber man erlebt die Freude ihrer Fortschritte. Jedes Scheitern beinhaltet auch Gewinn. Im Alter ist das leider nicht ganz so: Jedes Scheitern beinhaltet entweder einen Gewinn oder eine weitere Einschränkung. Nähe und Distanz werden auf eine neue, harte Probe gestellt. Alles wird überprüft: Werte, Bindungen, einfach alles.

Ich bitte meinen Vater, seinen Koffer selbst zu packen. »Du weißt, dass konnte ich noch nie, das hat immer deine Mutter gemacht.« Ich lache ihn aus. »Dafür hast du doch deine Reisepacklisten, als ich Kind war, hattest du die. Ich musste auch immer eine anlegen und dir vorzeigen.« Er bringt aus seinem Zimmer einen Aktenordner, liest vor: »Welche kommt denn in Frage? Schiffsreise? Nee, da muss man sich doch wohl nicht zu jedem Essen umziehen oder?« – »Nee, musste nicht«, stimme ich zu. »Dann Winterurlaub, nee, Kurztrip, nee, Sommerurlaub zwei Wochen, das passt.« – »Du kannst mehr mitnehmen als sonst, wir fahren ja mit meinem Wagen, da passt viel rein.« – »Nee, das geht nicht, wer soll das denn tragen?« – »Das mach ich schon.« Ich bringe ihm seinen leichten Faltkoffer. Mein Vater nörgelt weiter vor sich hin. Ich habe wenig Verständnis für seine Ängste. Noch weiß ich nicht, welche Zeitbombe hier tickt. Mein Standpunkt: Es ist normal, dass ein Mann seine Frau begleitet, zumal er dort aufs Feinste verwöhnt werden wird. Mit ihm in Berlin kann ich keine Änderung in der Wohnung vornehmen. Nach kurzer Zeit sehe ich nach, wie weit er ist. Der Koffer liegt unberührt, leer auf seinem Bett. Mein Vater mit der Liste in der Hand auf dem Tagesbett. Schnarchend.

Tag der Abreise

Die Sanitäter der Rehaklinik kommen, tragen meine Mutter auf einem Tragesitz nach unten. Damit meine Eltern nicht in dem kleinen Klinikbus in der Frühsommerhitze durch halb Berlin kutschiert werden, um andere Patienten abzuholen, fahre ich sie persönlich. Meinem Vater fallen auf der Fahrt immer neue Todessehnsüchte ein:
»Jeder Meter Entfernung von zu Hause bringt mich dem sicheren Tod näher.«
»Ich spüre, wie meine Kräfte schwinden.«
»Mit der Umdrehung der Räder geht meine Uhr dem Ende zu.«
»Meine Zeit verstreicht.«
»Ach, der Funkturm, wie schön, ich hätte nicht gedacht, dass ich ihn in diesem Leben noch einmal sehe. Da war ich gerne auf der ›Grünen Woche‹ und all den anderen Messen.«

Wir haben Berlin hinter uns gelassen, sind auf der Autobahn. Mein Vater spricht weiter: »Die Autobahn als mein Weg in den Tod, wer hätte das gedacht.« Meine Mutter ist schweigsam, sie kommentiert seine Sprüche mit Augenverdrehen. Ab und zu drückt sie meine Hand. »Da wird Petrus aber staunen, dass ich in einem Mercedes vorgefahren werde«, verkündet mein Vater, irgendwie stolz. »Da muss er aber ein Mercedes-Liebhaber sein, damit er meinen ollen 123er akzeptiert«, entgegne ich. »Ich finde deinen Wagen elegant. Und er war dir doch immer ein treuer Kamerad.« Das rührt mich. Wie lieb von ihm gedacht. Wir fahren durch schöne brandenburgische Baumalleen. »Ihr könnt mich gleich hier verscharren, dann verursache ich keine unnötigen Kosten«, verkündet er wenig ironisch. Wir haben jetzt die Hälfte der Strecke geschafft, 60 Kilometer noch. Mein Vater dichtet:

»Unter der grünen Wiese liegt ein alter Mann,
der nicht mehr kann.
Petrus hat sein Erbarmen,
da kann man nur für ihn schwärmen,
drum Tschüs
und Ende.
Hut ab,
dass jeder seins fände.
Da liegt er nun,
da gibt es kein Pardon.
Da bleibt nur eins:
danke Patron.
Unter der grünen Wiese …«
»Ich versuch den zweiten Vers, darf ich?«, brülle ich, damit er
mich hören kann über meine Schulter nach hinten.
»Was???«, brüllt er noch lauter zurück.
Ich steigere meine Lautstärke, meine Mutter hält sich die Ohren
zu: » H ö r g e r ä t eeeiinnschaaalteeennn!!!«
»Nee, dann wird der Motor so laut, ich versteh dich schon, du
sprichst ja gut.«
Ich übernehme, aus dem Stegreif:
»Auf der grünen Wiese,
da sitzt ein Mann, vergnügt.
Sein Leben hat ihm immer schon genügt.
Petrus hat an ihm seine Freude,
denn er lacht und singt
mit der Sonne um die Wette.
So wie's Petrus von allen gerne hätte. –
Wenn seine Zeit vorbei ist,
dann kippt er einfach um.
Sein Leben ist zu Ende,
nur er weiß warum.«
»Das ist typisch deine Tochter, von mir hat sie das nicht«, sagt
mein Vater zu meiner Mutter.
Sie nickt stolz, sie ist ganz seiner Meinung: »Qurtze Hilse, gum,
gum.«
»Obwohl doch Töchter mehr nach ihren Vätern kommen sollen, na ja, genau genommen ist es besser so, dann hast du wenigstens nicht meinen Pessimismus geerbt.«

»Leider doch«, entgegne ich. »Sonst hätte ich jetzt keine Depression.«

»Du hast eine Depression? Ist mir noch nicht aufgefallen«, mein Vater ist ehrlich erstaunt.

»Du weißt doch, dass ich deshalb zur Therapie gehe«, erinnere ich ihn.

»Das ist doch sowieso Quatsch, du bist traurig, wegen Clemens' Tod. Das ist doch ganz natürlich. Das Leben ist schwer. Das ist eine Tatsache. Das solltest du akzeptieren. Reiß dich zusammen, dann wird's wieder.«

»Dass das Leben schwer ist, ist deine Realität, keine Tatsache. Meine Realität ist eine andere. Realität ist eine persönliche Sichtweise, sie entsteht durch Interpretation.«

Mein Vater schüttelt seinen Kopf: »Das ist doch nur Wortklauberei.«

»Wieso bist du denn nicht glücklich?«

»Ja, wieso eigentlich? Ich bin auch nicht unglücklich, das ist es nicht. Ich bin einfach gar nichts.«

Wir fahren weiter durch die wunderschöne Landschaft von Mecklenburg-Vorpommern. »Das Leben ist schwer, mehr ist es nicht. Mir kann es egal sein, ich sterbe jetzt sowieso.« Wir fahren durch eine Obstbaumallee. Sie schlängelt sich durch eine sanfte Hügellandschaft. Rechts und links bestellte Getreidefelder. Die Ähren wiegen sich im Wind. Dazwischen Rübenfelder. Ich denke an die Bilder und Skulpturen von Günther Uecker: Nägel auf Leinwand, die den Windhauch auf einer Wiese nachempfinden. Ueckers Nägel haben optisch die Biegsamkeit von Grashalmen im Wind. Nachgiebigkeit und Härte. Im Gebetsraum des Bundestages im Reichstagsgebäude in Berlin hängt ein Günther Uecker: Der Wind hat die Halme zu einem christlichen Kreuz auf der ansonsten unberührten Wiese gebogen. Je nach Lichteinfall entdeckt der Betrachter nur in einem bestimmten Blickwinkel zur Skulptur das Kreuz. Der Raum ist ein Gesamtkunstwerk. Ich verehre Günther Uecker für dieses Seelen-Geschenk. Mein Vater unterbricht meine Gedanken: »Du zwingst mich mitzufahren. Damit bringst du mich um!« Wir sind keine 20 Kilometer vor unserem Ziel. Ich kann nicht mehr. Ich fahre rechts ran, an die Böschung, halte an. Paradoxerweise ist genau vor meiner Stoßstange ein Holzkreuz an einem Baum befestigt.

Hier ist vor sechs Monaten ein junger Mann mit seinem Motorrad tödlich verunglückt. Ein Schwarzweiß-Foto in Plastik eingeschweißt zeigt ein verschmitztes junges Gesicht. Ich drehe mich zu meinem Vater um, sage ruhig: »Ich halte das nicht mehr aus. Dein Tod ist mir nicht gleichgültig. Wenn du mich weiter so quälst, fahre ich noch an einen Baum.« – »Du bist aber verzärtelt, ich sag doch nur die Wahrheit, die musst du doch hören.« – »Seit 100 Kilometern geht das so: Ich sterbe, ich sterbe, ich sterbe. Ich kann es nicht mehr hören.« Meine Mutter sieht mich unterstützend an: »Steig aus oder halte den Mund, wir sind gleich da.« – »Dann sterbe ich eben ohne letzte Worte, wirst schon sehen, was du davon hast.« Meine Mutter bekommt einen Lachanfall. Ich sehe sie sauer an.

Vater und Mutter in der Reha

Wir fahren vor. Endlich sind wir angekommen. Die ehemalige DDR-Poliklinik ist modernisiert, erweitert worden. Jetzt ist sie eine moderne Rehaklinik. In der Halle hängt ein Bild vom Kanzler Schröder, der die Klinik feierlich eingeweiht hat. Nach den Formalien werden wir aufs Zimmer geführt. Nee, nicht auch das noch: Das Zimmer geht zum Parkplatz. Ich hatte meinen Vater mit einem Seeblick hierher gelockt. Uns wird das Stations-Esszimmer gezeigt, eine Erweiterung des Flurs mit Vollverglasung zu einer Wiese mit Hubschrauberlandeplatz und dem Parkplatz. Es ist gerade Mittagszeit. Schwerst-Schlaganfall-Patienten werden gefüttert. Sie zeigen alle Arten von Lähmungen, verzogenen Gesichtern, nicht verstehbaren Lautäußerungen, unkontrollierten Bewegungen. Einer spuckt auf den Tisch. Zwei Schwestern helfen sieben Personen. Meinen Eltern wird ein Platz an der Stirnseite des Tisches zugewiesen. Mir stockt der Atem. Mein Vater geht gleich rückwärts wieder raus. Meine Mutter bleibt wie angewurzelt stehen. Ich stottere: »Meine Eltern müssen sich erst noch frisch machen, wir sind gerade erst angekommen.« Wir gehen zurück ins Zimmer mit den beiden Einzelbetten. Beide sagen kein Wort. Wir vermeiden es, uns anzusehen. Der Anblick der Mittagsrunde war für mich wie ein Blick in Luzifers Vorzimmer. Nach einer Pause fasse ich mich: »Ich kläre das mit der Verwaltung, komme gleich wieder.«

Der sehr netten Disponentin erkläre ich, dass ich meine Eltern definitiv nicht auf dieser Station lassen werde. In einer Stunde mit ihnen zurückreisen würde. Ich wende ein, dass meine Mutter im Beisein dieser Schwerstkranken ihren Lebensmut verlieren, mein Vater in dieser Gesellschaft ganz seine Bindung ans Leben verlieren wird. »Wichtiger war doch, dass Sie einen frühen Termin für Ihre Mutter bekommen haben«, wird mir vorwurfsvoll erklärt. Das vor zwei Wochen versprochene Zimmer mit Seeblick ist nicht frei. Ich erreiche, dass meine Mutter in eine andere Station mit leichteren Fällen verlegt wird.

Kurz darauf ziehen meine Eltern um, zwei Stockwerke höher. Schon auf dem Flur der neuen Station herrscht eine ganz andere Atmosphäre: Aus den verschiedenen Zimmern kommen einzelne Damen, Ehepaare grüßen uns freundlich. Sie sind auf dem Weg zum Speisesaal. Hier wirkt die Klinik wie ein Kurhotel. Das Zimmer hat ein Doppelbett, ein Bad und immerhin einen Balkon mit Blick auf die grüne hügelige Landschaft. Wenn man sich über die Balkonbrüstung lehnt, erhascht man auch ein Stückchen vom See. Was fehlt, sind Balkonmöbel. Auf Nachfrage wird erklärt, dass sie wegen Selbstmordgefahr verboten seien. Alle Patienten würden ihre Sessel und Stühle aus dem Zimmer mit auf den Balkon nehmen. Aha! Sehr einleuchtend. Dazu hätten meine Eltern nicht die nötige Kraft. Und es ist Sommer. Im Garten der Rehaklinik gibt es kaum Schattenplätze. Ich besorge von dort zwei Stühle und einen Tisch.

Für kurze Wege hat meine Mutter ihren Rollator. Für lange Wege bekommt sie einen Rollstuhl gestellt. Wir machen uns auf den Weg zum Speisesaal. Er ist schon leer. Wir werden von einer Servorierin an einen Tisch geführt. Zwei Namensschilder weisen die Essplätze für meine Eltern aus. Sie bekommen ein Mittagessen serviert. Ich bekomme nichts. Kann hier auch nichts Essbares, außer Eis und Süßkram, kaufen. Meine Eltern können auf einer Liste unter mehreren Gerichten für jeden Tag auswählen und den Speiseplan eine Woche im Voraus festlegen. Während sie essen, räume ich ihr Zimmer ein. Richte im Badezimmer in Reichweite der Toilette Netzhosen, diverse Einlagen, Unterhosen her. Besorge mit einer Schwester eine Toilettenerhöhung, einen Badestuhl, einen Rollstuhl, einen Rollator und einen Egon. Gebe den Stationsschwestern eine Biographie meiner Eltern, eine Liste mit den Handicaps meiner Mutter, die Tablettenliste vom vorherigen Krankenhaus. Der ärztliche Bericht aus Berlin ist weder via Fax noch per Post eingetroffen. Die Schwestern sind erfreut, dass ich noch Tabletten vorrätig habe, denn sie müssen die Medizin für meine Mutter erst bestellen. In der Regel werden sie zwei Tage später geliefert. Mein Vater möchte auf keinen Fall Frühstück und Abendessen im Speisesaal einnehmen. Es wirkt, als hätte er Angst, das Zimmer zu verlassen, warum? Auf die Idee, dass ihm die Selbstbedienung am Büfett Angst macht, komme ich nicht. Auch verweigert er, seine Frau im Rollstuhl zum Mittagessen zu fahren. Ich überrede die Schwester, Frühstück und Abendessen aufs Zimmer zu bringen. Es wird in die Krankenakte meiner Mutter eingetragen, dass sie zum Mittagessen abgeholt werden muss, dass mein Vater nicht zur Pflege herangezogen werden darf. Am späten Abend verabschiede ich mich. Meine Mutter möchte noch Namensschilder in ihre Handtasche, in ihre Brillenetuis. Ich schreibe auf die Zettel: Anneliese Pfeiffer, Station 2, Zimmer 28. Nach mehreren Versuchen einer Verabschiedung winkt sie mir, im Rollstuhl sitzend, aus dem Zimmer gefasst hinterher. Mein Vater geht mit in den Flur: »Einmal muss es ja sein, adieu«, sagt er zu mir, er bleibt vor der Zimmertür stehen. Er will mich nicht hinunterbegleiten, auf keinen Fall. Nie wäre ich auf den Gedanken gekommen, dass dies ein Zeichen für eine Krankheit sein könnte. Ich gehe den langen Gang hoch. Drehe mich mehrfach um, immer wieder winkt er mir mit kleiner Geste vor seiner Brust. Er steht einsam als Schattenriss im Gegenlicht des runden Fensters. Ein grausames Bild, es gräbt sich in mir ein. Sein Ausdruck ist hoffnungslos: ›Ich leide, du lässt mich hier verrecken!‹ Wir winken uns ein letztes Mal zu. Ich renne die Treppen herunter. Anders käme ich nicht vom Fleck. Mir ist schlecht, ich laufe wie betäubt auf den Parkplatz. Wie kann ich helfen? Ich weiß es nicht. Es muss jetzt so sein. Ich zwinge mich weiterzugehen. Plötzlich höre ich ein leises Klopfen, schaue an dem Haus hoch, entdecke meinen Vater, wie er hinter dem bodentiefen Rundfenster steht und mir zuwinkt. Würde er seine Arme und Beine ausstrecken, wäre es eine moderne Fassung von Leonardo da Vinci: Kanon menschlicher Proportionen aus de Architectura de vitree. Er lächelt. Wir winken beide, lächeln uns an. Ich deute es als Zeichen, dass er seine Aufgabe angenommen hat. Ein intensiver Moment der Liebe. Danke, jetzt kann ich gehen.

Auf dem Weg nach Hause entspanne ich mich allmählich. Fahre im Sonnenuntergang durch diese gigantischen Baumalleen, durch diese üppige, vitale, wollüstige Landschaft. Hier würde ich gerne einen Kinderfilm drehen, einen Kostümfilm. »Die kleinen Strolche« als Operette. Oder »Die Prinzessin auf der Erbse« als Kitsch-as-Kitsch-can-Fassung! Im Dunklen verirre ich mich, finde eine Kneipe im Nirgendwo. Hier wird mir eine Abkürzung nach Berlin beschrieben, fünf statt eineinhalb Stunden später erreiche die Stadt über den Prenzlauer Berg. Gut, es führen viele Wege nach Rom. Hier wohnt ein lieber Bekannter von mir, dank Handy kann ich ihn anrufen, ob er noch Lust auf einen Drink hat. Ich habe nicht bemerkt, dass es schon halb zwei Uhr morgens ist. Dirk sagt: »Nee, geht nich, ick bin schon knülle.« Das Leben hat mich wieder.

Tod den Motten

Zu Hause ausschlafen. Das wäre wunderbar. Doch leider schrecke ich alle zwei Stunden mit leerem Kopf hoch. Noch fällt mir nicht auf, dass ich mich nicht entspannen kann. Für den nächsten Tag habe ich die Haushaltshilfe bestellt. Ich mache eine Liste, was alles getan werden muss in der elterlichen Wohnung. Mit meiner Mutter habe ich mich verständigt, dass ich in Planstufe 2 die Diele und in Planstufe 3 auch die Küche und das Bad renoviere, in den gleichen Farben wie vorher. Mein Vater weiß nichts von der Aktion. Nachdem ich die Wohnung mit einem neuen, einem verantwortungsvollen Blick geprüft habe, würde ich am liebsten alles renovieren, besonders das Wohnzimmer. Es ist ein schönes Zimmer, etwa 30 Quadratmeter groß. Dazu gehört ein halbseitig verglaster Balkon, sieben Quadratmeter groß. Es ist ein schönes Sommerzimmer mit unverbaubarem Blick ins Grüne, auf den Teltowkanal. Ungefähr in der Mitte gibt es eine Flügeltür, immer geschlossen, zum ehemaligen Büro meines Vaters. Das Wohnzimmer wurde vor vielleicht 35 Jahren mit Seidentapeten und einer eingefassten blassgrünen Decke ausgestattet. Ansonsten Chippendale komplett, Seidengoms und chinesische Teppiche, Meissner Porzellan, königliches Porzellan der Berliner Porzellanmanufaktur in einer Chippendale-Vitrine, der Albtraum meiner Kindheit, deshalb durfte man hier nie hopsen oder Kinder einladen, ein Kristalllüster an der Decke. Nicht mein Stil, aber ein harmonischer Gesamteindruck. Leider gab es bei uns keine Kuschelmöbel. Nur enge Sessel, Stühle, schmale Couchen. Das Parkett, immer liebevoll gepflegt, ist jetzt abgenutzt. Vor meinem inneren Auge sehe ich frisch abgezogenes, glänzendes Holz, gereinigte Teppiche, frisch tapezierte, silbrige Wände, neue Gardinen, indirektes Licht. Den Balkon total neu mit gekacheltem Boden, einer Markise, einer neuen Stuhl/Tisch/Liege-Ausstattung. Romantisch wilde Begrünung. Meine Therapeutin rät aus zwei Gründen ab: Zum einen würden meine Eltern nicht mehr in ihre vertraute und geliebte Umgebung zurückkommen, sondern in eine neue Wohnung. Zum anderen bin ich dabei, mich zu übernehmen. Ich pfeife mich auch selbst zurück. Ich möchte nicht übergriffig werden: helfen ja, einmischen nein. Wo sind da die Grenzen? Ich habe drei Wochen Zeit, höchstens vier. Und wenn mein Vater mich beim Wort nimmt, habe ich eine Woche Zeit für die Planstufe 2, die Renovierung der Diele!

Zum ersten Mal in meinem Leben betrete ich die Wohnung meiner Eltern, ohne dass sie anwesend sind. Mit der Haushaltshilfe setzen wir Prioritäten. Oberstes Ziel für die erste Woche: Tod allen Motten, also Totalreinigung. Als Erstes wird die Diele renoviert. Das heißt ausräumen: Mantelschrank, Garderobe, Einbauschrank, Regal, kleine Kommode, Ablage auf und unter dem Sofa, Ablagen unter und auf dem Tisch, auch den Hängeboden, die Tapeten müssen runter, neue angeklebt werden, streichen, Teppichboden raus, Schwellen entfernen, neuer Teppichboden rein. Das Wohnzimmer dient als Zwischenlager aller Sachen.

Die Haushaltshilfe und ich gehen zusammen einkaufen: Farbe,

Tapete, den gleichen Teppichboden wie im Schlafzimmer meiner Mutter, Metall-Leisten als Ersatz für die Türschwellen, Lampen und so weiter. Der Sohn der Haushaltshilfe ist Innenausbauer und Maler. Schon in der Nacht beginnt er mit der Arbeit.

Mein erster Anruf in der Reha. Mein Vater hat zur verabredeten Zeit, also vorsorglich eine halbe Stunde früher, am Telefon auf dem Bett sitzend gewartet: »Hallo Ilseee?!« – »Ja, ich bin's, guten Tag«, antworte ich. »Ja, Gott sei Dank.« Seine Stimme ist leicht panisch, sehr angespannt: »Warte, ich hab was vorbereitet: ›Große Leiden machen alle kleineren gänzlich unfühlbar. Und umgekehrt: Bei Abwesenheit von großen Leiden quälen uns die kleinsten Unannehmlichkeiten fürchterlich.‹ Das ist Schopenhauer, genauso geht es mir, ich kann's hier ertragen, da es sein muss, aber es ist grässlich.« Ich frage ihn nach dem Wetter, dem Essen, hat Mammi Therapie? In den Speisesaal zu gehen ist ihm eine Qual: »Nur alte Leute da, oder Kranke, oder Säufer. Die Tischnachbarin quatscht auf mich ein, ich verstehe kein Wort, sie sucht wohl einen Mann. Na, da hat se bei mir keine Chancen. Deiner Mutter geht es schlecht, keine Besserung.« Das ist sein Bericht des ersten Tages. Er gibt den Telefonhörer weiter an meine Mutter. Sie sprudelt munter darauf los, ihre Stimme klingt fröhlich und temperamentvoll: »Qualla, trompe mach nsde ebnshe ikm. Drolly machse kappe, net koll moch. Dante bane bono kam. Dese?« Mein Vater entreißt ihr den Hörer und brüllt ins Telefon: »Hörst du das? Das hat doch keinen Sinn mehr, uns kannste abschreiben. Sie wird nicht mehr.« Offensichtlich hat meine Mutter nun ihrerseits ihm den Hörer entrissen. Ich höre mächtiges Geraschel im Hintergrund: »Was soll das, ich telefoniere!«, mein Vater ist empört. »Aua das tut weh.« – »Gamal kuff tatal, blä, knum cha!!!« – »Du bist verrückt, was willst du denn, greifst du mich an?«, schreit mein Vater. »Colonuff, Colonuff!« Ich brülle ins Telefon: »Sie will das Telefon. Das T e l e f o n!«, ich werde nicht gehört. Dann höre ich meinen Vater einlenkend: »Ach so, du willst den Hörer, na kannste doch gleich sagen, hier, bitte meinetwegen.« Mit erregter, sich überhastender Stimme keucht sie: »Kalum bä, bä Helmut bä, Pabo pu, peu, pä, Pabo, etenetgan viel gum, gummer! Gummer!« Ich verstehe: »Helmut« ist ein Synonym für meinen

135

Vater, der Rolf heißt. »Bä« heißt bäh oder blöd, »Pabo« bedeutet Papo, so wie ich meinen Vater nenne und viel »gum«, »gummer« bedeutet viel Kummer? Aber ob das stimmt? Aus ihrer Stimme und der Szene interpretiere ich, dass sie sauer ist über seinen Pessimismus und seine Beschuldigung, sie sei verrückt. Was für eine Situation: Meine Mutter versteht alles, was gesagt wird, kann aber nicht sprechen, nicht lesen, nicht schreiben. Gerade sie, deren Lebenselixier Gesellschaft und Austausch ist, beherrscht die Sprache nicht mehr. Mein Vater ist durch seine Schwerhörigkeit eher der stumme Lernende, der sich hinter seinen Büchern versteckt. Gesellschaft, Gespräche werden ihm seit 25 Jahren immer lästiger, er vermeidet sie mit allen möglichen Ausreden. Dass dies erste Anzeigen für eine Krankheit sein könnten, haben wir nicht bemerkt. Melancholie, ja. Depression vielleicht, aber mehr? Dazu fehlte es uns an Wissen. Mir ist nichts aufgefallen, ich war ja auch immer nur zu Besuch, habe nur kurze Zeit-Ausschnitte miterlebt. Mein Vater kann seine Frau nicht hören, er schaltet erst nach vier, fünf Versuchen meiner Mutter, sich ihm zu Gehör zu bringen, sein Hörgerät ein. Dann hört er ihre dadaistischen Laute ohne Sinn. Er denkt, er hört ein bisschen schwer und alle anderen sprechen einfach zu undeutlich oder zu leise. Ein Drama. Meine Mutter denkt, sie spricht klar und deutlich und er kann sie nicht hören. Auch ein Drama.

Bilder aus der Vergangenheit

Am Abend öffne ich die Koffer und Kartons vom Dielen-Hängeboden. Viele Vergangenheiten erzählen mir die Fundstücke: Theaterprogramme meines Vaters noch aus dem Krieg. Er lag 1942 mit seinem »Heimatschuss aus Russland«, einem Bauch-Streif-Schuss, im Lazarett in Breslau, hat dort unter anderem eine Aufführung zu Ehren von Gerhart Hauptmanns 80. Geburtstag gesehen. Der Dichter war anwesend, es war ein bleibender Eindruck für meinen Vater, Gerhart Hauptmann die große Freitreppe im Theater hochkommen zu sehen, umringt von einer Entourage von Ehrengästen. In einem anderen Karton finde ich

das Brautkleid meiner Mutter: weiß, schmal, mit Schleier. Ihre
Mutter, eine gelernte Schneiderin, hatte es genäht. Es ist mit Sei-
denpapier und Seifenraspeln so gut verpackt, dass keine Motte
ihr Glück gefunden hat, man könnte es sofort anziehen. Ein
Hochzeitsfoto steht auf dem Schrank im Wohnzimmer. Ich sehe
es mir lange an. Meine Eltern lächeln repräsentierend, sind sie
glücklich? Es gibt auch ein Foto mit beiden Großmüttern, den
Trauzeugen und den Gästen. Alle sehen sehr entschlossen aus.
Die Schwiegermütter haben Gesichter ohne Regung. Die Ehe
meiner Eltern war eine Vernunftehe. Damals waren sie 34 Jahre
alt. Tante Renchen, die kosmopolitische Ehefrau von Dr. Gerd
Hokotz, einem armenischen Zahnarzt in der Grunewaldstraße
in Steglitz, war ihre Kupplerin. Der Arzt war ein Klient meines
Vaters. Deren Enkelin, Claudia, hatte meine Mutter als Klassen-
lehrerin. In ihrem Zehlendorfer Haus gaben sie Gesellschaften,
dort wurden meine Eltern einander vorgestellt. Anneliese war
blond, schlank, immer elegant oder sportlich gekleidet. Amma,
ihre Mutter, nähte ihr ganze Kollektionen nach der neuesten
Mode. Meine Mutter hatte viele Verehrer. Von einer Liebe oder
Liebelei meines Vaters weiß ich nichts. Ich hole aus dem Sekre-
tär meiner Mutter eine Schachtel mit Fotos. Ich erinnere mich
an ein Foto und finde es auf Anhieb. Meine Eltern am Strand von
Sylt: lachen gelöst in die Kamera, winken, pure Lebensfreude,
strahlende Sinnlichkeit. Ihre Körpersprache zeugt von ihrer Verbundenheit. Ein aktives und attraktives Paar. Ja, sie sehen aus wie
ein glückliches Paar, nicht wie Eltern. Meine Mutter in einem
Badeanzug, mein Vater in Badehose und offenem Bademantel,
der heute noch schön ist. Er hat dicke strubbelige Haare, strahlende Augen. Das sieht überhaupt nicht nach einer Vernunftehe
aus. Mein Vater sagt immer: »Sie hat mich geheiratet, vielleicht
weil sie ein Kind wollte. Und ich? Na, der Mensch sollte nicht allein bleiben, ich brauchte jemanden. Irgendwann haben wir uns
aneinander gewöhnt.« Dieses Foto und meine Erinnerung, dass
sie gern ausgingen, viele Reisen unternahmen, sprechen eine andere Sprache. Auf einem weiteren Foto sitzen meine Eltern im
Strandkorb und ich zwischen ihnen. Ich bin an beide angeku-
schelt. Natürliche Körpersprache, das Strahlen eines glücklichen
Kindes. Daran habe ich überhaupt keine Erinnerung. Wir waren
auf Sylt mit Schröders. Er war Kürschner und hatte mit seiner

137

Frau ein Pelzgeschäft mit Werkstatt in der Potsdamer Straße. Keine A-Lage, aber ein guter Platz zum Verkaufen. Die Zuhälter aus dem Kiez kauften hier die Pelze für ihre Mädels. Nachts waren die Straßenhuren der beste Wachdienst. Großzügig gaben sie die Adresse an ihre Freier weiter. Prozente und Kaffee waren Ehrensache. Martina, die Tochter von Schröders, war ein paar Jahre älter als ich. Sie starb an einem goldenen Schuss.

Ich kann mich nicht an das Aussehen meiner Eltern in dieser Zeit erinnern. Das Paar auf dem Foto ist mir sympathisch, ich würde sie gern kennen lernen. Würden wir uns heute so im Prenzelberg oder in der *Strandbar* in Mitte treffen, wir säßen schnell beieinander ins Gespräch vertieft. Jetzt in ihrem gegenwärtigen Aussehen erkenne ich nur noch Reste meiner Eltern. Reste von wann? Nicht aus ihrer Lebensmitte. Welches innere Elternbild habe ich?

In dem Karton liegen Bilder aus 80 Jahren. Auf den jüngeren Aufnahmen erkenne ich viele Personen nicht. Ich beschließe, meinen Eltern, wenn sie wieder zu Hause sind, vorzuschlagen, dass wir ein Fotoalbum anlegen, sie mir erklären, wer wer ist, welche Verbindungen und Geschichten sich hinter diesen Menschen verbergen. Peinlich, aber wahr, in den letzten 20 Jahren habe ich bei diesen Erzählungen nur oberflächlich, oft auch abwehrend oder gar nicht zugehört. Wenn meine Eltern jetzt nicht mehr leben würden, wäre das Wissen im Nichts verschwunden. Die Geschichte unserer Familie unvollständig. Wie gut, dass ich jetzt diese Aufgabe übernommen habe.

Ich setze mich still auf den Balkon, blicke ins Grün. Trinke eine Apfelsaftschorle. Plötzlich klingt es, als ob es regnen würde, ich sehe aber keine Tropfen. Ich stehe auf, sehe durch das Laub der Bäume auf den Teltowkanal. Eine Gruppe Blässhühner läuft über das Wasser. Ja, wohin rennen sie denn? Und warum? Ein Tanker aus Polen schiebt sich in mein Blickfeld von links, lautlos, er treibt die Blässhühner vor sich her. Nach 30 Metern Wasserlauf sinken sie ein, schwimmen wieder, Gefahr vorüber, sie haben den Tanker abgehängt. Der große Schatten kommt näher, durchbricht ihre Schutzzone, kollektiv starten sie zeitgleich von Neuem. Wie weit können Blässhühner sehen? Eine Stockente protestiert laut vom Ufer her. Sie klingt wie mein heiserer Staub-Husten.

Die Diele ist eine Baustelle. Wenn das mein Vater sehen würde. Ich miste weiter die Schätze vom Hängeboden aus. Sortiere nach »Vater«, »Mutter«, »Ilse«, »Darf weg?« und »Abfall«. Finde Spuren von ganzen Mottendynastien. Die Haut an meinen Händen ist bis zu den Ellenbogen stumpf von Staub. Alte verfilzte, mottenzerfressene Pullover treten ihre letzte Reise an.

Punkt 9 Uhr morgens rufe ich meine Eltern an.
Mein Vater: »Ilseee?«
»Guten Morgen!« Nach einer minimalen Pause: »Wer ist da? Hallooo?«
»Ich bin's Ilse, guten Mor …«
»Na, Gott sei Dank. Also du kannst uns abholen, hier passiert nichts, Anneliese hatte wieder keine Therapien. Die sind wohl der Ansicht, dass es nichts mehr bringt. Da stimme ich mit ihnen überein«, überfällt mich mein Vater im Ton eines Diktators.
»Sie hatte keine Anwendungen? Gestern nicht und heute auch nicht?«, frage ich.
»Nein, nichts. Ich bin extra runtergegangen und hab an der Rezeption nach ihrem Therapieplan gefragt. Nichts, nur eine Gruppensitzung, das ist doch sowieso sinnlos, sie kann nicht sprechen«, führt er weiter aus.
»O. k., bleib am Telefon sitzen, ich kümmere mich drum.«
»Das ist doch Quatsch, hol uns hier ab, meine Sachen hab ich schon zur Hälfte gepackt, nicht sprechen kann sie zu Hause auch. Mich bringt das hier um.« Er hat seine Entscheidung getroffen.
»Lass mich das erst einmal klären«, versuche ich noch einmal.
»Fahr los, dann bist du zum Mittagessen hier, dann können wir schon zu Hause Abendbrot essen. Gemeinsam, das wär doch schön«, macht mein Vater eine klare Ansage, Widerspruch unerwünscht.
»Mammi braucht Therapie. Ihr seid erst den zweiten Tag da, ich melde mich gleich wieder, in Ordnung?«, sage ich sanft und freundlich, während ich innerlich zu kochen beginne.
»Hab ich eine andere Wahl?«, er legt auf.
Die Disponentin der Therapieabteilung erklärt, dass die ein-

geteilte Logopädin, Frau Meier, überraschend krank geworden sei und deshalb die – noch nicht begonnene – Therapie bis Mittwoch nächste Woche ausfällt. Auf meine Nachfrage, warum meine Mutter nicht bei einer anderen Logopädin disponiert wird, erhalte ich die Antwort, man müsse sparen, deshalb gäbe es nur noch eine weitere Logopädin und die sei ausgelastet. Unhöflich wird das Gespräch abgewürgt. Einer Eingebung folgend rufe ich die Zentralnummer der Klinik an und frage direkt nach Frau Meier, der Logopädin, die krank sein soll, und siehe da, mir wird mitgeteilt, dass Frau Meier bis Mittwoch nächster Woche in Urlaub ist. Sie ist bereits seit einer Woche in der Türkei. Ich rufe den Stationsarzt meiner Mutter an, ein netter Arzt aus Polen, der in dem Aufnahmegespräch meiner Mutter als Reha-Therapie-Ziel eine Verbesserung der Sprache und der Mobilität sowie Aktivierung ihrer Ressourcen definiert hatte. Er pflichtet mir bei, dass das eine unmögliche Situation ist. Ich mache ihn zu meinem Ratgeber, mit wem muss ich wie, wann sprechen, damit sie Logopädie bekommt? Er rät mir, dem Chef der Klinik ein Fax zu schicken: »Wenn ich es sage, besteht er auf dem Sparkurs, den der Träger der Klinik vorgibt, wenn Sie es sagen, kann er handeln. Sie unterstützen ihn eher.« Gut denn, ich renne in meine Wohnung und setze handschriftlich ein Fax an den Klinikchef auf. So in dem Sinne, dass wir extra diese Rehaklinik wegen ihres hervorragenden Rufs bei Aphasie-Kranken ausgesucht und gegenüber der Krankenkasse durchgesetzt haben, und nun ... das kann doch nicht sein, dass der Qualitätsstandard der Klinik nicht gewahrt wird ... sowieso den Patienten nur eine kurze Zeit für die Reha zur Verfügung steht, ich um eine optimale Nutzung bitte und so weiter und so weiter ... mit freundlichen Grüßen.

Ich rufe meinen Vater wieder an und bitte ihn, sich noch ein bisschen zu gedulden. Er will wissen, was ich unternommen habe. Ich berichte es ihm. »Das ist mir unangenehm, so ein Aufstand, musst du dich wieder in den Mittelpunkt stellen?«, antwortet er mir. Ich gehe darauf nicht ein. Nach weiteren Einwänden seinerseits antworte ich doch: »Das ist ein wichtiges Zeitfenster für Mammi, die Reha ist teuer, sie bekommt maximal vier Wochen und dein Aufenthalt kostet auch 60 Euro am Tag.« – »Vier Wochen! Das halte ich nicht aus, das muss dir klar sein, mehr als die Woche schaffe ich nicht. Ich hab doch dein Wort?«, er klingt

ängstlich, ich genervt: »Ja, du hast mein Wort, ich werde es einhalten.« Ich finde das Verhalten meines Vaters strapaziös. Auch
herzlos. Ich weiß noch nicht, dass er an seine Grenzen kommt,
Angst hat, sich zu verlieren. Dann erkläre ich meiner Mutter
alles noch einmal. An ihrer Reaktion merke ich, dass sie meine
Vorgehensweise gut findet. Zwei Stunden später klingelt mein
Handy. Die Disponentin gibt mir überfreundlich die Therapie-
termine meiner Mutter durch. Gewonnen!

An der Diele wird mit Hochdruck gearbeitet. Für mich ist das
Tempo immer noch zu langsam. Ich mache alle Ritzen sauber.
Dazwischen habe ich immense Hustenanfälle durch den Staub.
Nach zwei Stunden mache ich erschöpft Pause, auch wenn es mir
keiner glaubt: Ich kann mich einfach nicht länger konzentrieren.
Dieses Aufräumen ist auch eine Reise in die Vergangenheit. Eine
Konfrontation mit Verdrängtem. Eine Aufarbeitung. Insgesamt
seelisch, emotional, auch körperlich sehr anstrengend.

Um 20.20 Uhr rufe ich meine Eltern an. Nach dem Abendessen,
nach »heute« und nach der »Tagesschau«.
»Ilse, ja?«, fragt mein Vater.
»Ja, guten Abend.«
»Ja, also deine Intervention war erfolgreich. Deine Mutter hat
drei Therapien bekommen: Logopädie, Mobilität und ein Ein-
zelgespräch, war natürlich Quatsch, aber gut, es läuft jetzt an,
aber am Wochenende ist wieder nix.«
»Wie geht es dir?«, frage ich.
»Was soll ich antworten: schlecht, aber das willst du nicht hören.
Warum glaubt mir eigentlich keiner?« Seine Stimme klingt dabei fröhlich!
»Vielleicht weil du schon seit Jahren täglich mehrmals sagst, dass
du stirbst und wir das mehr als eine Stimmungsäußerung begreifen. Oma ist auch 16 Jahre jeden Tag mehrfach gestorben und als
es ans Sterben ging, wollte sie nicht und hat noch zwei Jahre ohne
Todesgejammere gelebt«, erkläre ich.
»Ja, stimmt schon, aber ich habe nie gesagt, dass es mir schlecht
geht.« – »Stimmt, wie kann ich dir helfen?« Eine neue Dimension
öffnet sich zwischen uns, in mir ist Frieden, wie ich meinem Vater zuhöre.

141

»Mir ist nicht zu helfen, das isses ja, ich kann es nicht beschreiben.« – »Versuch es.«

Er stöhnt auf: »Ich kann es nicht, wirklich, ich möchte ja, es geht nicht, ich kann es nicht. Da wird noch was auf dich zukommen.«

»Das schaffen wir schon«, versuche ich ihn zu beruhigen.

»Ja, das ist lieb, ich glaub aber nicht dran: ›Obit anus, abit onus.‹ Der Alte ist tot, die Bürde ist weg.‹ Das wünsche ich dir.«

»Ist das auch Schopenhauer?«, frage ich.

»Ja. Wir sind Brüder im Geiste«, antwortet er ernst.

»Na, hoffentlich habe ich das nicht geerbt«, entfährt es mir.

Er ist nicht erschrocken über meine Worte. Ruhig und freundlich geht mein Vater darauf ein: »Ja, das hoffe ich auch für dich, deine Mutter wartet hier neben mir, wir sind fertig, ich gebe weiter.« Meine Mutter ist guter Stimmung. Ein Wort hat sie wiederentdeckt:

»Toniette … lette, lette, To … lette.«

»Lette? Das hab ich immer als kleines Kind zu Toilette gesagt.« – »Lettetomoschne, lettako.«

»Du kannst das besser: Toilette.«

»Lette.«

»To, Tooo, Tooo.«

»Tooschalette. Letteschma«, wir lachen beide.

»Toilette«, sage ich. »Rasselschmalette«, antwortet sie.

»Toilette.«

Dann vollkommen deutlich:«Toilette, ja, ja, TOILETTE.«

»Ja, dann geh doch endlich, bevor was passiert, dann rede ich mit Ilse solange.« Mein Vater hat den Hörer an sich genommen, meine Mutter lacht im Hintergrund:

»Schmette, Kette, Nette, Toiletteschma …«

Er sagt: »Entschuldige, sie muss zur Toilette, was ich noch sagen wollte, wann kommst du?«

»Am Mittwoch, wie versprochen. Indianerehrenwort.«

»Ja, gut, geh an den Schrank in meinem Zimmer, linke Tür, mittleres Fach, rechts, da liegt ein Ordner mit der Aufschrift ›Steuer 2004‹, den bringst du bitte mit. Ich will dir zeigen, wie du die Steuer für uns beide machen musst, wenn ich nicht mehr kann.«

»Gut, bringe ich mit. Gute Nacht, schlaft gut.«

Zwei Väter, die sich mochten

Früher war es mir streng verboten, das Zimmer meines Vaters allein zu betreten. Ich fühle mich auch heute unwohl. Diesen Schrank habe ich noch nie berührt. Exakt wie von meinem Vater beschrieben, finde ich die Steuerakte. Darunter die Jahre rückläufig geordnet. Der ganze Schrank ist akribisch geordnet. Auf einem Stoß springt mir ein handschriftliches Etikett »Sterbebuch« ins Auge. Mein Herz klopft schneller. Minutenlang starre ich den Einband an. Dann nehme ich die Kladde und setze mich in seine ehemalige Empfangsecke, ein runder Tisch mit Sofa und zwei Sesseln gegenüber vom Schrank. Das Material des Buches ist müde. DIN-A4 im Querformat. Den Deckel hat mein Vater mit einem ausgeschnittenen Zeitungsbild eines Cartoons der Arche Noah beklebt, das Papier ist weich und vergilbt. Mit seiner akkuraten, etwas steilen Schrift steht auf der ersten Seite ein Inhaltsverzeichnis: Daten für Erben: Begräbnis, amtliche Stellen zu benachrichtigen, zu kündigen, Vermögen, Wohnung, bestehende Abbuchungen, Akten: STEUER, nach Tod, Bankverbindungen, Testament, zu benachrichtigen, Todesanzeigen, Formulare eines Beerdigungsinstituts. Am Ende steht: begonnen 1975. Was war 1975? Mein Vater war 54, meine Mutter 53, ich 18 Jahre alt und lebte schon nicht mehr zu Hause. Wieso hat er sein Sterbebuch mit 54 Jahren angelegt? Oma war erst 1986 im 91. Lebensjahr gestorben. Unter der Rubrik »zu benachrichtigen« sind säuberlich 63 Namen mit Adresse und Telefonnummer aufgelistet. 60 Namen sind mit Lineal ausgestrichen. Am Rand stehen Sterbedaten. Ein Friedhof auf Papier. Drei Namen sind übrig geblieben: Familie Kirsch, »Foto Berlin«, seine ehemaligen Klienten und gute Bekannte, Tetzmann, sein Kollege, und Kohler, sein Schulfreund aus der Oberschule, die mein Vater auf Bestreben seines Stiefvaters abbrechen musste. Etwas, was ihn heute noch kränkt. Er ist überzeugt, dass das sein Leben vermasselt hat.

In der Freundesliste entdecke ich auch Bobchens Namen: Robert, Bobchen, Biberti, Schlüterstraße Berlin, gestorben: 2. 11. 1985. Ich weine. Diese Entdeckung ist ein Geschenk für mich.

Ich sitze in der stillen Wohnung. Ich bin dankbar, dass meine Eltern leben, dass ich keinen Nachlass ansehe, sondern Besitztümer von Lebenden. Ich kann sie fragen, gleich morgen früh am Telefon. Ich bin dankbar für diese Chance. Ich starre auf die Liste der Freunde meines Vaters. Sinn des Lebens? Kenne ich ihn, den Sinn *meines* Lebens? Im Moment kenne ich ihn wohl nicht. Immerhin kann ich meine Depression schon als Brücke zu einem neuen Leben begreifen. Empfinde sie nicht mehr als Schwäche. Anerkenne meine Trauer und Wut über Clemens' Freitod. Irgendwie robbe ich mich durch einen Tunnel zu einem neuen Leben. Ich werfe Ballast ab. Wandle mich. Gerade der Schock um meine Mutter bricht alte, routinierte Choreographien des Miteinanders zwischen uns dreien auf. Wir lernen uns neu kennen. Vater, Mutter, Kind. Alle Beteiligten sind erwachsen! Eigenverantwortlich! Wir begegnen uns zunehmend auf Augenhöhe. Die mich hemmenden Glaubenssätze aus meiner Kindheit verlieren an Kraft. Die Karten werden neu gemischt auf dieser Grundlage. Ich trete in eine neue Eltern-Kind-Phase ein. Ich trenne mich von dem Elternbild meiner Kindheit. Durch das Räumen lerne ich Anneliese und Rolf kennen, die meine Mutter und mein Vater ja auch immer waren. Damals wie heute. Als Clemens verschwunden war, die Polizei die Vermisstenanzeige aufgenommen hatte, habe ich Freunde von ihm an einen Tisch gebeten. Meine Idee: Jeder packt sein Wissen über Clemens aus, im Klartext, rücksichtslos. Jeder von uns kannte einen anderen Clemens, jeder nur einen Teil des Ganzen. Sechs Wochen später wurde er tot gefunden. Es hat uns alle verändert.

Die Todesanzeige von Bobchen fällt aus der Kladde. Schon ab meinem dritten Lebensjahr war ich von den Damen der Familie regelmäßig ins Theater mitgenommen worden. Mit 13 ging ich zum privaten Schauspielunterricht von Tamara Stiebner. Bereits nach einem halben Jahr war mir klar, dass ich lieber Regisseurin werden wollte, ich wollte Schatzheber bei den Schauspielern sein, eigene Visionen umsetzen. Mit 14 ging ich nach der Schule in die Freie Volksbühne in West-Berlin zu einer öffentlichen Generalprobe. Kurt Hübner, der Intendant, hatte inszeniert. Er war der revolutionäre Theaterregisseur seiner Zeit, der Vater der Peter-Stein-Ära.

Nach der Probe versammelten sich das Ensemble und Freunde im oberen Foyer. Irgendwie war ich mit eingeladen. Nach eini-

ger Zeit nahm ich allen Mut zusammen, bat Kurt Hübner mit
klopfendem Herzen um ein kurzes Gespräch. Hübner war eine
für mich elegante, verwegene, leidenschaftliche Künstlerpersön-
lichkeit. Sehr beeindruckend. Ich hatte seine Inszenierungen
fünf-, sechsmal gesehen, oft als Blinder Passagier eingeschmug-
gelt durch den Bühneneingang. Ich sah androgyn aus: große Augen, 20er Jahre Lulu-Haarschnitt, knabenhaft schlank, aber mit
Busen. Ich gefiel Hübner. Als er mein Anliegen hörte, ob ich
seine zweite oder dritte Regieassistentin sein dürfte, drehte er
sich um, verkündete das mit großer Geste seinen Mitarbeitern.
Seine Arie endete ungefähr mit dem Satz: »So sieht die Konkur-
renz der Zukunft aus.« Irgendwie wurde ich bestaunt, oder ausgelacht? Ich fühlte mich jedenfalls bloßgestellt. Ein älterer Mann
trat auf mich zu und fragte, ob er mich auf ein Wasser an die Bar
einladen dürfte. Dankbar nahm ich an. »Bobchen«, stellte er sich
mit leichtem Diener vor. So würden ihn alle nennen. Gut, gern,
warum nicht. Wir unterhielten uns lange über das Theater, meine
Ausbildung bei Frau Stiebner, das Leben. Ich fühlte mich ernst
genommen, irgendwie besonders. Am Ende verriet er mir seinen
»Fix de Jour«: jeden Morgen ab 11 Uhr im Café Bristol am Kur-
fürstendamm. Ich sei herzlich willkommen.

Wenig später ging ich hin, so gegen 14 Uhr. Ich konnte ja nicht
früher wegen der Schule. Bobchen war gerade im Aufbruch, freute
sich aber, blieb, eine große Auszeichnung, wie ich später erfahren
sollte. Ich fragte Bob, das »-chen« fand ich ein bisschen albern für
einen Mann Ende 60, ob ich ihn für die Schülerzeitung meines
Gymnasiums zum Dritten Reich interviewen dürfe. Er hätte es
doch sicher erlebt? Ich wusste nicht, wer mir gegenübersaß, ich
wusste nicht, dass Bobchen, Robert Biberti, der Mitbegründer und
Bassist der Comedian Harmonists war. Dass dieses Gesangsen-
semble so berühmt war wie später die »Beatles«. Dass sie die erste
Boygroup der Welt waren. Dass die Comedian Harmonists von
der Reichsmusikkammer verboten worden waren. Dass das Ensemble sich zwangsweise in Juden und Arier aufteilen musste. Das
totale Aus auf dem gemeinsamen Zenit ihres weltweiten Erfolges.
Die Arier traten als »Meistersinger – ehemals Comedian Harmonists« im deutschen Reich auf. Die verjagten Mitglieder gründe-
ten ein neues Ensemble unter dem Originalnamen, sangen im Rest

der Welt. Das Ensemble zerstritt, verfeindete sich durch die politischen Verhältnisse. Selbst wenn Bobchen mir seinen Nachnamen gesagt hätte, ich hätte nichts damit anfangen können. Selbst Comedian Harmonists hätten mir nichts gesagt. Bobchen, der auf dem Kosenamen bestand, gab mir widerwillig Auskunft über den Krieg, ohne seine persönliche Vergangenheit mit den Comedian Harmonists zu erwähnen. Unsere Gespräche vertieften sich. Er erzählte mir viel über das Theater seit den frühen 20er Jahren, über das Kabarett von damals bis heute. Er lud mich ins Theater und zu den Premierenfeiern ein. Praktisch jeder Theater- und Filmmensch, der in Berlin wohnte, gastierte oder zu Besuch war, kannte Bobchen. Wen ich alles kennenlernte! Hildegard Knef, OE Hasse, Maria Schell, Martin Held… Wir wurden unzertrennlich, beste Freunde. Er hätte mein Großvater sein können. Da ich nie einen Großvater hatte, war ich mir dessen nicht bewusst. Aus dem Altenheim war ich gewohnt, alte Freunde zu haben. Er kokettierte mit mir, ließ bewusst offen, welche Art der Beziehung wir hatten. Als ich es bemerkte, verlangte ich eine Klärung. Ich hatte einen Freund, diese Zweideutigkeit war mir unangenehm. Unangenehm für ihn, denn ich fand, er machte sich lächerlich. Zu einem Dirty-old-finger. Bei »Diener«, einem seiner Stammlokale, betätschelte er die Oberschenkel von jungen Damen, rituell. Jeder bekam es mit, sollte es auch, nehme ich an. Ich schämte mich. Als er wieder einmal einen doppeldeutigen Spruch beim Verlassen des Lokals auf meine Kosten gemacht hatte, kam es zu einem ultimativen Krach. Bobchen hatte mir die Kultur des Streites beigebracht. Zum ersten Mal in meinem Leben sagte ich alles, was ich dachte, und dann sogar, was ich fühlte. Wir hatten eine Verabredung, dass egal, was passiert, wir nach einer Woche einen Kaffee zusammen trinken würden. Oder wie er sagte: du eine Schokolade und ich einen Kaffee. Das gab mir den Mut zu einer bedingungslosen Offenheit. Meine Vorwürfe, Mahnungen, Einwände waren eigentlich eine Liebeserklärung. In dem Streit wurde gebrüllt, gelacht, am Ende ging ich, ihn beleidigend, Türen knallend und mit dem Bewusstsein, nie, aber auch nie wieder mit ihm etwas zu tun haben zu wollen. Aus. Vorbei. Basta.

Es arbeitete in mir. Ich fand meine letzten Worte unpassend, da hatte ich wirklich jede Beherrschung verloren. Das war nicht das Niveau, das ich mir für mich vorstellte. Ich wusste nicht einmal, dass ich diese Worte kannte. Nach einer Woche und einem Tag ging ich ins Bristol. Als Dickkopf aller Dickköpfe machte er es mir nicht leicht, aber ich mir. Ich entschuldigte mich für die Beleidigung, blieb in der Sache aber klar, unverrückbar.

Bobchen sagte todernst: »Dann muss ich dich heiraten!« Ich hätte ihn ohrfeigen können. Er verstand wirklich nichts. Wir sahen uns fortan selten. Irgendwann gestand er mir, dass er sich immer eine Tochter wie mich gewünscht hätte. Dickköpfig wie er selbst, humorvoll, mutig den Dingen auf den Grund gehend. Er machte mir einen Antrag. Er wollte mich adoptieren. Das wollte ich nicht, schließlich hatte ich Eltern. So wurde ich die Tochter seines Herzens. In dieser Zeit hatte mich mein Vater offiziell verstoßen, enterbt, gestrichen aus seinem Leben. Gegen den Namen »Pfeiffer« hatte mein Vater die allergrößten Vorbehalte. Er hasste den Namen seines verlorenen Vaters, der sich nie um ihn gekümmert hatte. Ich hatte auch keine Verbindung zu dem Namen. Bob und ich gingen zur Polizei und ließen Ilse Biberti als Künstlernamen in meinen Pass eintragen. Jahre später wollte ich meinem leiblichen Vater die Ehre erweisen und habe meine neuen Vorstellungs-Video-Kassetten für TV-Serie, Kinderfilm, Dokumentation, Werbung, Industriefilm, Fernsehspiel und ein Demo als Schauspielerin auf den Namen Ilse Pfeiffer-Biberti herstellen lassen. Der Erfolg: Meinem Vater ist es nicht einmal aufgefallen, und in der Branche wurde ich statt unter »B« nun unter »P« abgelegt. Keiner konnte so das neue Material meiner Person zuordnen. 10 000 DM in den Wind geschossen.

Meiner Großmutter väterlicherseits fiel jedoch auf, dass ich einen Freund hatte, den niemand kannte. Tatsächlich hatte ich ja zwei. Mein Liebhaber war mein Geheimnis. Kurzentschlossen lud sie Bobchen zum Tee. Meine Großmutter war weit über 80, halb taub, fast blind, sehr stolz. Allein lebend in ihrer kleinen Ein-Zimmer-Wohnung. Sie öffnete uns die Tür. Sie sah Bobchen und strahlte wie ein Backfisch: »Robert Biberti, was für eine Ehre.« Ich verstand gar nichts mehr. Bobchen küsste meiner Großmutter galant die Hand. Kannten sie sich? Nicht persönlich. Meine Oma hatte für Bob und seine Musik geschwärmt, besaß seine Platten, war in seinen Konzerten gewesen.

Über meine Großmutter wurde Bobchen nun ein Familienmitglied, meine Mutter flirtete mit ihm, mein Vater, bei dem ich
einen Kotau gemacht hatte, Oma zuliebe, schätzte ihn. Auch,
weil er mir die Film- und Theaterwelt entzauberte, keiner meiner Väter wollte meine berufliche Zukunft in dieser Welt sehen.
Meine Großmutter wollte, dass ich Postbeamtin werde, wegen
der lebenslangen Sicherheit. Sie starb in dem Wissen, dass dieser Wunsch unerfüllt bleiben würde. Für meinen Vater war klar,
dass ich seine Steuerkanzlei übernehmen würde. Meine Mutter
wollte aus mir eine Studienrätin machen. Bis auf meine Regiearbeit fand Bobchen eigentlich alles, was ich als Schauspielerin
oder Autorin arbeitete, nicht erwähnenswert. Er war ein verbit-
terter Egoist, der mit der Welt zynisch abgeschlossen hatte. Von
seiner glorreichen Vergangenheit wie auch von seiner umstritte-
nen politischen Haltung in der Kriegs- und Nachkriegszeit, den
Beschuldigungen, Prozessen, Verurteilungen wollte er nichts
mehr wissen. Bei einer Dokumentation von Eberhard Fechner
machte er mit, wissend, dass die Aussage zu seiner Person an der
Oberfläche bleiben würde. Es war ein Interview-Film. Er war
nicht willens, mehr als das von ihm ohnehin Bekannte preiszu-
geben. Schade.

Meine bedingungslose, begeisterte Zuwendung zu ihm –
meine Fragen, meine Forderung nach Austausch, Diskussion
und Entdeckung – erreichten ihn. Alle anderen sahen in ihm den
Sänger von Comedian Harmonists, einen Promi oder einen
War-Mal. Ich kannte nur den Bob jetzt. Ihn meinte und liebte
ich. Seine Vergangenheit war seine Vergangenheit. Über die ich
aber heftig Auskunft verlangte und bekam. Ich sah ihn kritisch,
fand einen Teil seines Verhaltens traurig. Ich trommelte an seine
inneren Tresortüren, wir kämpften, stritten. Am Ende aller unserer »Zu«einandersetzungen konnten wir herzhaft zusammen
lachen. Was für ein Leben hatte Bobchen, unglaublich, was für
eine Biographie. Unsere Verbindung gab uns beiden Halt, ohne
einengend zu sein. Der erwünschte Effekt, dass die zweideuti-
gen Gedanken um unsere Freundschaft durch die Vater-Tochter-
Regelung aufhören würden, waren Illusion. Erst Jahre später
hörte ich von den Verleumdungen, der Häme, den Gerüchten.
Da war es mir bereits wurscht.

1985 musste Bobchen ins Krankenhaus. Ich war viele Stunden,

Tag und Nacht bei ihm, bis die Ärzte mich von seinem Sterbebett wegschickten, drei Tage lang haben wir uns verabschiedet. Am vierten Tag flog ich nach München. Bobchen und ich hatten Jahre vorher gemeinsam im Kino »Limelight«, einen Film von und mit Charlie Chaplin, angesehen, in dem Chaplin als Voudeville-Star während seiner Vorstellung stirbt. Er ist glücklich, auf seiner geliebten Bühne zu sterben. Er ist mit dem Tod einverstanden. Damals ergriff Bobchen meine Hand und flüsterte, so möchte ich auch sterben. In München war ich zur Premiere von André Hellers »Begnadete Körper« ins Deutsche Theater eingeladen. Meine Gedanken, mein Herz waren während der ganzen Vorstellung in Berlin bei Bobchen. In diesen Minuten ist er gestorben.

Der dritte Tag der Reha. Die Diele sieht aus wie eine Baustelle. Der Gasherd wurde abmontiert, die Leitungsrohre abgebaut. Der Maler ist nicht gekommen! Pünktlich um 20.20 Uhr rufe ich in Feldberg an. Ehe überhaupt ein Freizeichen ertönt, ist mein Vater schon am Telefon: »Ilseee?«

»Ja, ich bins, guten Abend.«

»Ja, ich hab was vorbereitet: ›Jede Lebensgeschichte ist eine Leidensgeschichte, eine fortgesetzte Reihe großer und kleiner Unfälle.‹ Bei uns sind jetzt nur noch große Unfälle zu erwarten.«

»Ist das auch Schopenhauer?«

»Ja, eine Mischung aus ihm und mir.«

»Kann man das nicht auch so sehen? Nach dem Gesetz der Serie sind aller guten Dinge drei: dein Schlaganfall, dein Unfall und nun Mammis Schlaganfall.«

»Was willst du damit sagen?«, fragt er streng.

»Dass nach drei Herausforderungen nun sieben Belohnungen erfolgen werden«, strahle ich durchs Telefon.

»Wer sagt das?«, knurrt er.

»Ich!«

Mein Vater geht zum nächsten Thema über: »Deine Mutter ist nicht da, sie hat noch eine Therapie, hab nicht verstanden was. Ich hab so einen Durst, das ewige Leitungswasser schmeckt nicht.«

»Ich kümmer mich drum.«

»Du kommst uns doch besuchen? Morgen ist Sonnabend!«

»Ja, ich komme am Vormittag.«

Nach einem freundlichen Telefonat mit einer Schwester aus dem Stationsteam erfahre ich, dass in allen Fluren Wasserspender stehen und Karaffen mit Tee und Saft. Mein Vater traut sich nicht, die Getränke glasweise ins Zimmer zu tragen. Verständlich, er hat eine Ganglabilität von seinem Schlaganfall zurückbehalten. Er möchte nichts verschütten, es wäre ihm peinlich. Mir wird versichert, dass sie ab morgen zwei Liter ins Zimmer gestellt bekommen. Leider in Einliterkannen, die meine Mutter gar nicht und mein Vater kaum heben können wird. Mein Vater bekommt eine neue Aufgabe: Er ist für die Getränke-Einfuhr meiner Mutter und deren Dokumentation zuständig. Die Vordrucklisten der Rehaklinik verbessert er mit der Zeit um weitere Spalten. Das ist sein Element.

Die Skalpierung

Nachdem ich einen Vorrat an guten Fruchtsäften eingekauft habe, die ich bei meinem morgigen Besuch mitnehmen will, beschließe ich, noch ein paar Stunden weiter aufzuräumen. Als ich die Eingangstür zum Treppenhaus meiner Eltern aufschließe, überwältigt mich ein Déjà-vu:

Der gleiche Schreck wie damals vor drei Jahren durchzuckt mich. Mein Vater saß im Treppenhaus auf der vorletzten Stufe. Sein Kopf lehnte gegen die Säule, die das Geländer beendet. Den Hut hielt er in seinen Händen.

Im Dezember vor drei Jahren hatten wir uns zu einem klassischen Familien-Sonntag verabredet: Auf dem Herd stand eines der Lieblingsgerichte meines Vaters: Tafelspitz, in den Backofen hatte ich gerade einen Apfelkuchen geschoben. Um beiden einen Gefallen zu tun, war ich richtig im Sonntagsstaat gekleidet: Kleid mit passendem Blazer, Schuhe von Pollini, Mantel mit Tuch und Handschuhen. Sonst besuche ich meine Eltern eher unaufwändig leger gekleidet. Mein Vater hatte sich schick gemacht mit weinrotem Lederblouson, Paisley-Schal und Hut. Meine Mutter sowieso immer gut gekleidet in einem Wollkostüm mit

150

Kaschmirmantel, Hut, Schal, Handschuhe, Tasche. Wir machten uns auf zu einem Spaziergang.

Geplant war, die vielleicht 40 Meter von unserem Haus zu der Kleingartenkolonie am Teltowkanal vorzugehen. Bis dahin gibt es zwei Bänke zum Ausruhen zwischendurch. Meine Eltern lieben Natur: Landschaften, Blumen, Tiere. In der Mitte der Kolonie gibt es einen Weg, von dem die Grundstücke abgehen. Es gibt immer etwas zu entdecken, und seien es Gartenzwerge, die ihr Röckchen heben und die mein Vater mit »Pfui!« kommentieren würde. Wenn wir als Familie das Haus verlassen, folgt das einem unabgesprochenen Ritual. Mein Vater ist mindestens eine halbe Stunde vorher bereits in Hut und Mantel, geht aber noch etliche Male zur Toilette, man kann ja nie wissen. Meine Mutter zieht sich gewissenhaft und schick an. Passt der Hut? Oder doch lieber ein anderer bei dem Wetter? Handtasche mit Geld ist Standard, vielleicht kehren wir doch irgendwo ein und sie könnte uns mit Freude einladen. Mindestens acht Minuten bevor meine Mutter in den Hausflur tritt, macht sich mein Vater an den Abstieg. Normalerweise steht er dann eine Straßenecke weiter und wartet, damit die Einbrecher nicht sehen, dass die ganze Familie das Haus verlässt. Bei kürzeren Ausflügen wie damals würde er unten im Haus warten und die Tür aufhalten. An jenem Sonntag im Dezember gab es einen Stau auf der Toilette, so dass wir alle fast gemeinsam aufbrachen. Mein Vater zwei Stockwerke vorweg, dann ich, dann meine Mutter Füßchen zu Füßchen, was ihr peinlich war, wobei ihr niemand zusehen sollte.

Mit 45 Jahren durfte ich mittlerweile auch die Wohnungstür abschließen, wurde aber in jedem Fall ermahnt und danach abgefragt, ob ich das auch richtig gemacht hätte. Wir haben ein Stangen-Sicherheits-Gefahren-Schloss. Ich überholte meine Mutter und ging gemächlich runter. Weder wollte ich meinen Vater drängeln noch meiner Mutter weglaufen. Ich hörte einen leisen Laut von zwei Stockwerken tiefer, der in mir den Impuls auslöste, die Treppe runterzurennen, so schnell ich nur konnte. Ohne zu denken, wie von Furien gehetzt, selbst als Kind hätte ich dieses Tempo nicht draufgehabt. Im Parterre sah ich meinen Vater vorn übergebeugt innen vor der Haustür stehen, mit einer Hand hielt er sich an der Heizung fest, mit der anderen seinen

Kopf. Der Hut lag am Boden. Ich erreichte ihn und griff von hinten an seine beiden Schultern. »Ich weiß gar nicht, was passiert ist.« Er hob seinen Kopf und nahm die Hand weg – mit voller Wucht strömte Blut aus seinem Schädel. Ich geleitete ihn zu der letzten Stufe, nötigte ihn, sich hinzusetzen. Seine Kopfhaut hing wie abgeklappt über seinem rechten Ohr. Ein Schnitt von der Mitte der Stirn zwischen den Augenbrauen quer über den ganzen Kopf bis hin zum Nacken. Wie eine in der Mitte zerschnittene Badekappe. Das Blut quoll unaufhörlich hervor. Mein Vater sah mich erstaunt an. »Hast du Schmerzen?«, fragte ich ihn. »Nein.« Ich zeigte ihm zwei Finger. »Wie viele sind das?« – »Zwei.« – »Ist dir schwindelig?« – »Nein.« Er merkte nicht, dass Blut aus ihm herausfloss. Ich griff in meine Manteltasche: kein Handy. Mist, ausgerechnet, aber ich dachte, ich bin mit beiden Eltern unterwegs, dann bräuchte ich es einmal nicht dabei zu haben. »Ist was bei euch?«, fragte meine Mutter zwei Stockwerke höher. »Nein, lass dir Zeit«, antwortete ich. Mein Vater wollte aufstehen: »Es geht schon wieder, bin nur mit dem Hacken hängen geblieben.« Er beugte sich nach vorn und sah nun das Blut, dass seine beige Hose durchtränkt hatte. »Ach, jetzt mach ich mich auch noch schmutzig, das ist nicht gut.« Ich drückte ihn zurück. »Du bleibst hier sitzen, ich bin gleich wieder da.« Auf dem rot-schwarzen Kachelboden im Treppenhaus stand eine Blutlache. Plötzlich sah ich mich seine Kopfhaut an den Rändern greifen, wieder hochziehen und leicht auf den Schädel andrücken.

»Das tut ordentlich gut, gestreichelt zu werden«, lächelte er mich schüchtern an.

»Halt das so.« Blut tropfte auf seinen Blouson. Er versuchte seinen Kopf weit von sich zu recken, um die Textilien nicht weiter zu beflecken.

»Das ist egal, heb den Kopf, atme bewusst und schau nach oben.«

»Du bist gut! Ich will nichts unnötig verschmutzen.«

»Das ist jetzt unwichtig. Halt den Kopf hoch. Mach das einfach, bin gleich zurück!«

Dann rannte ich los. In der ersten Etage klingelte ich bei beiden Wohnungen: keine Reaktion. Meine Mutter bog um die Ecke: »Was ist denn, ich spür doch was.«

»Bleib ganz ruhig, Papo hat sich gestoßen, ich rufe einen Krankenwagen, bleib am besten hier stehen.«

Bei den nächsten Stockwerken schlug ich, trommelte ich an die Tür. Endlich machte die Mutter eines Schulfreundes auf. Ihr Hund, Chenty, stürzte sich mit Freudengeheul auf mich.

»Was is denn, Illeken, ich bin noch nicht taub.«

»Ruf die Feuerwehr an, einen Krankenwagen, Vater ist gestürzt, er verblutet, er nimmt das Blutverdünnungsmittel Makromar!«

»Ich sag Herzinfarkt, dann kommen sie schneller«, sie rief den Hund und die Katze zurück, die beide runterrennen wollten. Die Nachbarn unter uns aus Finnland, sie waren gerade Eltern geworden, öffneten sofort:

»Haben Sie Verbandszeug? Oder bügeln Sie ein Geschirrhandtuch, eine Windel.«

»Wieso? Die sind schon gebügelt!«

»Bügeln Sie sie so heiß wie möglich, um sie steril zu machen«, mein Hirn ratterte weiter. »Gehen Sie runter zu meinem Vater. Ich komme gleich. Ein Glas Wasser mitnehmen.«

Der Mann fragte: »Und die Feuerwehr?«

»Ruft Frau Erler.«

»Doppelt ist besser«, antwortete er.

Ich erreichte unsere Wohnungstür. Dieses Scheißschloss. Ich zwang mich zur Ruhe, na ja, ich schaffte es, den Schlüssel nicht abzubrechen. Man muss ihn, um die Tür zu öffnen, in drei Schlösser stecken. Ich riss die Medikamente von meinem Vater aus seinem Schrank, wo war seine Krankenkassenchipkarte? Wo sein Personalausweis? Ich riss den Schreibtisch auf, wühlte wie ein Einbrecher alle Schreibtischladen durch und fand letztlich alles. Ich stand in unserer Diele und redete zum ersten Mal in meinem Leben mit mir selber: »Was brauche ich noch?« Geld, Autoschlüssel, Handy … Der Tafelspitz kocht, der Apfelkuchen ist im Rohr! Herd ausschalten! Erledigt. Ich knallte die Tür zu und rannte vier Stufen auf einmal nehmend die Treppe wieder runter. Frau Erler rief mir hinterher: »Die kommen gleich, hab denen Angst gemacht. Alles Gute, sag Bescheid.« Unten angekommen, sah ich meine Mutter vor meinem Vater stehen: »Nun reiß dich mal zusammen.«

»Aber das kann doch mein Ende sein, man muss doch der Realität ins Auge sehen.«

»Davon will ich nichts hören.«

Er nickte: »Es war eine schöne Zeit mit dir. Danke für alles

Schöne.« Der finnische Nachbar stand über meinen Vater gebeugt und fing ringsum das Blut mit Papier von einer Küchenrolle auf. Seine Frau kam die Treppe heruntergeeilt. Sie zeigte mir ein sauberes, vom Bügeln noch warmes Geschirrhandtuch und eine original verpackte Mullbinde. Wir umwickelten den Kopf meines Vaters mit der Binde. Das Martinshorn war zu hören. Wir hatten gerade den Verband fertig. Blaulicht zuckte vor unserem Haus. Die Sanitäter stürmten herein, wurden durch den Anblick meines Vaters in ihrer Aktivität jedoch gestoppt. Das Opfer bei Bewusstsein mit einem schneeweißen, blütenreinen Kopfverband? In ihren Augen ein Grund zur Entwarnung. »Guten Tag, die Herren, das ist mir jetzt peinlich, so viel Aufwand«, entschuldigte sich mein Vater. Ich erklärte: »Er ist gestürzt, der halbe Schädel ist offen, er hat mindestens einen Liter Blut verloren, er nimmt Makromar, Blutverdünner, höchste Dosis, hatte einen Schlaganfall vor eineinhalb Jahren.« Ein Sanitäter sah hinunter auf seine schönen neuen weißen Sneaker, deren Ränder jetzt rot waren. Er stand in einer Blutlache. Das brachte Bewegung in die Jungs: »Wir bringen ihn ins Krankenhaus, Chip-Karte? Kommen Sie mit an den Wagen.«

»Ich fahre mit.«

»Nein, wir dürfen niemanden mitnehmen.«

»Beim Schlaganfall bin ich auch mit.«

»Bei uns nicht, ist wegen der Versicherung.«

Ich drückte meinem Vater die Hand: »Ich fahre mit dem Auto hinterher.« Mein Vater bestand darauf, selbstständig zum Krankenwagen zu gehen. Er stieg ein. »Das wär' doch nicht nötig gewesen. Irgendwann muss man ja sterben.«

»Na, am besten nicht hier«, erwiderte der Sanitäter. Er nahm ein Klemmbord und wollte die Personalien. Ich gab ihm die Chip-Karte, Personalausweis, Medikamenten-Tüte. Und drängte ihn, die Formalien während der Fahrt zu erledigen. Meine Mutter stand auf ihren Stock gestützt in der Haustür. »Ich komme mit.« Begeistert war ich nicht davon.

In der Notaufnahme des Krankenhauses, besorgte ich als Erstes einen Rollstuhl. Meine Mutter war damals »nur« mit schwerer Arthrose geschlagen. Kein Arzt verstand, dass sie ohne Schmerzmittel nicht ununterbrochen schrie. Sie ist eine Indianerin. Sie entstieg unter Schmerzen dem Auto. Den Rollstuhl ignorierte sie. Sie ging entschlossen in ihrem langsamen Tempo auf die Notaufnahme zu. »Du hast es mir versprochen, bitte setz dich in den Rollstuhl.« – »Ich kann doch laufen.« – »Ich möchte dich jetzt schnell zu Papo bringen. Ich muss das Auto umparken. Ich kann hier nicht stehen bleiben. Das ist für die Rettungsfahrzeuge.« Widerwillig setzte sie sich in den Rollstuhl. Ich schob sie in die Notaufnahme. Im Flur lag mein Vater auf einer Liege. Der Sanitäter war gerade wieder im Gehen. »Alles klar, sie wissen, dass er da ist. Viel Glück.« Wir informierten meinen Vater, dass wir da sind. Dann parkte ich das Auto um. Als ich zurück kam, lag mein Vater immer noch im Flur. Meine Mutter saß unruhig in der Wartezone. Wieder bei ihm, hob ich seinen Kopf an, um den Schal rauszuziehen, ihm war zu warm, dabei entdeckte ich, dass die gesamte Unterlage blutdurchtränkt war, nein mehr, das Blut stand richtig auf dem Papier, dessen Saugfähigkeit erschöpft war. Oben sah der Verband unschuldig weiß aus. Durch die leichte Ankippung des Kopfteils floss alles nach hinten. Mit einem Satz war ich am Aufnahmecounter, überredete eine Schwester, mitzukommen. Hob Vaters Kopf, sie sah das viele Blut. »Ja, der Neurologe kommt gleich«, blieb sie ruhig. »Er hat schon zu Hause mindest einen Liter Blut verloren. Und das hier ist noch mal so viel.« – »Wir kümmern uns drum.« – »Wie viel Blut hat ein Mensch?« Meine Frage wurde nicht beantwortet. »Was ist denn?«, wollte mein Vater wissen. Ich versuchte ihn anzulächeln. Dadurch, dass er den Kopf gehoben hatte, traten aus dem Verband an den Schläfen Blutstropfen hervor, die ihm übers Gesicht liefen. Blut floss nach. Auf der rechten Gesichtsseite verfing es sich im Augenwinkel, bildete einen See. Ich tupfte es mit einem Taschentuch trocken. Drückte den Verband wieder an den Kopf. Dann wurde mir plötzlich, sehr heftig schwindelig. Ehe ich in Ohnmacht fiel, legte ich mich auf den Boden unter das Kopfteil der Trage und stellte meine Füße hoch an die Wand, mein Kleid rutschte. Ich atmete bewusst ein und aus. Kalter Schweiß überall. Immer wieder drohte mein Bewusstsein wegzudriften. Im inneren Dialog wies ich mich zurecht: »Nein, jetzt nicht. Ich bleibe bei Bewusstsein.« Von der Liege über mir fiel ein Blutstropfen auf mich. Die automatische Doppeltür zur Notaufnahme sprang auf und ein neuer Fall wurde eilig hereingeschoben. Ein Sanitäter ging zur Aufnahme, der andere stand beim Patienten. Er blickte auf mich runter und sagte: »You are really white!« Ich sah ihn vom Boden aus an: »And you are really black!« Wir lachten beide. Später erfuhr ich, dass er aus dem Kongo kam.

»May I help you?«

»Yes, please talk to me, I don't want to …« Ich machte eine Geste für Schwindel und Ohnmacht. »This is my father, I need different thoughts.«

»Talk about what?«

»About your love?«

Er lachte. »My girlfriend and me …«

Eine Krankenschwester unterbrach uns: »Was machen Sie denn da? Sie können hier nicht liegen, was soll denn das?«

»Ich will nicht ohnmächtig werden.«

»Da vorne im Warteraum sind Liegen, legen Sie sich da hin.«

»Geht schon, ich möchte bei meinem Vater bleiben.« Ich stand wieder auf. Mein Vater lächelte mich an. »Was war denn?« Die Schwester war schon wieder am Weiterrennen.

Ich hinterher: »Er verliert viel Blut, sein halber Kopf ist eine klaffende Wunde, er bekommt Makromar, bitte, ich habe Angst, dass er verblutet.« – »Ich rufe den Arzt«, weg war sie.

Zurück bei meinem Vater ging mein Schwindel von neuem los, ich konnte ihn einfach nicht so in seinem Blut sehen, in mir drehte sich alles; ehe ich wirklich zusammenklappte, legte ich mich wieder auf den Boden. »Was machst du denn da immer?«, fragte mein Vater. »Ich suche was, bin gleich wieder da.« Ich atmete, schnaufte. Die Krankenschwester kreuzte den Gang: »Ich hab Ihnen doch schon gesagt, das geht nicht.« – »Ich kann nichts dafür. Ich kann's nicht beherrschen.« Sie hatte mich gar nicht gehört, war sofort in einem Behandlungsraum verschwunden. Eine Ärztin kam, kniete sich zu mir. Ich erklärte ihr meine Situation. »Wir messen jetzt mal Ihren Blutdruck.« – »Mein Blutdruck ist gleich wieder normal, wenn mein Vater endlich behandelt wird, er hat zweieinhalb Liter Blut verloren, er nimmt Macromar ein! Ich bin kein Patient.« Sie gab Anweisungen, mein Vater wurde in Sitzposition gebracht. Sofort rann das Blut in Strömen über sein Gesicht. Sie sah die Blutmenge auf der Liege. Jetzt waren keine Worte mehr nötig. Ich bat darum, meine Mutter zu ihm in den Behandlungsraum zu fahren. Meine Mutter humpelte den Gang hoch, sah mich und wollte bei mir bleiben. »Ich kann kein Blut sehen, das weißt du doch, geh zu ihm, du warst doch Rotkreuzschwester.« Die Ärztin beruhigte meine Mutter: »Wir kümmern uns um Ihre Tochter.« – »O. k., ich lege mich in den Notfallraum und Sie gehen jetzt zu meinem Vater, bitte!!!« Mein Blutdruck war 80 zu 50, normal habe ich 160 zu 90. Rechts neben mir lag eine junge Frau, Türkin, mit wahnsinnigen Bauchschmerzen. Vater, drei Brüder, der Verlobte und die Schwägerin begleiteten sie. Links lag ein verwirrter alter Mann, sehr verwahrlost, er stank. Daneben wartete ein Mann, schon im weißen Klinikbett, auf seine Station gebracht zu werden. Er hatte einen Motorradunfall glimpflich überlebt: nur sechs Rippenbrüche und Stauchungen. Entsprechend gut war seine Stimmung. Die rigorose Schwester zog die Vorhänge zwischen den Liegen zu. Von meinem Fußende her starrten drei der wartenden Türken auf meine Beine. Ich wollte wieder aufstehen, doch die Schwester fuhr entschlossen dazwischen: »Sie bleiben jetzt eine Viertelstunde liegen, Ihr Vater wird versorgt, Ihre Mutter hält sich gut. Alles klar?« Ich fügte mich, bat um Wasser.

Drei Wasserflaschen später wurde meine Mutter von einem Arzt an mein Bett geschoben, wie peinlich. Ich wurde informiert, dass man jetzt meinen Vater operieren würde, er hätte viel Blut verloren und man wüsste noch nicht, ob das Hirn verletzt sei. »Er ist bei Bewusstsein und reagiert so weit normal, aber man weiß nie. Wir sagen Ihnen Bescheid.«

Meine Mutter und ich warteten auf den Metallstühlen vor dem Kaffeeautomaten in der Halle des Krankenhauses. Schweigend saßen wir nebeneinander. Ein Obdachloser kam mit Jutesack. Er hatte dem Pförtner zugenickt, sie kannten sich. Vor uns setzte er sich ins Fenster in die Sonne und packte ein Brötchen aus. Er hatte meine Sympathie. Ich stützte meine Arme auf den Beinen ab und bedeckte mein Gesicht mit den Händen. Im Kopfkino begann die Vorstellung: Was passiert bei der OP? Was sind die Folgen? Wird er ein »Gemüse«? Was dann? Pflegeheim? Und Mutter? Beide hin? Oder einer zu Hause? Wie lange? Wohnungswechsel? Was, was, was? Und wenn er jetzt stürbe? Wäre das ein guter Tod? Der richtige Zeitpunkt? Die Gedanken überstürzten sich, ich fühlte mich blasphemisch, ängstlich, schuldig, ohnmächtig. Am Ende der Gedanke: Wenn er jetzt sterben will, und das erzählt er uns ja seit Jahren vielfach am Tag, dann wäre das jetzt der richtige Zeitpunkt. Das Lieblingsessen auf'm Herd, im Kreis der Lieben und vor allem ohne ein langes Siechen bis zum Übergang. Allmählich wurde ich ruhiger. Ich sah meine Mutter an, in unserem Blick war eine Übereinkunft. Ich zog Cappuccino aus dem Automaten. Der Obdachlose schaute interessiert zu. Ich gab ihm auch einen, er nahm ihn ohne Worte. Sehr taktvoll. Im Sitzen ging mein Gedankenkarussell wieder los: Und dann? Wie ist das ohne Vater? Meine Mutter drückte meine Hand.

Nach einer langen Stunde wurde uns mitgeteilt, dass mein Vater auf Station 7 läge. »Die OP ist gut verlaufen, er hat einen so genannten Skalpturschnitt, perfekt: sauber geschnitten bis zum Knochen, als wenn ihn ein Profi für eine Hirn-OP vorbereitet hätte. Ansonsten ist nichts verletzt, kein Herzinfarkt, kein Schlaganfall, nur Blutverlust und eine Fleischwunde.« Halleluja! Der Arzt war auch froh.

Ich schob meine Mutter durch die langen Krankenhausgänge, jetzt war sie froh über den Rollstuhl. Auf der Station angekommen, fragte uns eine Schwester, ob wir ihn gleich sehen wollten oder erst, wenn sie ihn gewaschen hätten? Wir verstanden nicht. »Von der OP ist er noch vollkommen blutverschmiert.« – »Wir warten gerne«, antwortete meine Mutter freundlich. »Sie können inzwischen auf die Toilette gehen.« Meint sie mich? Toilette? Wozu? Die Schwester drückte mir ein Handtuch in die Hand. Ich ging auf die Toilette, sah in den Spiegel. So gut könnte mich kein Schockerfilm erschrecken: Ich sah im Spiegel mein Gesicht blutbesprenkelt, mein Hals von angetrocknetem Blut verschmiert, der Ausschnitt auch, auf dem dunklen Kleid war nichts zu sehen. Sehr archaisch, das Blut des Vaters auf der Tochter. Ich wusch mich. Sah dem rosa Wasser lange hinterher.

»Wo bleibt ihr denn, meine Allerliebsten«, rief mein Vater fröhlich aus dem Krankenzimmer. »Das hört man aber selten«, kommentierte die Schwester. »Sie waren auch sehr nett zu mir, ich hoffe, wir sehen uns bald wieder.« Die Skalptur hatte offenbar wie ein Aderlass gewirkt: Blutdruck normal, Depression weg. Mein Vater war aufgeräumt und jovial. Er hielt Hof mit uns.

Später fand ich im Hausflur blutdurchtränkte Tücher von einer ganzen Küchenrolle an der Heizung liegen. Oberhalb der Heizung ragte der Stahlträger heraus, an dem sich mein Vater skalpiert hatte. Ein Strick ist daran befestigt, um die Klinke der Haustür einhängen zu können, wenn man sie offen stehen lassen will. Mein Vater war mit dem Absatz an der Metallkante der Stufe hängen geblieben, dann nach vorne auf den Stahlträger gestürzt.

Das Blut auf dem Boden war so viele Stunden danach erst zum Teil getrocknet. Als Fußspuren hatte es sich über mehrere Stockwerke im Haus verteilt. Ich wischte den Boden auf. Irgendwie mochte ich das Blut meines Vaters nicht anderen überlassen.

Die vergangenen Jahre waren prall gefüllt mit Herausforderungen. Die Dramaturgie des Lebens verblüfft mich nach dieser Erinnerung. Noch erschließt sich mir der Sinn dieser Schicksalsschläge nicht ganz. Sind das alles Vorbereitungen für das endgültige Loslassen? Sind das Warnschüsse? Achtung, Achtung: Jetzt leben. Lieben. Lachen. Jetzt. Jetzt. JETZT!!! So habe ich es verstanden, so möchte ich es mehr und mehr in unser Leben, in mein Leben bringen.

Meine Kindheit bis fast zu meinem 14. Lebensjahr habe ich in zwei Kartons geordnet. Für Mutters Sprachtherapie sollte ich ihr Leben in Bildern mitbringen. Auch als Überprüfung einer möglichen Demenz. Auch das ist geschafft. Um drei Uhr nachts beende ich meine Archiv-Arbeit in der elterlichen Wohnung. Zu Hause in meiner Wohnung bin ich zu müde, um in die Badewanne zu gehen. Ich fühle mich, als wenn ich Holz gehackt hätte. Ich werfe mich bekleidet aufs Bett und schlafe schon, ehe mein Kopf das Dinkelkissen berührt.

159

Zu Besuch in der Reha

Während der 120 Kilometer Autofahrt zur Rehaklinik am Montag genieße ich einen Wissenschaftsvortrag über die Quantentheorie. Schrödingers Katze ist gleichzeitig lebendig und tot. Ich bin also auch gleichzeitig lebendig und tot. Hilft mir das jetzt? Ich denke an Hermes Trismegistos, »Kybalion«, jahrelang mein Lieblingsbuch. Es beinhaltet die Hermetischen Gesetze, zum Beispiel: »wie innen so außen«.

Ich halte an, mache einen Spaziergang, mach mich bereit für das Gespräch mit meinem Vater. Wird er auf der Einhaltung meines Versprechens bestehen? Dann müsste ich ihn am Mittwoch, also in zwei Tagen, nach Hause holen. Der Maler kann am Wochenende nicht arbeiten. Bad und Küche würden dann nicht renoviert werden. Hoffentlich ist die Diele bis Dienstagabend fertig. Nee, Papo muss einfach bleiben! »Wie innen so außen«, ich mache mich leer von allem Druck und meinen Erwartungen. »Wie innen so außen«: Ich stelle mir meinen Vater im Pool der Reha vor, ich sehe ihn sich wohl fühlen.

Mein Vater erwartet mich in der Halle. Ohne Begrüßung fragt er mich: »Wer löst mich ab, am Mittwoch kann ich doch gehen, oder?«

»Von Mammis Freundinnen fühlt sich keine dazu in der Lage.«

»Das hab ich mir schon gedacht«, sagt er preußisch ohne weitere Regung.

»Wenn du nach Hause möchtest, werde ich hier bleiben.« Ich sehe ihn direkt an. In seinen Augen ist etwas, das ich nicht verstehe.

»Das wird deiner Mutter gefallen, sie will ja immer runter ins Café, und ich hindere sie dran. Dann kann ich ja schon heute mitfahren und sie bleibt zwei Tage alleine.« Mir wird schlecht, wenn er wirklich darauf besteht, heute mit nach Hause zu fahren, kommt er auf eine Baustelle. Er weiß ja von der Renovierung nichts.

»Ich hab dir mein Wort gegeben, ich werde es einlösen am Mittwoch ist die Woche zu Ende.« Er betrachtet mich aufmerksam »Aber ungern. Wieso?«

»Ich sollte zum Münchener Filmfest fahren, mich wieder ins Geschäft bringen, viele Redakteure und Produzenten aus ganz Deutschland sind in München, dann muss ich nicht für Termine durch die halbe Republik fahren.«

»Ich hab mir's schon gedacht, dass ich in den sauren Apfel beißen muss.« Er nickt ergeben mit dem Kopf: »Fahr man, dein Beruf geht vor. Bei mir kommt's nicht mehr drauf an«, er ist erschöpft, hoffnungslos. »Aber du kommst uns doch hier weiter besuchen? Deine Besuche sind mir sehr wertvoll.«

Ich nicke, heißt das, er bleibt die ganzen drei Wochen? Ich frage lieber nicht nach.

Mein Vater zitiert mit einem Blick in die Ferne: »Die Heiterkeit und der Lebensmut unserer Jugend beruht zum Teil darauf, dass wir bergauf gehend den Tod nicht sehen, weil er am Fuß der anderen Seite des Berges liegt. – Na? Von wem ist das?«

»Schopenhauer?«

Er nickt. Ich höre dem Satz nach: »Nun, diesmal bin ich einverstanden.«

Nach einem Wurde-aber-auch-Zeit-Blick weist er mir den Weg: »Deine Mutter ist noch im Speisesaal.«

Sie hört ihrer Tischnachbarin zu, aber im Grunde tut sie nur so, ich kenne das Gesicht. Die Tischnachbarin schildert gerade detailreich ihre offenen Beine. Meine Mutter entdeckt mich, strahlt, jubelt. Ich habe ihren Sommerhut und Sonnenschirm dabei. Wir wollen in den Garten, den See erkunden. Mein Vater begleitet uns kurz, geht dann zurück aufs Zimmer. Es ist brüllend heiß, lange halten wir es auch nicht aus. Ihre Sprachmöglichkeiten haben sich nicht verbessert. Aber sie fühlt sich hier wohl. Nur dass mein Vater sie am Nachmittag nicht ins Café fährt und an gar nichts teilnehmen will, stört sie gewaltig. Meine Mitbringsel – 30 Liter verschiedene Fruchtsäfte, ein Sixpack alkoholfreies Bier, jede Menge Obst, Zeitschriften, Rätsel, Kekse, Schokolade, Torte – erfreuen beide. Meinen Sonnenschirm von zu Hause für den Balkon findet mein Vater unnötig.

»Wir sitzen doch lieber im Dunklen und drinnen.« Meine Mutter verdreht die Augen, zuckt mit den Achseln. So kenne ich meinen Vater nicht. »Deshalb habe ich den Sonnenschirm mitgebracht, damit ihr draußen im Schatten sitzen könnt.« Ich darf ihn nicht montieren. Mein Vater war noch nicht im Schwimmbad, zum ersten Mal am See eben mit mir. Bis jetzt war er nur im Speisesaal zum Mittagessen und an der Rezeption, um meine täglich gesendeten Faxe und die nachgesendete Tageszeitung abzuholen. Ansonsten hält er sich im Zimmer auf. Die Schwestern empfindet er als Belästigung, gleichzeitig möchte er sie nicht belasten. Er kommt mir seltsam vor, aber ich kenne seine Verweigerungen, ich denke, dass es sich um Trotz und Eingewöhnungsschwierigkeiten handelt. Meine Mutter freut sich, dass ich zum Münchner Filmfest fahren werde. Unser Abschied ist fast normal im besten Sinne von alltäglich.

Am nächsten Morgen gebe ich den Auftrag für die Planstufe 3: die Renovierung des Badezimmers und der Küche. Ich fliege für eine Woche nach München.

Betreuung aus der Ferne

Spontan bin ich nun auf dem Münchner Filmfest, eigentlich muss man sich wochenlang vorher akkreditieren, sich um Einladungen bemühen. Ich bin einfach da und – wie entspannend – alles geht von Zauberhand, wie von selbst werde ich eingeladen. Diesmal komme ich mir in der »Film-Fernseh-Familie« wie ein Exot vor. Alle haben entweder gerade etwas Superaufregendes, Erfolgreiches hinter sich oder vor sich, oder sie jammern, zürnen, warum sie keine Arbeit haben. Die Branche hat ihre Boomzeit hinter sich, es wird viel weniger produziert, zusätzlich findet ein Generationenwechsel statt, allerdings ist eher das mittlere Altersfeld betroffen, die Veteranen überleben. Die Fernsehbranche baut sich weiter um nach dem Vorbild Amerikas: Event-Filme, schnell-produzierte Kommerzserien. Eine Professionalisierung und Spezialisierung der Industrie. Auch eine Banalisierung. Für Soaps oder Telenovelas braucht man keine hoch qualifizierten Regisseure, die von Dokumentationen über Serie bis zum Spielfilm alle Genres und Formate beherrschen.

Auf Empfängen sind die Augen Aller grundsätzlich auf Weitwinkel gestellt, es sind kostbare Stunden, in denen die deutsche Film- und Fernsehelite zu treffen ist. Gier nach Kontakten, nach

Jobs: Filmteam-Mitarbeiter auf Jagd nach Auftraggebern, den Regisseuren, Producern, Produzenten, Redakteuren. Die Schauspieler nach Regisseuren und Castern, die sie besetzen könnten. Die Regisseure nach Redakteuren, Produzenten, Filmförderern und so weiter. Die immer gleiche Frage: »Was machst du?«, muss beantwortet werden, beinhaltet sie keine verwertbaren Informationen oder Auftragschancen für den anderen, steht man schnell wieder allein. Mir fällt auf, dass fast niemand fragt: »Wie geht es dir?« Wenn es jemand tut, ist er nicht an einer wirklichen Antwort interessiert.

Ich genieße das Filmfest auf meine Weise. Die Sonne, die Gesellschaft, die Einladungen, das bayerische Essen. Alles mit ein wenig Wehmut. Wann werde ich wieder in verantwortlicher Position an einem Filmset stehen?

Zweimal am Tag telefoniere ich mit der Haushaltshilfe und ihrem Malersohn, koordiniere die Arbeiten. Jeden Tag pünktlich um 9 Uhr und immer Punkt 20.20 Uhr rufe ich bei meinen Eltern an: »Illllseeeee?«

»Ja, ich bins!«

»Du bist sehr leise.«

»Ich stehe vor dem Kaisersaal im Hof der Residenz in München, hier ist jetzt ein Empfang …«

»Empfang, ja, ist schlecht … na egal, du hörst mich ja, hier ist alles grässlich wie immer, deine Mutter macht keine Fortschritte, na ja, du kennst ja meine Meinung …«

»Ja«, brülle ich, versuche mit der Hand jede noch so kleine Schallwelle in das Handymikrofon zu lenken: »… kenne ich, wie geht es dir?« Ich grüße den Chef der Bavaria, der gerade zum Empfang kommt, mein Brüllen hallt trotz Abschirmung in dem historischen Hof mit der Trompe-l'oeil-Bemalung, die meinen Vater so begeistert hatte bei einem München-Besuch.

»Danke der Nachfrage, da passt, was ich vorbereitet habe: Das Leben schwingt, gleich einem Pendel, hin und her zwischen dem Schmerz und der Langeweile.«

Ottfried Fischer verschwindet im Kaisersaal, hinter ihm Maximilian Schell.

»Ist das Schopenhauer?«

»Ja, jetzt erkennst du ihn schon: ›Die Welt ist ein Jammertal, voller Leiden, alles Glück ist Illusion, alle Lust nur negativ.‹ Und bei mir ist jetzt der größtmögliche Supergau eingetreten.«

Von hinten bekomme ich einen Kuss von Hannelore Elsner, ich lache sie an, mache ein Zeichen, dass ich gleich folgen werde.

»Ich warte auf den Tod, sonst nix,« beendet parallel mein Vater seinen Satz.

»Lilo?«, schallt es mir fröhlich entgegen.

»Nee, Mammi, ich bin Ilse, deine Tochter, nicht Lilo, deine Freundin.«

»Ja, Lilo, gut, gut. Mut. Mut.«

Irgendwie versteh ich in ihren Ausführungen, dass sie sich freut, dass ich zu einem Empfang gehe, ich soll's mir gut gehen lassen. Sie lässt Hannelore Elsner grüßen. Seit ich mit ihr einen TV-Spielfilm gedreht habe, gehört Hannelore für meine Mutter zur Familie, obwohl sie ihr nie begegnet ist.

Im Kaisersaal genieße ich den Service, das gute Essen, lasse mich verwöhnen, bewundere wieder einmal den prächtigen Raum. Irgendwann muss ich meinem Vater Recht geben: Schmerzen empfinde ich durch meine Depression nicht, aber Langeweile. Nach mehreren Gläsern Prosecco flüchte ich in eine übermütige Fröhlichkeit: Eine Entourage bildet sich um mich. Wir proben die Leichtigkeit des Seins.

Das Filmfest ist eine willkommene Abwechslung für mich. Es tut mir gut. Ich bekomme viel Bestätigung für mein Buchvorhaben. Die PR-Dame meines Tatortes macht mich mit meiner zukünftigen Agentin bekannt. Ich bekomme allgemein Anerkennung für mein Engagement für meine Eltern. Auskunft über eigene Leidensgeschichten, persönliche Erlebnisse – sei es aus der Kindheit, mit den Eltern oder Großeltern. Ich habe noch kein Wort geschrieben und gelte mit dem Buchprojekt »Hilfe, meine Eltern sind alt« als erfolgreich. Seltsame Welt.

Mea Culpa Papo

Die Diele ist fertig. Bad und Küche gestrichen. Jetzt, nach einer Woche, muss alles wieder eingeräumt und der Rest der Wohnung generalgesäubert werden.

Wieder einmal fahre ich zu meinen Eltern in die Reha nach Feldberg. Der Tag geht schnell vorbei. Während ihres Mittagsschlafs schwimme ich im Pool. Drei Herren um die 70 machen mir gekonnt den Hof. Wäre ich zur Kur hier, hätte ich freie Auswahl für einen Kurschatten. Langsam lasse ich Informationen über die Renovierung der Wohnung durchblicken. Mein Vater gerät sofort in Panik: »Hast du alles zerstört?« Ich schwöre ihm, dass seine beiden Zimmer, Arbeits- und Schlafzimmer, unberührt sind. Er glaubt mir nicht. Als ich erwähne, dass dort in den nächsten Tagen »schön« saubergemacht wird, implodiert er. »Auf keinen Fall meinen Schreibtischbereich.« Danach spricht er kein Wort mehr. Ich versichere ihm, dass dieser Teil unberührt bleiben wird. Meine Mutter rollt mit den Augen. Sie will raus mit mir in den Garten, in das Hallenbad, in das hauseigene Café. Mein Vater bleibt wirklich bei schönstem Wetter im verdunkelten Zimmer, seltsam. Seine konsequente Abwehr, mit uns mitzukommen, löst bei mir keinen Verdacht aus. Gemeinsame Unternehmungen gab es nur nach massiver Überredung. So kenne ich ihn, seit ich denken kann: Er macht nicht mit, zieht sich zurück. Aber in ein dunkles Zimmer? Das ist neu.

Seit er seine Kanzlei geschlossen hat, hat er eine gewisse Dekorationswut entwickelt. Sein Schreibtisch steht über Eck halb vor dem Fenster mit Blick aus dem Fenster und ins Zimmer. Aus verschiedensten großen bis sehr kleinen Bildern, Plakaten, Drucken, Fotos, unter anderem dem gerahmten offiziellen Groß-Foto der »Sesamstraße«, das Ilse und Horst mit Tiffy und Samson 1980 zeigt, hat er sich regelrecht einen halbrunden »Schutzwall« gebaut. Von der Tür aus kann man ihn am Schreibtisch sitzend fast nicht sehen. Ende der siebziger Jahre wurde ich die Nachfolgerin von Liselotte Pulver in der »Sesamstraße«. Horst Janson und ich, die Spielmoderatoren. Damals in der BRD war dies, neben den Nachrichten, die einzige Sendung, die jeden Tag zweimal ausgestrahlt wurde. Wenn ich auf die Straße ging, wurde ich schnell von 500 Fans begleitet. Mein Vater hat sich nie zu diesem Erfolg geäußert.

Alle Wände in seinem Zimmer, alle Türen sind mit Drucken historischer Gemälde, Tierfotos, Pflanzenwerbungen, Abbildungen der Dichter und Denker Deutschlands gepflastert, der Schrank, die Pflanzenkübel, das Sofa sind mit Reiseandenken, selbst gemachten Fotos, Schmuck und meinen alten Stofftieren geschmückt. Die Haushaltshilfe durfte das Zimmer seit Monaten nur in geheimen Aktionen notdürftig säubern, wenn mein Vater schlief oder zu einem Spaziergang weggeschickt wurde. Deshalb konnten die Motten seinen Berber-Wollteppich um eine Ecke verkürzen, ehe sie zur Eroberung der übrigen Wohnung aufbrachen.

Die Zusammenstellung der einzelnen Ausstellungen, wie er es nannte, die sich bald über die ganze Wohnung nebst Innenseite der Besenkammertür erstreckten, war fröhlich: schöne Bilder, schöne Farben und Formen, die Welt als Wunder in Kunst und Natur. Auch witzig, wenn er einer nackten griechischen Skulptur sein Porträt aufklebte, oder seine wenigen Haare, sie wachsen links lang, werden nach rechts über den ganzen Kopf gekämmt und festbetoniert mit Haarspray, mit einem Buntstift retuschiert. In seinen Collagen verhalf er sich und meiner Mutter zu schönen jungen Körpern in einer farbenfrohen schönen Umwelt, manchmal umgeben von kulturellen Persönlichkeiten. Unter dem Fenster zwischen Schreibtisch und Wand gibt es versteckt hinter großen Grünpflanzen zwei Sessel. Auch hier ist alles bebildert, nur ein Sessel lädt zum Sitzen ein. Seine »Ausstellungen« beziehen die Lehnen und Sitzflächen der Sitzgruppe und den Tisch mit ein. Die Komposition in seinem Zimmer habe ich nie als etwas Unheimliches verstanden. Wir freuten uns, dass er sich mit schönen Dingen beschäftigte, eine Aufgabe gefunden hat. Für kleine Kinder in der weiteren Verwandtschaft stellte er Tier- und Kunstbücher aus Zeitungsausschnitten zusammen. Ein Blick, eine Interpretation von der Gutachterin des Medizinischen Dienstes und das Schöne wird mit einem grauenvollen neuen Aspekt versehen werden. Seine immer neuen Ausreden, die Wohnung nicht verlassen zu müssen, seine Abwehr, in seinen Zimmern saubermachen zu lassen, habe ich als Spleen abgetan. Das war eine Fehleinschätzung. Mea Culpa, Papo.

Direkt vom Flughafen Tegel fahre ich zu den Eltern. Meine Mutter freut sich an meinen lebhaften Erzählungen vom Filmfest in München. Sie kann die Schauspieler auf den Bildern in den mitgebrachten Illustrierten erkennen. Schwuppdiwupp ist es 21 Uhr. Sie hat für mich Zeitungsartikel ausgeschnitten. Früher sammelte sie für mich alles zum Thema: Kultur und Mord. Leider kann sie immer noch nicht lesen. Irgendwie hat sie es geschafft, Bilder mit Artikelfragmenten auszuschneiden. Sie ist glücklich, mir etwas schenken zu können. Mein Vater ist noch nicht richtig aufgetaut, er kämpft mit der Tatsache, dass er in der Reha bleiben muss und sein Arbeitszimmer in Gefahr ist. Der Aufenthalt ist auf vier Wochen verlängert worden. Er freut sich jedoch mit über die Neuigkeit, dass eine Literaturagentin meinen Buchentwurf angenommen hat und sie überzeugt ist, einen guten Verlag dafür zu finden. Beide sind stolz auf mich. Es ist noch nicht alles erzählt. Ich schlage vor zu bleiben, in Feldberg zu übernachten. Beide sind begeistert. Mein Vater zeigt es indirekt. Er bietet mir seine Bettseite an. »Und du?«, frage ich. »Ich setze mich auf den Stuhl, im Krieg hab ich unbequemer geschlafen.« Ich beschließe, eine Pension zu suchen. Es ist Freitagabend in der Sommer-Hochsaison. Die Feldberger Seenplatte ist ein Feriengebiet, als Westberlinerin weiß ich das noch nicht. Also Pustekuchen, nirgendwo ein Zimmer. Als ich beschließe, im Garten der Klinik auf einer Sonnenliege zu übernachten, fängt es an zu regnen. Ich lege mich gegen Mitternacht auf die Rückbank von meinem schönen 123er Benz. Auf dem Parkplatz schlafen einige Angehörige in ihren Autos. Ich habe noch nie in einem Auto übernachtet. In meiner Jugend kam es nie dazu, leider. Das Prasseln des Regens auf dem Wagendach, Nat King Cole im Jazzradio, im Licht der Taschenlampe lese ich die *Süddeutsche Zeitung* aus dem Flugzeug, trinke alkoholfreies Bier. My car is my castle, ich find's klasse. Ein kleines Glück lächelt in meinem Herzen. Ich bin baff, so fühlt sich das an. Ich habe es wiedererkannt. Ich lache in mich hinein. Fantasien explodieren: Ich reise mit einem netten Mann durch Frankreich zu Schlössern, zum Meer, wir speisen in guten Restaurants. Ich stehe auf einem sonnenüberfluteten Berg, springe in eine tiefer liegende Wolkendecke, aale mich und schwimme darin wie ein Delfin, reite auf einem Kamel, fliege durch Hawaii.

In der Nacht öffne ich eine Tür, lasse meine Füße heraushängen. Liege gemütlich auf dem Bauch, schlafe selig. Am Morgen wache ich aufgeräumt auf. Während meine Eltern frühstücken, gehe ich wieder schwimmen, die alten Herren sind entzückt, ich auch. Mein Vater richtet das Wort an mich, eiverbibsch, das hätte ich nicht zu hoffen gewagt. Er versichert sich, dass ich mein Wort halten werde, dass seine Räume und das Wohnzimmer unangetastet bleiben: »Du wirst die Wohnung ja übernehmen, dann kannst du nach unserem Tod renovieren.« Die Wohnung ist eine Mietwohnung. So habe ich das noch nicht gesehen.

Meine Therapeutin fordert unverrückbar, dass ich mir Gutes tun soll. Ich begreife weder emotional noch intuitiv, was das soll. Intellektuell ist es mir klar. Ich sehe mich selber als einen störrischen Esel. Gut denn: Ich möchte mir Gutes tun. Den nächsten Besuch bei meinen Eltern mache ich gemeinsam mit meinem Bekannten Dirk als Ausflug. Anschließend gehen wir auf Entdeckungstour und essen. Da hat sie Recht, die Therapeutin, wohlfühlen ist gut. Noch schaffe ich es nur mit schlechtem Gewissen und über den Umweg, einem anderen damit einen Gefallen zu tun. Geld ausgeben für mich, igitt. Aber immerhin, ich hab's getan! Ein Anfang. Innerlich bin ich gepeitscht von dem, was ich alles noch nicht erledigt habe.

Die nächsten zwei Wochen vergehen wie im Flug. Jedes Stück in der Wohnung wird gesäubert. Neue Technik gekauft und geliefert: Kühlschrank mit drei großen Schüben zum Einfrieren, Geschirrspülmaschine, Luftbefeuchter, Tageslichtlampe gegen Depressionen (der Gummibaumsetzling bekommt einen enormen Wachstumsschub), Nachtlicht, Sitzerhöhung für die Sessel und Stühle, Wasserfilter, Kaffeemaschine mit Thermoskanne, Toaster, Energiesparlampen, Zeitschaltuhren, Steckdosen-Kindersicherung. Ich erweitere den Essplatz im Wohnzimmer um einen Beistelltisch, auf dem der Toaster, ein Getränkevorrat, Servietten, Salz, Pfeffer, Honig, Löffel und so weiter ihren Dauerplatz bekommen. Dann rutschfeste Badezimmermatten, ein Badewannen-Lifter, Handläufe getarnt als Handtuchhalter, Haltegriffe an der Badewanne, das Pflegebett, der Toilettenstuhl, ein Rollstuhl, ein Rollator für innen, einer für draußen. Pflegematerial liegt parat: Einlagen verschiedener Größe einsortiert in einer

Hängevorrichtung an der Duschstange gegenüber der Toilette. Matratzenschoner, Bettunterlagen, Einmalbettunterlagen, Desinfektionsmittel, Einmalhandschuhe, luftdichte Behälter für benutzte Einlagern. Ich besorge einen riesigen Vorrat von Zutaten für die Lieblingsgerichte meiner Eltern: Kalbsleber, Rinderbraten, Rostbeef, Huhn, Entenbrust, Pute, Lammlachs, Gänsemagen, jede Art von Fisch. Tiefgefrorenes Gemüse, Eis, Brot, Kuchen, und vieles mehr. Konserven: Gemüse, Kompott. Nudeln, Reis, Kartoffeln, Kartoffelpüree, Gnoccis, Kloßteig, Gries, Linsen, Bohnen, Kichererbsen. Viele Arten Brot und Kräcker. Soßen, Marmeladen, Honig, viele verschienene Nüsse, getrocknetes Obst, asiatische Gewürze, Pudding, Kekse, Schokolade und, und, und. Nicht zu vergessen Getränke: laktosefreie Milch, Bier, Apfelsaft, Traubensaft, Kirschsaft, Wein und Sekt in kleinen Flaschen. Kaffee, mit und ohne Koffein, verschiedene Tees. Waschpulver, Spülmittel. Ich schleppe allein oder mit einem Freund mindestens fünf Wagenladungen nach oben. Der Balkon ist frisch bepflanzt und mit neuen Kissen versehen. Blumen in den Zimmern.

Ich verstaue meinen Schreibtisch und den dazugehörigen Stuhl aus meinem ersten Schuljahr wieder auf dem Badezimmer-Hängeboden. Meine Mutter hatte ihn dort deponiert mit unberührter, voller Schublade. Mit dem Inhalt springen Erlebnisse in mein Gedächtnis. Unglaublich. Kostbar. Ohne diese Gegenstände wäre die Erinnerung für immer verschollen gewesen. Ich fühle mich sehr berührt von der kleinen Ilse, die ich einmal war. Ist das mit dem Wort »ich« zu fassen? Wie geht das? Sind wir nicht doch einfach viele verschiedene Menschen in dem einen Leben?

Am nächsten Tag darf ich meine Eltern abholen. Vier Wochen waren sie dort. Reinhold und Natalia erinnern mich an mein Angebot, ihren Hund Bodo als Urlaubsvertretung aufzunehmen. Phuu, uhhh das hatte ich ganz vergessen. Ausgerechnet jetzt. Soll ich meine Eltern mit Hund abholen? Ja, ich denke, das ist genau richtig. Er wird den Übergang weicher machen. Ich hole Bodo ab, er springt freudig in den von einer Bekannten geborgten rassigen schwarzen Alfa Romeo. Mein Auto ist in der Werkstatt.

Bodo ist kniehoch, blond, hat eine buschige Rute und ein kindliches Gesicht, das sofort einen Beschützerreflex auslöst.

Er ist acht Jahre alt, hat lange Haare als Umrandung an seinen Ohren. Bodo kommt aus Moskau. Hat sogar einen russischen Hundepass. Er selbst geht davon aus, dass er ein Mensch ist. Hunden gegenüber ist er eher skeptisch. Reinhold hat zehn Jahre in Moskau gelebt; zurück kam er mit einer neuen Familie: mit Natalia, ihrer Tochter Alexandra und eben Bodo. Sie sind unsere Freunde geworden.

Dank Bodo erfülle ich mir einen Wunsch: Es ist Donnerstagabend, und der neue Woody-Allen-Film »Melina-Melina« läuft heute an, in meinem Lieblingskino, dem Delphi in der Kantstraße. Jetzt oder nie, ich weiß ja nicht, wie meine nähere Zukunft aussehen wird. Ich finde einen Parkplatz, oh Wunder, direkt vor dem Kino. Und das zur Abendvorstellung! Was mache ich nun? Ich habe ein geborgtes Auto, die Verantwortung für einen fremden Hund. Kann ich beide zusammen draußen lassen? Es ist Sommer, aber wie benimmt er sich in dem Auto? Ich frage den jungen Kartenabreißer, ob Bodo mit in die Vorstellung darf, der traut sich nicht, eine Entscheidung zu treffen: »Hund im Kino? Hatten wir noch nie, glaube ich nicht, fragen Sie an der Kasse.« Ich erkläre der jungen, fantasievoll gestylten Kassiererin, dass ich ein Problem habe, das nur sie lösen kann: »Ich fahre ein Auto, das mir nicht gehört, ich hole morgen meine alten Eltern aus der Reha ab, und ich habe einen intellektuellen, jüdischen Gast aus Moskau, der auch gerne den Woody-Allen-Film sehen möchte.« Die Kassiererin erkennt das Problem nicht: »Mein Gast hat vier Pfoten, er kennt sich im Filmgeschäft aus, sein Besitzer ist Herstellungsleiter.« Die Frau lacht, beugt sich vor, entdeckt Bodo: »Wollen Sie eine Karte für ihn lösen?« –»Nicht wirklich.« Sie lacht weiter: »Geht klar, er ist unser Gast, aber bitte unauffällig.« Bodo ist es im Kinosaal zu laut, zu dunkel. Er kriecht erst mit dem Kopf, dann mit einer Vorderpfote, dann der zweiten, einer Hinterpfote auf meinen Schoß. Viertelhund, halber Hund, ganzer Hund. Ich halte Bodo auf meinen Knien. Durch seine Wärme, sein Zutrauen kann ich zum ersten Mal traurig sein. Seit dem Schlaganfall vor zwei Monaten. Der Film erobert mein Herz nicht. Danach gehe ich mit Herrn Bodo in die »Witwe Bolte«.

Ich bestelle das beste Brathuhn der Stadt. Bodo, der mich leidend ansieht – ich bin ein kleiner, armer Hund, der noch niiiee etwas zu fressen bekommen hat – hindert mich am Essen. Ich hole sein Trockenfutter, das mir Reinhold mitgegeben hat, aus dem Auto. Bodo erntet anerkennende Lacher der anderen Gäste, als er sich beleidigt unter den Tisch verzieht, seine Ration verschmäht. Schnell bildet sich eine Solidargemeinschaft: »Bodo muss was zu essen kriegen.« Erstklassige Fleischreste werden für ihn gesammelt. Der Hund ist glücklich. Ich werde in Gespräche verwickelt.

Ich parke das Auto. Frau Erler und Shanty beenden gerade ihren Abendspaziergang. Die Hunde beschnuppern sich, beginnen sich zu jagen. Frau Erler ist begeistert: »So ein schöner Hund, das tut deinen Eltern gut. So ein Tierchen schenkt so viel Liebe. Die Verantwortung musst du natürlich übernehmen.« Wir gehen zusammen um den Block. Frau Erler ist sehr schick gekleidet. Alles passt farblich zusammen, die Krönung ist eine rote taillierte Lederjacke. Frau Erler ist im Alter meiner Mutter. Auf der Borstel-Promenade am Teltowkanal erinnert sie mich an den Krimi, den ich hier gedreht habe. Mein Vater hatte überraschend geäußert, er würde gern einmal sehen, was ich denn als Regisseurin eigentlich noch zu tun hätte, als nur bitte und danke zu sagen. Aber er weigerte sich, an einen Drehort zu kommen. So verlegte ich einfach den Drehort von einem Krimi vor den Balkon meiner Eltern: eine Wasserleiche, eine Verfolgungsjagd der Polizei. Die Filmproduktion hatte an die Haushalte im Block Zettel verteilt mit der Bitte, die nächtliche Ruhestörung bis in die frühen Morgenstunden zu entschuldigen. Was ich erst jetzt von Frau Erler erfahre: Meine Mutter hatte die ganze Straße informiert, dass ich Regisseurin dieses Filmes war. Auf den Balkons der vier Aufgänge um die elterliche Wohnung, die direkt »Aufblick« auf das Geschehen hatten, wurden Nachbarschaftspartys gefeiert. Es war früher Frühling, die Temperaturen gen null. Es war ein solcher Geräuschpegel von den 35 Balkons, erinnert mich Frau Erler, dass ich in einer Ansprache um Ruhe bitten musste. Aber zunächst wurde ich im Scheinwerferlicht an meinem roten Schal erkannt und bekam Applaus. Meine Mutter war begeistert, kam mehrfach zu uns auf die Promenade: »Ich bin die Mutter der Regisseurin.« Mein Vater verlor nie ein Wort darüber.

Zu Hause bei meinen Eltern überprüfe ich alle Räume wie auf einem Filmset zur abschließenden Generalinspektion: Die ganze Wohnung strahlt vor Sauberkeit, alle Gardinen, Fenster, Türen, Schränke innen und außen sind gründlich geputzt. Der Balkon frisch bepflanzt. Sollten wir einschneien, unsere Vorräte reichen für die nächsten drei Monate. Ich bin zu erschöpft, um rüber in meine Wohnung zu gehen. Zum ersten Mal seit über 32 Jahren schlafe ich in der Wohnung meiner Eltern, im neuen Zimmer meiner Mutter. Bodo schläft auf dem Boden bei mir. Das macht es mir leichter.

Immer noch sehr müde, fahre ich gegen 5 Uhr früh los. Ich will mich zeitgleich mit dem Fuhrunternehmen der Klinik auf den Rückweg nach Berlin aufmachen. Mit den Sanitätern werden wir uns vor dem Wohnhaus meiner Eltern treffen. Sie werden meine Mutter hochtragen. Die Fahrt in den Sonnenaufgang im schicken Alfa Romeo durch diese wunderbare Landschaft genieße ich als Luxus. Ich höre Arien, gesungen von der Callas, Bodo hat seinen Kopf auf meinen Oberschenkel gelegt. Ich könnte ewig so weiterfahren.

Meine Eltern freuen sich über Bodo, das flotte Auto, auch über mich. Nach vier Wochen Reha hat meine Mutter eine deutlich stabilere Ausstrahlung. Reden kann sie nach wie vor nur in ihrer Märchensprache. Mein Vater rennt panisch im Zimmer hin und her. Er hat seine Koffer bereits vor drei Tagen gepackt. Alle Sachen auf seiner Packliste abgehakt. Eine Socke fehlt. Auch die Schwestern haben sie nicht finden können: »Da musst du ran, Ilse.« Ich suche alles ab, vergebens. Ich rücke den Nachttisch ab. In der Ritze zur Wand hat sich nicht nur die Socke versteckt, sondern auch das Etui mit den teuren Hörgeräten meines Vaters. »Hast du die nicht vermisst?« – »Nö, die nehme ich nicht mehr. Hat doch keinen Sinn, sie zu hören, wenn sie doch nicht sprechen kann.« Wir machen uns auf die Rückreise. Im Auto fallen meinem Vater zusehends Steine vom Herzen. »Ab jetzt bist du dran, ich habe keine Kraft mehr.«

Teil III
Bei Pfeiffers ist Ball

Wieder daheim

Wir sind in Berlin, stehen vor unserem Haus, und wer ist nicht da? Die Sanitäter. Nach einer halben Stunde muss meine Mutter dringend zur Toilette. Sie steigt aus dem Alfa. Ich sehe, wie Urin aus ihrem linken Schuh quillt. Die Scham in ihren Augen berührt mich tief. Jedes Wort ist unangebracht. Wir werden von Frau Garske, der ehemaligen Zahnärztin im Erdgeschoss, aufgenommen. Mein Vater ist schon hochgegangen. Meine Mutter ist auf der Toilette nur schwer zu überzeugen, dass sie sich jetzt nicht komplett umkleiden kann. Ich möchte nicht riskieren, dass wir nicht fertig sind, wenn die Sanitäter kommen. Frau Garske ist überglücklich, besonders über Bodo. Aus jedem Wort ist ihre Einsamkeit zu hören. Ihr amtlicher Betreuer kommt. Sie kennt ihn erst kurz, eine Bekannte von ihr betreut er auch. Ihrer Empfehlung hat sie vertraut. Er verwaltet ihre Finanzen, organisiert ihre Versorgung und pflegt sie. Alles gegen Bezahlung. Meine inneren Antennen fahren aus. Beide schwärmen uns von ihrem Pflegedienst vor. Wir bekommen einen Prospekt.

Die Sanitäter tragen meine Mutter in einer Art Sänfte hoch in den dritten Stock. Bodo läuft unter dem Tragesitz mit. Auf jedem zweiten Absatz stellen die Sanis meine Mutter schaukelnd ab, verschnaufen. Bodo, nun auf Augenhöhe, stupst meine Mutter an, er möchte gestreichelt werden. Wenn die Sanitäter den Tragesitz zu sehr ruckeln und meine Mutter Angst bekommt, knurrt Bodo. Überstanden. Wir sind oben. Mein Vater rennt durch die Wohnung, wie angestochen, Bodo folgt ihm schwanzwedelnd.

Er fällt über mich her: »Ist das dein Werk? Diese Baustelle? Dieser seelenlose Rohbau?« Er hat bereits diverse Brücken über den neuen hellen Teppichboden im Flur ausgelegt. »Keine Bilder! Weiße Wände wie im Knast.«

Alles an ihm ist Protest, harter Vorwurf. »Ich habe die Wände noch frei gelassen, damit du sie dekorieren kannst.«

»Wo sind meine Kunstwerke?«

»Alles was hing, habe ich aufgehoben, ich habe dir Bilderrahmen und Pinnwände gekauft.«

Plötzlich brüllt er cholerisch: »Eine solche Scheiße habe ich noch nie gesehen!!!« Er rennt in sein Arbeitszimmer: »Hier ist auch alles anders!«

Ich widerspreche mit reinem Gewissen: »Nein, hier ist alles geblieben, wie es war.« Er hört mich nicht, ich brülle, damit er mich hört: »Ich kann dir Beweisfotos vorlegen. Nur der Staub fehlt. Und ich hab dir meinen Teppich geschenkt.«

»Das sehe ich anders«, seine Stimme klingt gefährlich.

Meine Mutter kann mit ihrem Rollator nicht die Diele durchqueren. Die Brücken erweisen sich als unüberwindliche Hindernisse. Ich rolle sie ein, lege sie unter den Tisch im Flur. Meine Mutter stößt auf der Toilette Rufe der Freude aus. Sie findet die Veränderungen schön. Auch die Küche gefällt ihr. Besonders das neue Regalbrett über der Spüle. Auf dem jetzt die Alltagsgläser und Tassen griffbereit stehen. Mein Vater kommt nach. Ihn stört der neue Apparat, der auf der Waschmaschine am Eingang steht und ihm eine Ablage raubt: »Wozu soll das gut sein?«, sein Ton ist unwirsch. Ich öffne die Maschine, will sie vorführen: »Ein kleiner Geschirrspüler.« – »Unnötiger Quatsch, wir haben doch eine Spüle.« Es tut nicht weh, ich bin unempfindlich, seltsam. Soll ich ihm vorrechnen, wie viel – auch von meiner – Lebenszeit mit Abwasch verplempert wird? Dass er in seinem Leben gerade mal 30 Teller und zehn Messer abgespült hat? Meine Mutter befriedet mich mit ihrem strahlenden Lächeln: »Qut schmut.« Sie tätschelt anerkennend die Maschine. »Kannste da drin auch kochen? Oder gibt's heute nichts?«, höre ich von meinem Vater. »Doch, Mittagsmenü in einer halben Stunde«, antworte ich sarkastisch. »Menü?« Das Wort versteht er auch in Normallautstärke: »Was denn?« – »Gemüsesuppe. Auf Wunsch einer einzelnen Dame: Kalbsschnitzel mit Mohrrüben und Bratkartoffeln.

Und extra für den Herrn unserer Familie: Milchreis mit gebräunter Butter und gerösteten Mandeln, Sahne.« Er lächelt:
»Das hört sich gut an, dann leg ich mich jetzt etwas hin, du weckst
mich dann.« Schwupp, weg ist er.

Das Essen ist fertig, es ist serviert, ich wecke meinen Vater auf.
Wir warten. Meine Mutter kommt nicht. Ich rufe sie, ernte eine
Tirade von Worten, die ganz nach lautem, bösem Schimpfen klingen. In der Diele sehe ich sie mit dem Rollator gegen mehrere
Brücken am Boden kämpfen. Bodo hält das für ein Spiel, er bellt
die bösen Hindernisse an. Mein Vater hat erneut vier Brücken am
Boden verteilt. Ich nehme sie wieder hoch, lege sie beiseite, damit
meine Mutter ins Wohnzimmer kommen kann. Mein Vater, von
dem Geschrei auch angelockt, arrangiert sie wieder auf dem Boden. Ich spreche laut, deutlich, ruhig: »Die können nicht liegen
bleiben, Mammi kommt mit ihrem Rollator nicht durch den
Flur.« – »Du hast mir nichts zu sagen, du hast hier schon alles zerstört. Auch in meinem Zimmer.« – »Das stimmt nicht, dein Zimmer wurde saubergemacht, alles liegt genau am selben Platz wie
vorher.« – »Es war überhaupt nicht schmutzig.« – »Du hast per-
manent gehustet vor Staub.« – »Es war mein Staub, den wollte ich
behalten. Die Läufer bleiben liegen!« Er geht zurück zum Esstisch. Ich beherrsche mich, antworte nicht darauf, fühle mich aber
wirklich schlecht behandelt. Wir essen schweigend, ich mache
nicht die Unterhalterin. Meine Mutter macht mir dafür klar, wie
wunderbar das Wiener Schnitzel ist. Sie hat Bodos Zustimmung,
er kann es allerdings nur nach dem Geruch beurteilen. Er probiert
wieder seinen Ich-bin-ein-armer-kleiner-hungernder-Hund-Blick.
Mein Vater geht, nachdem er fertig gegessen hat. Bevor er sich
wieder schlafen legt, gibt er Bodo in der Küche sein Fressen: »Du
kannst ja nichts dafür.« Ich trage die Brücken in den Keller. Er
wird eine Woche nicht mit mir sprechen.

Puhh, jetzt trage ich die gesamte Verantwortung. Meine Mutter
braucht Hilfe, eine Rundum-Vollversorgung: körperlich, seelisch und für den gesamten Haushalt. Mein Vater sorgt für seine
Körperhygiene, davon gehe ich zu dem Zeitpunkt aus, ansonsten erwartet er einen Vollservice. Die so genannte Haushaltshilfe
kommt zweimal die Woche für vier Stunden und macht die

177

Grundreinigung. Obwohl ich organisiert und schnell bin, habe ich einen 19-Stunden-Eltern-Versorgungstag. Ich beginne meine Ausbildung als Hilfsschwester, Butler, Altersmanagerin, Köchin, Hausfrau, gerontopsychologische Beraterin und vieles mehr. Ab sofort habe ich sechs Hände, sechs Füße und drei Köpfe zu versorgen. Der Aufwand multipliziert sich mit dem Lebensalter. Bodo muss dreimal am Tag raus. Unsere Spaziergänge sind meine Erholung.

Ich übernehme die »Verwaltung« meiner Eltern. Um ihre Bürokratie, ihre Bankangelegenheiten, die Verhandlungen mit der Pflegeversicherung, der Krankenkasse, den Ärzten führen zu können, brauche ich Ermächtigungen. Ich habe die Formulare für Vollmachten, die Patientenverfügung, die Betreuungsverfügung besorgt. Die Unterschrift meiner Mutter nach dem Schlaganfall hat wenig Ähnlichkeit mit ihrer Unterschrift vorher. Sie übt sie mit ihrer Logopädin. Sie spricht ihr langsam und deutlich vor: A – nne – lie – se, Anneliese. Stolz zeigt meine Mutter mir das erste Ergebnis: A n n e i l s e . Ich bin gerührt. Sie übt entschlossen weiter. Ich schlage vor, dass wir drei uns gegenseitig bevollmächtigen. Wobei ich bei mir noch zusätzlich einen Freund einsetzen möchte. Meine Eltern sind einverstanden. Unsere Unterschriften leisten wir vor privaten Zeugen. Mein Vater will mir die Steuerunterlagen erklären: »Bald musst du an meine Stelle treten, das ist mir alles zu viel.« Wir verschieben das, weil die Hörgeräte verschwunden sind.

Mit der Therapeutin bespreche ich mein weiteres Vorgehen. Sie ermahnt mich, mein eigenes Leben nicht vollständig zu vernachlässigen. Beide Eltern wollen mich eigentlich ständig bei sich haben. Meine Mutter genießt die permanente Nähe. Ich finde, dass jeder seine Intimsphäre braucht. Ich bestelle einen Pflegedienst für die Morgentoilette. Immens wichtig ist das Recht, die Kontrolle über den eigenen Urin, den Stuhlgang zu behalten. Windeln und Katheter verhindern das, sind meiner Meinung nach deshalb nur in der letzten Notwendigkeit zu nutzen. Das erste eigene hergestellte Produkt eines Kindes ist sein »Pipi« und »Kaka«, darauf ist es stolz, jetzt ist es eigenständig, das »Ich«, das »Meins« wird etabliert. Es gibt Foltermethoden, die genau hier ansetzen, um den Menschen zu brechen. Ich organisiere Tagesabläufe, die mir den Nachmittag zur eigenen Verfügung halten. Einmal die Woche wird es mir gelingen. Meine persönliche Umgebung bewundert mich ein wenig, die meisten halten mich für wahnsinnig und mehr. Durch die Therapie bleibe ich in einer kontrollierten Reflexion. Die Therapeutin besteht unverrückbar auf meinem Wohlergehen, auf meiner Entwicklung privat und beruflich. Ich stelle mir den Einsatz für meine Eltern wie eine Brücke vor, bis sie wieder stabilisiert in der neuen Situation sind. Bis ich ein Pflegeteam für ihre Bedürfnisse in einem realistischen finanziellen Rahmen zusammengestellt habe. Ich muss es einfach versuchen, ich kann keine andere Entscheidung treffen. Beide Eltern wollen auf keinen Fall in ein Heim. Mein Vater würde sich vielleicht fügen in seinem trockenen Realismus. Aber wie würden wir das finanzieren?

Im klassischen Sinne habe ich noch keinen Haushalt geführt, immer nur gekocht, wenn es mir Spaß gemacht hat. Jetzt werden von mir täglich erwartet: Frühstück, zweites Frühstück, Mittagessen mit Hauptgang und Nachspeise, Kaffee, Abendbrot, eine kleine Überraschung. Jeden Tag zwei bis drei Waschmaschinen voll Wäsche. Pillenausgabe, Einfuhr- und Ausfuhrplan. Einlagen wechseln, umziehen, waschen. Vielfach täglich. Das mir! Ich bin eine Zeit- und Raumnomadin. Ich hasse feste Abläufe, feste Wohnsitze. Meine Eltern brauchen eine Tagesablaufroutine, um sich zurechtzufinden. Immerhin habe ich mein Fluchtkamel, das Auto vor der Tür stehen. Das beruhigt mich.

Es entwickeln sich Rituale: Meine Mutter sitzt immer bei mir, wenn ich koche. Sie hilft mir, ihren Möglichkeiten entsprechend. Wir lachen, üben Worte. Ich frage sie: »Möchtest du von der Pastete probieren?«
»Ich will keine Petete.«
»Pass tetee.«
»Kaktete.«
»Passss Tete.«
»Kack tete, will ich nicht.«
»Pass … Pass wie der Pass von der Polizei.«
»Keine Polizeitüte.«
Mein Vater erscheint nur zu den Mahlzeiten. Er wirft mir mehr-

mals täglich vor, das er jetzt auf einer Baustelle wohnen muss und das in seinem Alter. Sein Thema ist der Tod, wie kann er möglichst schnell sterben? Seine Pillen ordnet er nicht mehr selbst ein. Der Neurologe verschreibt ihm ein Antidepressivum. Ich setze ihn jeden Tag 30 Minuten vor die Tageslichtlampe. Heute essen wir eine Bouillon, Kalbsleber Berliner Art mit Zwiebeln, Äpfeln, gebräunter Butter und Kartoffelpüree, natürlich selbst gemacht, danach echten Vanillepudding. Inzwischen kann ich sämtliche traditionellen Gerichte. Ich reiche ihm seine Mittagspillen. Er nimmt sie widerwillig: »Mit den ganzen Pillen intus musst du mich als Sondermüll entsorgen.«

Ich zeige auf mein Ohr. Er zuckt mit den Achseln. »Weg, alles verschwindet. Die haben 3000 DM pro Seite gekostet. Na, is' mir auch recht, die haben immer so gejuckt.« Er meint seine Hörgeräte. Ich hole aus seinem Schrank den neuen Hörbügel. Widerwillig, gequält setzt er ihn ein, schaltet ihn an. »Bereit.«

»Ich glaub, auf dem Friedhof wird noch nicht getrennt.«

»Det juckt überall, die Würmer erwachen schon zum Leben, kannst mal am Rücken …?«

Ich rubble seinen Rücken, frage ihn: »Kannst du dich noch an den Spruch von Tante Gundlach erinnern?«

Kopfschütteln: »An TG? Natürlich, die wird ja nu auch schon tot sein.«

»TG lebt fröhlich in einem Altersheim, sie ist jetzt weit über 90. Zu ihrem Mann hat sie immer gesagt, wenn er gejammert hat: Nimm dir'n Kranz und setzt dich schon mal auf dein Grab.«

»Das war aber nicht nett.«

»Na ja, da war er schon 1001 Mal am Tag gestorben und immer noch da.«

»Wieso wollte er denn sterben, ihm ging's doch gut mit ihr.«

»Warum willst du sterben, dir geht's doch auch gut bei uns.«

»Alles im Leben ist Leiden. Solange man damit selbst zurecht kommt, na gut. Wenn man anderen zur Last fällt, muss man gehen«, antwortet mein Vater ernst. »Du fällst doch nicht zur Last, wir finden schon eine Lebensform, die für uns alle gut ist.« Von meiner Mutter bekomme ich ein Lächeln, mein Vater liest in der Zeitung. Für ihn war das Gespräch beendet. Bodo robbt in bekannter Technik auf seinen Schoß. Seine Anhänglichkeit macht meinen Vater stolz.

Ick gehe zum Skelett-Ballett
um Mitternacht

Die Vertretung der Chefin des Pflegedienstes »Annabell« (Name geändert), macht ihren Vorstellungsbesuch. Eine mollige Frau Mitte 40, die früher in einem Krankenhaus gearbeitet hat. Sie erklärt das Konzept ihres Pflegedienstes. Im Gegensatz zu anderen bieten sie keine Tätigkeitsmodule, sondern Zeiteinheiten. Morgendliche Pflege beinhaltet auch das Bettmachen, den Toilettenstuhl ausleeren, Frühstück zubereiten, egal ob für eine oder zwei Personen. Es gibt eine Stammpflegerin, das wäre die Dame selbst. Sie betont, dass sie keine Ausländer beschäftigen. Wenn eine neue Pflegeperson hinzukommen sollte, dann wird diese vorgestellt und kann von der Patientin auch abgelehnt werden. Wir schließen einen Vertrag mit »Annabell« über die morgendliche Pflege: wecken, Bettmachen, Frühstück für zwei, Morgentoilette inklusive. Haare waschen einmal pro Woche, zweimal baden beziehungsweise duschen. Ich bin in der ersten Woche stiller Beobachter, fasse Vertrauen. In der nächsten Woche habe ich ein Seminar. Bin noch vor dem Aufstehen weg, komme erst am Abend wieder.

Nach wenigen Tagen läuft alles aus dem Ruder: Es kommen neue, nicht vorgestellte Pflegekräfte, die kaum Deutsch verstehen geschweige denn sprechen. Für meine Mutter, die gerade wieder sprechen lernt, ist das ein unhaltbarer Zustand. Als unsere Haushaltshilfe meiner Mutter in einen Pullover helfen will, fällt ihr auf, dass sie verschreckt auf eine schnelle Bewegung mit der Hand reagiert. So, als würde sie erwarten, geschlagen zu werden. Nach Tagen offenbart meine Mutter ihr, dass sie beim morgendlichen Anziehen von den Pflegekräften geschubst, genötigt wurde. Ich entlasse den Pflegedienst. Bei der Abrechnung gibt es eine weitere negative Überraschung.

Ich kündige mit sofortiger Wirkung, schließe einen neuen Pflegevertrag mit der Diakonie ab. Die rechnet streng nach Tätigkeitsmodulen ab, aber seriös. Auch hier gibt es zu 90 Prozent Ausländerinnen: Polinnen, Russinnen, Griechinnen, Türkinnen. Sie können gut Deutsch. Aber keine ist ausgebildete Krankenschwester.

Wir pegeln uns so ein: Ich komme zum Frühstück, bleibe bis nach dem Mittagessen, komme am frühen Abend wieder. Dienstag und Donnerstag übernimmt den Vormittags- und Mittagseinsatz die Haushaltshilfe. Bodos Urlaub bei uns ist leider beendet. Meine Eltern hatten mit Freude für ihn gesorgt: Fressen anrichten, bürsten, spielen, schmusen. Beide vermissen ihn schmerzlich. Noch tagelang ist er das Hauptthema. Ich vermisse in Bodo meinen Zen-Meister. Ich biete meinen Eltern eine Perserkatze an, ein alter Herr wechselt ins Altersheim und darf sie nicht mitnehmen. Sie lehnen ab, sie wollen keine Verantwortung übernehmen. Ich biete an, sie darin zu entlasten. Ich werde die Versorgung und Verantwortung auch über die Lebenszeit meiner Eltern hinaus übernehmen. Doch sie bleiben beim »Nein«. Mein Vater zieht sich immer mehr zurück. Er leidet an der Märchensprache meiner Mutter, hält sie für verrückt.

Jeden Tag überrascht er mich mit neuen Gesprächen über sein baldiges Ableben:

»Ich hab schon mein Ticket bestellt. Nu muss nur noch der Schaffner kommen.«

»Welcher Schaffner?« Keine Antwort. Er sieht, dass ich geredet habe.

Ich brülle: »Hast du mich verstanden?«

»Nein.« Ich zeige auf mein Ohr.

Mit einem Muss-das-jetzt-sein-Blick setzt er seinen Hörbügel ein. »Bereit.«

»Welcher Schaffner?«

»Na, der Sensenmann.«

Meine Mutter steht unter Stöhnen auf, geht an ihrem Rollator aus dem Zimmer.

»Haste das Ticket nicht schon im Mutterbauch gelöst?«

Er muss kurz überlegen: »Ja, klar.«

»Also war alles sinnlos? Das ganze Leben?«

»Nee, kann man so nicht sagen. Aber meine Generation ist schon um einen Teil des Lebens betrogen worden. Jetzt kann er mich auf meinen Platz führen.«

»Du meinst mit Air-Berlin auf Wolke 7? Oder mit dem ICE verspätet in die Hölle?«

Mein Vater muss nun doch lachen: »Na, wohl eher mit dem Urknall ins Nichts …« Er legt seinen Hörbügel ab.

»Lilo??? Loli!!!«, ruft meine Mutter von der Toilette. Ich gehe zu ihr, ich soll ihr mit den Einlagen helfen.

»Mammi, ich heiße I l s e. Ilse. Lilo ist deine Freundin, die müssen wir auch mal wieder anrufen.« Leider muss ich ihr helfen, sich komplett umzuziehen, sie ist zu spät zur Toilette gekommen. Nach einer halben Stunde kommen wir zurück ins Zimmer. Mein Vater löst Rätsel. Ich bereite Kaffee und Kuchen in der Küche vor. Aus dem Wohnzimmer höre ich meinen Vater meine Mutter fragen:

»Habe ich einen dunklen Anzug?«

»Mmmh, schmalse nicht.«

»Einen dunklen Anzug, das musst du doch wissen als Hausfrau.«

»Nofte nee. Bitte?«

»Ich verstehe nur Deutsch! Na, dann muss ich mal Ilse fragen …«

Ich bringe gerade ein Tablett herein. »Habe ich einen dunklen Anzug?«

»Ja.« Ich serviere das Essen.

»Gut.«

»Brauchst du den jetzt?«, fragt meine Mutter plötzlich deutlich.

»Nee, ich frage nur, falls man mal zu einer Beerdigung muss … Ilse sagt, ich hab einen …«

»Ich weiß es nicht«, kommt von meiner Mutter wieder klar und deutlich. Ich traue meinen Ohren kaum. Mein Vater bemerkt es nicht.

»Was weißt du überhaupt? Es ist einfach nichts mehr los mit uns.« Er entdeckt den Kuchen.

»Sahne?«, frage ich überflüssigerweise.

»Ja, bitte. Schön! Schokoladenkuchen mit Sahne. Prima.«

Am Abend bin ich von einer Bekannten zu einer Vorstellung im Wintergarten Varieté eingeladen. Herrlich die Musik von Trio Bravo und erst die Akrobaten: Genuss und Lebensfreude. Ein Artist des Ensembles feiert Geburtstag in einem italienischen Restaurant, wir werden mit eingeladen. Russische Gastfreundschaft beginnt und endet mit Wodka, die Tische biegen sich unter tollem Essen. Gespräch und Gesang in vielen Sprachen. Ich werde beflirtet, wir lachen, albern, ich lerne russische Worte. Herrlich. Gegen 7 Uhr morgens schließe ich meine Wohnungstür auf. Mein Telefon klingelt. Es ist mein Vater:

183

»IllSeeeeee?«

»Ja, ich bin's?« Mein Herz donnert.

»Wo bist du denn, ich versuche dich seit über einer Stunde zu erreichen.« Er ist ganz Vorwurf.

»Was ist passiert?« Mein Handy war die ganze Nacht neben mir, darauf war kein Anruf.

»Deine Mutter platzt, sie sieht aus wie der Glöckner von Notre Dame, was soll ich machen?«

»Ich komme, bin gleich da.« Für die 300 Meter nehme ich mein Auto, bleibe in der Feuerwehreinfahrt stehen. Mein Vater steht am Fenster und rudert aufgeregt mit den Armen, dass ich schnell nach oben kommen soll. Ich renne zum Hauseingang, der Türöffner summt schon ungeduldig.

Mein Vater steht in der Wohnungstür: »Schnell, ich hab vor 20 Minuten nach ihr gesehen und die Katastrophe festgestellt!« Sein Pyjama schlottert um seinen Körper. Hat er abgenommen? Mit drei Schritten bin ich am Bett meiner Mutter. Ihr Gesicht ist zu einem Ballon aufgeschwollen. Ihre Augen sind nur noch kleine Schlitze. In ihrem Blick ist Entsetzen. »Sie sieht doch aus wie Quasimodo, das musst du zugeben.« Spricht mein Vater in meinen Rücken. Meine Mutter gibt gequälte Laute von sich. Ihre Lippen sind so aufgebläht, dass sie keine Silben formen kann. »Guten Morgen.« Ich gebe ihr sehr vorsichtig einen Kuss auf die Wange. Sie dreht ihr Gesicht weg. »Hast du Schmerzen?« Sie schüttelt den Kopf. »Darf ich die Decke wegziehen?« Sie nickt. Auch ihre Hände und Füße sind geschwollen, aber nicht ganz so schlimm. Die Lymphe fließt nicht ab, schließe ich daraus. »Hat die Schwellung zugenommen?«, frage ich meinen Vater: »Weiß nicht, kann sein.« Ein Schreck durchfährt mich: Was ist mit ihrer Zunge? Dem Inneren des Halses? Kann sie ersticken? Was dann? Feuerwehr rufen, wenn vorher nötig ein Luftröhrenschnitt. Im Film wird dann ein Kugelschreiber in den Hals gerammt, oder ein Obstmesser, nur wohin genau? »Mammi, kannst du ohne Einschränkung atmen?« Sie nickt. »Zeig mir bitte deine Zunge.« Ihr Mund ist so geschwollen, dass er etwas offen steht. Eine Bewegung ist ihr unmöglich. Sie versucht es, aber die Haut hat keinen Spielraum mehr. »Streck die Zunge raus, bitte.« Ich beuge mich zu ihr. Sie wedelt mit ihrer Hand zwischen unseren Gesichtern, als ob sie Zigarettenrauch verscheuchen wollte. »Ich komme von einem Geburtstagsfest. Wenn wir wissen, was du hast, ziehe ich mich um.« Die Zungenspitze erscheint zwischen den Ballonlippen. Das bringt nichts. Ich bitte meinen Vater um eine Taschenlampe. Der Atem meiner Mutter ist ruhig und gleichmäßig. Mit der Taschenlampe erkenne ich, dass die Zunge ihre normale Größe hat. Ist das ein allergischer Schock? Was hat sie gegessen? Wir haben alle das Gleiche gegessen. Fisch. Müssten wir dann nicht alle Symptome haben? Keiner von uns ist allergisch. »Na, deine Ruhe möchte ich haben. Willst du nicht die Feuerwehr rufen?« Mein Vater ist in Panik. Mutter schüttelt energisch ihren Kopf. »Es ist jetzt 7.45 Uhr, in 15 Minuten ist Mammis Hausarzt erreichbar, ich denke, das können wir abwarten.« Ich messe ihren Blutdruck, völlig normal. Messe, ob sie Fieber hat, leichte Untertemperatur. Ich beschließe, ihr eine Calcium-Brausetablette zu geben. In der unteren Küchenschublade finde ich einen Strohhalm. Was für ein Haushalt!

Der Hausarzt teilt seine Praxis mit zwei weiteren Ärzten. Er ist im Urlaub, sein Vertreter weigert sich, einen Hausbesuch zu machen. »Wenn mein Kollege zu Ihnen in einen anderen Bezirk fährt, ist das seine Sache, ich mache das nicht.« Auch der Hinweis, dass meine Mutter ja nun gerade zwei Monate Klinikaufenthalt hinter sich hat, rührt ihn nicht. Per Ferndiagnose tippt er auf ein Quincke Syndrom, ein angioneurotisches Syndrom. »Calcium, ja schadet nichts, ansonsten empfehle ich die Feuerwehr oder einen Notarzt.« Auf massive Nachfrage und nochmalige Beschreibung der Symptome gibt er mir den Namen eines Medikamentes durch. Das Rezept wird er schicken, da Briefmarken in der Krankenakte meiner Mutter sind. Mein Vater ist dafür, die Feuerwehr zu rufen, meine Mutter nicht. Beide wollen, dass ich entscheide. Ich bestelle einen Bereitschaftsarzt. Nach vier Stunden kommt einer. Er erkennt nicht, dass meine Mutter wie das Michelin-Männchen im Gesicht aussieht: »Ich kenne Ihre Mutter ja nicht, so könnte sie auch normal aussehen.«

»Sie sieht normalerweise aus wie ich, nur älter.«

»Sie haben doch auch ein rundes Gesicht.« Ich wühle nach einem aktuellen Foto, zeige ihm eins von vor zwei Jahren.

»Ja, da ist sie schlanker, aber auch insgesamt. Nee, ich kann nichts weiter feststellen.« Er schreibt eine Quittung, verlangt

10 Euro. Ich informiere ihn über die telefonische Einschätzung seines Kollegen. »Ja, dann geben Sie ihr das Mittel, was er empfiehlt, kann ja helfen.«

»Soll ich sie doch besser ins Krankenhaus bringen?«

»Das halte ich für übertrieben, solange sie keine Atemnot hat.« Der freundliche Arzt ist übrigens Orthopäde (!). Nun sind wir so schlau wie zuvor.

Ich behandle meine Mutter mit einer Lymphdrainage, ich hab's zwar nie gelernt, aber schon oft genossen und setze auf Wohlfühlen und Normalität. Gegen Abend nimmt ihr Gesicht langsam wieder normale Formen an.

Als ich meine Mutter ins Bett gebracht habe und das Haus verlassen will, kommt mein Vater aus seinem Schlafzimmer. »Die Schlaftablette wirkt nicht, du musst mir noch eine geben.«

»Papo, du schläfst den ganzen Tag, wie kannst du da erwarten, dass du dann wieder von 21 bis 6 Uhr durchschlafen kannst«, spreche ich direkt in sein Ohr.

»Ich brauche den Schlaf, ich bin ein alter Mann.« Er fleht mich wie ein Süchtiger um seine Schlaftablette an.

»Der Schlaf ist der kleine Tod, das brauche ich, zum großen Schlaf bin ich zu feige. Ich wollte schon in den Kanal gehen, aber ich traue mich nicht.«

»Meinst du das im Ernst?«

»Ja, todernst, ein Wassertod, das geht doch schnell.«

Ich suche sein Ohr: »Es ist Sommer und du kannst schwimmen, das geht nicht schnell, dein Leben will überleben, den Überlebensreflex kannst du nicht ausschalten. Das wird ein grässlicher Todeskampf.«

Er schaut mich ernst an: »Viele haben's doch so geschafft.«

»Deshalb finde ich das auch geschmacklos von dir.«

»Wieso das denn?« Jetzt wendet er mir sein Ohr zu.

»Ich möchte das nicht noch einmal erleben.«

»Wegen Clemens? Das war doch was ganz anderes, er war jung …«

»… und starb im Wasser. Ich sage dir jetzt, wie er es gemacht hat: Clemens hat sich seine Beine mit einem Schal zusammengebunden, damit er nicht mehr schwimmen konnte. Er war halbnackt und es waren minus 17 Grad.«

»Gut, wenn's dich stört, mache ich das nicht.«

»Hier ist deine Tablette, gute Nacht.« Ich gebe ihm einen Kuss auf die Wange.

»Du musst mir versprechen, nichts Gefährliches zu unternehmen.«

»Was meinst du damit?«

»Nicht Rad fahren, in Seen schwimmen, fliegen, auf der Autobahn schnell fahren, du weißt schon.«

»Am besten, ich höre auf zu atmen, das wäre das sicherste«, versuche ich zu scherzen, aber seine Wünsche schnüren mir den Atem jetzt schon ab.

»Ohne dich sind wir aufgeschmissen.«

»Ich mache nichts Gefährliches, versprochen.«

»Wer hilft uns, wenn du nicht mehr bist?«

»Ich möchte leben. Keine Sorge.«

»Na, dann schlafe well in deinem alten Bettgestell. Ick gehe zum Skelett-Ballett um Mitternacht.«

Ich bin sprachlos, ist das herzlos oder einfach realistisch?

Am nächsten Tag bittet mein Vater mich in sein Arbeitszimmer. Er hat seinen Hörbügel eingeschaltet, öffnet feierlich seinen Aktenschrank. »Ab jetzt musst du dich um alles Weltliche kümmern, ich kann mich nicht mehr auf mich verlassen.« Er macht eine ordentliche Übergabe. Alles ist vorbereitet in Akten und Listen. »Du bist jetzt das Oberhaupt der Familie.«

Ich kann das Gefühl nicht beschreiben. Ich bewundere ihn, möchte aber auch fliehen.

»Tut mir leid, dass es so weit kommen muss, jetzt ist die Last auf deinen Schultern.«

»Aber du hilfst mir doch?« – »Solange ich kann, gerne.« Er legt den Hörbügel ab, schreibt in sein Tagebuch: ›Verantwortung an Ilse weitergegeben. Rolf Pfeiffer.‹ Und atmet erleichtert auf.

Allmählich finden wir uns in den neuen Rhythmus ein. Ich mache den Wochenplan: Jeden Morgen kommt die Diakonie, zweimal die Woche kommen die Krankengymnastin, die Logopädin und die Haushaltshilfe zu meiner Mutter. Und ich komme jeden Tag. Eine nette Frisöse wurde gefunden, die Hausbesuche macht.

An einem Tag ballt sich alles: Die Krankengymnastin kommt zu früh, die Inkontinenzberaterin zu spät und der Hausarzt nach eigener Terminplanung. Es klingelt immer wieder an der Tür. Mein Vater reißt sie jedes Mal auf: »Bei Pfeiffers ist Ball ... Kommse rein, kommse rein.« Diesmal ist es der Hauswart, der das kaputte Toilettenrohr reparieren will.

Es ist meinem Vater unheimlich, so viele fremde Leute in der Wohnung. Manche haben sogar einen Wohnungsschlüssel. Mein Vater erkennt Menschen schlecht wieder. Er besteht darauf, dass Wertsachen in den Safe gebracht werden. Er will auch seinen Siegelring mitgeben. Ich bin dagegen, denn wenn er im Safe liegt, kann er keine Freude bereiten. »Ich sehe ihn so gerne an deiner Hand.« Mein Vater ist gerührt. Er hatte den Ring selbst entworfen, anfertigen lassen von seinem ersten Geld nach dem Krieg, gegen alle Vernunft. »Damit ich mich täglich freuen konnte, ein Beweis, dass die große Scheiße vorbei war.« Ich gestehe ihm, dass ich, als er seinen Schlaganfall hatte, den Ring heimlich getragen habe. Ich wollte damals mit ihm verbunden sein. Er war wie ein Unterpfand, dass er überleben würde. Er sieht seinen Ring voll Liebe an: »Ich schenke ihn dir, du kriegst ihn ja sowieso.« Er steckt ihn mir an und sagt im Wegdrehen: »Jetzt habe ich dir mein Leben übergeben.« Mich durchrieselt etwas Seltsames, keine Freude, sondern tiefe Verantwortung, auch Liebe und Anerkennung.

Auch das noch – Back to the Roots

Ein Marder hat inzwischen meinen 123er erledigt. Ade, geliebter Benz, willkommen Fahrrad! Gegen 8.50 Uhr fahre ich im strömenden Regen. Gerade beginne ich die Ungebundenheit auf zwei Rädern zu genießen, stelle mir vor, dass ich das in Zukunft beibehalten möchte, als aus einer kleinen Querstraße ein Auto von rechts vorschießt und abrupt stehen bleibt. Laut Straßenverkehrsordnung habe ich Vorfahrt. Mein Tempo ist zwar das eines halben Maulesels, aber ich kann trotzdem nicht ausweichen. Links ein Bauzaun, rechts ein Gitter, vor mir die Straße und das Auto auf

der Gegenfahrbahn. Also bremse ich, durch die Nässe rutscht das
Rad raketenartig vorwärts, ich bremse noch mal in Intervallen,
brülle. Der Autofahrer sieht mich blöde an. Ich muss durchbrem-
sen, um nicht auf seiner Kühlerhaube zu landen. Das Rad rutscht
mir weg und noch im Fallen spüre ich, wie meine schulterlangen
Haare irgendwo entlangstreifen. Instinktiv ziehe ich den Kopf
ein. Ich knalle auf den Boden, das Fahrrad landet auf mir. Das
Auto biegt mit hoher Geschwindigkeit links in die Bergstrasse ein.
Fahrerflucht. Ich kann nur die Breitseite des Autos sehen. Blauer
Golf. Ein alter Mann mit Schirm und Hackenporsche, einem Ein-
kaufswagen auf Rädern, nähert sich langsam, er hat den Unfall offenbar von weitem beobachtet: »Dass mir das passieren muss, nee
wirklich, ich kann nicht, ich kann nicht mehr! Dass mir das passieren muss, oh wie schrecklich, nee, neee.« Ich unterbreche ihn:
»Mir ist was passiert nicht Ihnen.« Ich lege mich zurück in die
Pfütze, will mich sammeln, der alte Mann jammert weiter. Ein
Mann mit der Statur eines Boxers stürmt über die Straße: »Bin
schon da, hab alles gesehen.« Er will das Fahrrad von mir nehmen. »Nein, lassen Sie alles, wie es ist, bitte.« – »Es regnet!« –
»Das ist mein kleinstes Problem, ich bin wasserfest angezogen,
ich will erst mal meinen Körper fühlen.« Beide Männer sehen
missbilligend auf mich herunter. Ich liege in der Pfütze, fühle keinen Schmerz, bewege meine Hände, o. k., meinen Hals, o. k. Mein
Kopf liegt ein paar Zentimeter vor einem Parkpoller aus Beton.
Das hatte ich also mit meinen Haaren gespürt. Ich wippe mit dem
Oberkörper, o. k., den Hüften, o. k., den Beinen, o. k., den Zehen,
o. k., den Füßen, o. k. »Sie können das Rad jetzt wegnehmen.«
Der Mann tut es: »Das ist hin, der Rahmen verzogen und das bei
einem Schwedenrad, hätte ich nicht gedacht. Das können Sie in
die Tonne treten.« Er nimmt meine Hand, greift mich gleichzeitig unter den Armen und zieht mich hoch. Ganz vorsichtig stehe
ich auf meinen Beinen. Beim ersten Schritt merke ich, wie sich
mein rechtes Bein seitwärts vom Fuß entfernt. Ehe ich was denken kann, empfinde ich nur, das ist komisch, nicht richtig. Mein
Hirn weigert sich, das in Worte umzusetzen. Ich humple über die
Straße zu der Kneipe, aus der der Mann mir zu Hilfe geeilt kam,
bemühe mich, den rechten Fuß nicht zu belasten. An der Schau-
fensterscheibe der Kneipe steht: neu Frühstück. »Klasse, ich hatte
eben überlegt, wo ich frühstücke, das mache ich jetzt bei Ihnen.« –

»Nee, wir rufen die Ambulanz, Sie müssen ins Krankenhaus.« –
»Nein, ich möchte erst einmal etwas zu mir nehmen und mir
überlegen, was zu tun ist«, widerspreche ich. Die Servierin
nimmt meine Bestellung entgegen. Der Mann bringt mir ein Kü-
chentuch mit viel Eis. Ich umwickle den Fuß, lege ihn hoch, beiße
in eine Butterschrippe. Mein Fuß ist nicht in Ordnung, das ist mir
klar. Wie bekomme ich die beste Versorgung? Sicher nicht in der
Notaufnahme einer x-beliebigen Klinik, wo vielleicht der Orthopäde gerade in der 36sten Stunde Dienst hat. Mein Anruf weckt
eine Freundin, von der ich weiß, dass sie gerade einen guten Or-
thopäden gefunden hat. Im Taxi fahre ich auf ihre Vermittlung
hin. Nach dem Röntgen eröffnet mir der Arzt zwei schlechte
Nachrichten: der Fuß ist gebrochen und muss operiert werden.
Mit Krücken und Taxi komme ich im Martin-Luther-Kranken-
haus an. Da ich meinen Fuß gekühlt hatte, ist er nicht geschwollen. Er kann sofort operiert werden. Ich bekomme einen Termin
um 19 Uhr. Ich erkläre den Ärzten die Situation mit meinen Eltern. Punkt 20.20 Uhr muss ich mit ihnen telefonieren. Ich
möchte meinen Eltern die OP bis morgen verheimlichen, um ihnen unnötige Sorgen zu ersparen. Morgen ist unsere Haushaltshilfe bei ihnen, sie kann meinen Vater zu mir ins Krankenhaus
bringen, damit er sich überzeugen kann, wie es mir geht. In seiner
Angst würde er sicher davon ausgehen, dass ich meine Verletzungen stark untertreibe. Mit großer Zuvorkommenheit wird mein
Problem berücksichtigt, 30 Minuten später ist meine OP. »Haben
Sie Allergien?« – »Nein.« – »Vertragen Sie Modeschmuck?« –
»Nein.« – »Dann haben Sie eine Allergie. Wir nehmen also Ti-
tan.« Eben hatte ich mir noch insgeheim zu meiner Ruhe und
Besonnenheit gratuliert, ich scheine aber wohl doch unter Schock
zu stehen. Ich muss Formulare unterschreiben, dass ich vom Risiko einer OP, einer Anästhesie unterrichtet wurde. Ob ich alles
verstanden habe. Ich darf wählen zwischen Rückenmark-Anäs-
thesie oder Vollnarkose. Die Vorstellung, eine Nadel direkt in
mein Rückenmark zu bekommen, ist mir unerträglich. Der Ober-
arzt fragt nach, ob meine Eltern versorgt sind, oder ob das Krankenhaus sie mit aufnehmen soll. Das rührt mich, aber einen Krankenhausaufenthalt möchte ich ihnen wirklich ersparen. Hat mein
Vater also Recht behalten mit seinem Pessimismus: Mir ist etwas
passiert. »Haben Sie noch eine letzte Frage? Sonst sehe ich Sie

gleich im OP.« – »Wie hoch ist das Risiko, dass ich auf dem Tisch bleibe?« – »Das Risiko, bei der Operation zu sterben, können wir nicht ausschließen.« Ich habe zwar Vollmachten erteilt für meine Eltern und einen Freund in der Patientenverfügung, aber ich habe noch kein Testament gemacht, keine Auflistung aller Verbindlichkeiten oder Vermögenswerte. Ich habe meine Unterlagen noch nicht »sterbefein« à jour. »Ich habe meine persönlichen Angelegenheiten noch nicht geordnet, wenn das Risiko zu berücksichtigen ist, dann sollte die Operation nach meinen Vorkehrungen stattfinden, dazu brauch ich ein paar Tage.« – »Realistisch gesehen ist es sehr unwahrscheinlich.«

Im Bett liegend, werde ich durch die Krankenhausgänge geschoben. Die Perspektive, die vor kurzem meine Mutter erlebt hat. Es ist deutlich anders, neben einem Bett herzulaufen, eine Hand zu halten und beruhigende Worte zu sagen, als ausgeliefert im Bett zu liegen. Die Schwestern im Vorbereitungsraum unterhalten sich, wer jetzt gehen darf und wer die Schichtübergabe machen wird. Irgendwie hat sich mein Beruf herumgesprochen. Einhellige Meinung ist, dass die Krankenhausserien nicht die Realität zeigen. Mir wird jeder Handgriff erklärt, damit ich es dann später besser machen kann. Anerkennung bekomme ich für meinen Vorzeige-Blutdruck: »Prima, das Beruhigungsmittel können wir uns sparen, ist auch besser, dann können Sie gleich noch eine Recherche im OP machen, da kommen Sie ja sonst nicht so einfach rein.« Ja, danke auch. Zu meinem eigenen Stolz bin ich wirklich in Ruhe und Konzentration. Ja, in einer Form von Ergebenheit. Da es nun sein muss, o. k. Ich fühle mich am richtigen Ort, umgeben von Kompetenz. Nach wie vor habe ich keine Schmerzen. Normalerweise falle ich in Ohnmacht, wenn man mir detailliert von Blut und Operationen erzählt. Normalerweise habe ich einen massiven Bluthochdruck. Der Anästhesist kommt. »47, übergewichtig, eingestellter Bluthochdruck, Angsthase«, informiere ich ihn. Er lacht: »Sie wollen sich die OP nicht ansehen?« – »Vielen Dank. Auf keinen Fall.« Ich werde in einen weiteren Raum geschoben. Klettere vom Bett auf eine mobile Liege, werde in den OP gefahren und auf den Operationstisch gelegt. Man wird mir eine Titanschiene einbauen, die mit fünf Schrauben fixiert wird. Ich schaue mich aufmerksam um, sehe mir sogar die Instrumente an. Das

OP-Team schaut auf die Röntgenaufnahmen von meinem Fuß. Der Anästhesist setzt eine Spritze. »Ich zähle auf Ihr Können, ich brauche meinen Fuß noch, und bitte sprechen Sie nur über schöne Sachen.« Der letzte Teil des Satzes klingt wie Wasser, das in einem Ausguss vergurgelt. Ich muss lachen, das klingt wie eine Mischung aus der Callas und dem haarigen Monster aus Adams Family. Sollte ich doch mal Drogen ausprobieren?

Von weit her höre ich Stimmen. »Sie atmet flach und unregelmäßig.« – »… beatmen?« – Geht es um mich? »Is o. k., ich mache Yoga-Atmung.« Habe ich gesprochen oder nur laut gedacht? – »Na machen Se mal, Sie müssen tief und regelmäßig atmen.« Ich nicke, tue es. Langsam komme ich wieder zu mir. Schlage die Augen auf. Über mir ist die ganze Zimmerdecke ein Glasgemälde mit Engeln und so weiter. Wäre ich vorher nicht angesprochen worden, ich würde denken, ich bin in einer Aufbahrungshalle aufgewacht. Ja, würde ich das denken? Bin ich tot? Ich war noch nie in einer Aufbahrungshalle. Was würde da ein Deckengemälde für einen Sinn machen?

Eine nette Schwester fährt mich auf eine Station in ein Einzelzimmer. Ich schlafe weiter. Um 20 Uhr werde ich auf meinen Wunsch geweckt. Was sage ich nun meinen Eltern? Heute, Dienstag, ist mein Außentag: 8 Uhr Therapie, Frühstück im Café, 11 Uhr Massage, einkaufen, Freunde treffen oder berufliche Termine, 20.20 Uhr das abendliche Telefonat mit meinen Eltern. Meistens gehe ich dann abends noch bei ihnen vorbei. Zum ersten Mal seit meiner Pubertät werde ich meine Eltern anlügen. Ich berichte von dem Tag, lasse den Unfall aus. Meine Mutter ist optimistisch, fragt in ihrer Sprache aber mehrfach nach, wie es mir geht. Als mein Vater das Telefon übernimmt, höre ich: »IllSeee, ist was passiert? Deine Mutter war den ganzen Vormittag so unruhig, ich wollte dich ja nicht stören, mit ihr war nichts, mit mir nur das Übliche, ist was mit dir? Dir darf nichts passieren, dann sind wir geliefert, das weißt du.« – »Der Kopf ist noch dran, mach dir keine Sorgen. Wir sehen uns morgen.« – »Na, Gott sei Dank, wann kommst du?« – »Ich würde dich bitten, morgen das Frühstück zu machen, ich hab noch eine Verabredung. Mittags sehen wir uns dann.« Jesses! Ohne direkte Lüge davongekommen. Trotzdem habe ich ein schlechtes Gewissen. Aber ich weiß, ich habe die richtige Entscheidung getroffen. Die Krankenschwestern wundern sich, dass ich keine Schmerzen habe. Ich bin einfach nur froh, keine zu haben. Ich schlafe wunderbar. Unter mir schreien Babys, ungewöhnlich sanft.

Am nächsten Vormittag gestehe ich meinen Unfall und meine Operation. Der Kommentar meines Vaters: »Hatte ich doch Recht mit meinen Befürchtungen. Pessimismus ist Realität. Warum glaubt mir keiner?« Aus den Worten meiner Mutter höre ich heraus: »Ist das alles, was heute passiert ist?« Sie betont das »heute«. Ich spüre, dass sie meinen Trick durchschaut, oder ist das nur Interpretation? Ich fühle mich sehr verbunden mit ihr, es wäre nicht das erste Mal, dass sie erfühlt, was mir passiert. Wie großzügig, dass sie mich nicht direkt danach fragt.

Die Haushaltshilfe bringt meinen Vater zu mir. Er drückt mir sehr formell die Hand zur Begrüßung. Seinen Hörbügel hat er vergessen. Er erklärt mir, dass er ihn nicht braucht, da ich doch deutlich sprechen kann. »Dass das nun passieren muss. Du hattest doch versprochen, nicht mit dem Fahrrad zu fahren.«
»Es ist nur ein Fußbruch.«
»Na, danke schön, jetzt fällst du doch erst einmal aus.«
»Ich hab schon alles organisiert, ihr seid trotzdem versorgt. In ein paar Tagen werde ich entlassen, dann ziehe ich zu euch. Ich kann ja erst mal keine Treppen steigen.«
»Ja, das ist gut, dann pflegen wir dich, sehr gut. Ich geb' dir mein Bett, dann hast du deine Ruhe. Am besten, du gibst mir mal eine Kopie von deinen Verbindlichkeiten, Verpflichtungen, Adressen und so weiter, damit ich für den schlimmsten Fall gerüstet bin.«
»Ich bereite alles vor, zeige es dir dann.« Lektion gelernt.

Die fünf Tage im Krankenhaus genieße ich. Ich bekomme Besuch von Freunden, die mir das schönste Obst mitbringen, freue mich an der Esskastanie vor meinem Fenster, mache eine Obst-Sonnen-Schlafkur und lausche den Babystimmen aus der unteren Etage. Ich liege über der Neugeborenenstation. Frische Erdenkinder schreien anders als »normale« Babys. Sie schreien nicht, um etwas zu bekommen oder Protest auszudrücken. Sie schreien, um ihre Lungen, ihre Stimmen auszuprobieren. Erste Töne, Engelslaute.

Ich habe um eine frühzeitige Entlassung aus dem Krankenhaus gebeten und bin bei meinen Eltern eingezogen. Kampiere auf dem Sofa. Mit zwei Krücken und einer Art Astronautenstiefel, der mir es ermöglicht, sachte aufzutreten. Damit kann ich mich mühsam bewegen. Wir haben Hunger und wollen kochen. Ein Freund hat für uns eingekauft.

Meine Mutter bleibt im Wohnzimmer. Mein Vater schlägt vor, dass er mein Koch-Assistent ist. Er geht schwankend vor in die Küche und setzt sich ermattet auf den Küchenstuhl am Tisch. Ich humple mit meinem Astronautenstiefel an zwei Krücken in die Küche hinterher. Ich darf den operierten Fuß nur so wenig belasten, dass ein Butterkeks unter meinem Gewicht heil bleiben würde. Bringe ihm den Hörbügel, setze mich auf einen hohen Klappstuhl, den ich mal für meine Mutter gekauft hatte, als sie mir sagte, sie könne nicht mehr lange genug zum Kochen stehen. Heute wird er das erste Mal benutzt.

Auf dem Herd stehen eine Pfanne, in der Fischfilets braten, ein Topf, in dem Brokkoli über Wasserdampf gart, und ein Topf mit heißem Wasser, in dem Gnocchis auf ihr Auftauchen warten. Mein Vater hat gerade gelernt, eine Salatschleuder zu bedienen, Salat und Sauce in eine Schüssel zu geben, zu vermengen. Er hat seinen Hörbügel abgelegt, sorgfältig ins Regal gelegt und will den Salat ins Wohnzimmer bringen, als gerade meine Mutter mit dem Rollator in der Küchentür steht. Stau.

»Muss das jetzt sein?«, stöhnt mein Vater.

»Ela karampe Preisehund! Ja, Preisehund!!!« Sie rollt unverdrossen auf meinen Vater zu, der weicht rücklings aus, fällt fast.

»Nee, wirklich! Du störst«, ruft er im Schreck und brüllt sofort hinterher: »Geh zurück, geh raus, wir kochen!«

»Preisehund. Ich munpe, gamnz hösen. Du hösen! Unbedingt.« Sie rollt unverdrossen, sehr erregt vorwärts und meinem Vater über den Fuß auf den Stuhl vor dem Wandschrank zu, setzt sich stöhnend unter Schmerzen. »Marx kwutt kumule dott.« Ihre Augen sagen triumphierend: »So, da bin ich!«

Mein Vater geht – vor sich hingrummelnd – ins Wohnzimmer. Als er zurückkommt und seinen Hörbügel wieder eingeschaltet hat, frage ich ihn: »Kannst du mir bitte den Durchschlag geben?«

»Durchschlag? Was ist das?«

»Ein Sieb.«

»Aha«, erwidert mein Vater, »so was haben wir?«

»Ja, im Wandschrank.«

»Dann sag mal deiner Mutter, dass sie da weggehen soll.«

»Mammi kann hören. Sag es ihr doch selber.«

Mein Vater brüllt: »Geh weg da … warum bist überhaupt hier?«

»Datze schnobel schraubekatakke backen«, antwortet meine Mutter sauer. Soll heißen: DU kannst nicht kochen.

Mein Vater fühlt sich bestätigt. »Siehste, sag du es ihr.«

»Du musst sie nicht anbrüllen. Mammi kann hören. Du bist in der Familie der Schwerhörige.«

Doch mein Vater bleibt stur. »Nu sags ihr schon.«

Ich bitte also meine Mutter, Papo an den Wandschrank zu lassen. Kommentarlos macht sie den Weg frei, steht hilflos am Deltarad.

»Was wolltest du?«, fragt mich mein Vater.

»Den Durchschlag.«

»Durchschlag, was ist das?«

Meine Mutter rollt mit den Augen.

Ich wiederhole: »Ein Sieb.«

»Aha, haben wir so was?«

»Ja, im Wandschrank.« Vater hebt ein Sieb hoch: »Das hier?«

»Nein, das ist ein Haarsieb.«

»Was ist der Unterschied?«

Meine Mutter schüttelt den Kopf.

»Ein Durchschlag«, erkläre ich, »ist aus Metall und hat große Löcher, und ein Haarsieb ist aus Metall oder Plastik und sehr engmaschig.«

Mein Vater sieht mich ungläubig an: »Und wozu brauchen wir das?«

»Um Soßen zu passieren.«

»Machen wir so was?«

»Ja«, antworte ich, »wenn du dir einen Sonntagsbraten wünschst.«

»So! Kann mich nicht erinnern.« Pause.

Meine Mutter stöhnt. Die Gnocchis tauchen im heißen Wasser auf.

»Die Gnocchis sind fertig …«, rufe ich.
»Was wolltest du?«, fragt mein Vater.
»Schon gut, gib mir einfach das Haarsieb.« Ich springe auf einem
Bein zum Tisch. Angle mir den Topf mit den Gnocchis vom Herd.
Mein Vater ängstlich: »Nicht doch, ich kann dir doch helfen.«
Ich hüpfe weiter zur Spüle und angle mir das Sieb vom Küchen-
tisch. Ich gieße die Gnocchis durch das Haarsieb in der Spüle ab.
Er kommentiert trocken: »Das war alles? Na geht doch!«
Meine Mutter lacht.

Tatsächlich, wir sind eine Familie

Seit einer Woche campiere ich auf dem neuen Pflegebett meiner
Mutter im Wohnzimmer, das am Tag mit schöner Decke und
Kissen als ihr Tagebett dient. So möchte ich ihr den Schrecken
vor diesem Bett nehmen. Ich vermisse eine Möglichkeit, mich
zurückziehen zu können. Es gibt keine fünf Minuten am Tag, in
denen ich allein bin. Wache ich um 5 Uhr auf, sitzt mein Vater
schon am Tisch und wartet auf das Frühstück. Meine Mutter leistet mir bis Mitternacht Gesellschaft. Dazwischen kommt die
Mitarbeiterin von der Diakonie zu meinen Eltern, eine Krankenschwester, die mir eine Vorsorgespritze gegen Thrombose gibt.
Die Krankengymnastin kommt zu uns allen. Mein Fuß wird
sachte mobilisiert, der Rest der Muskeln gestärkt. Mein Vater
wird zur Krankengymnastik gezwungen, dazu gehört auch einmal die 76 Stufen runter auf die Straße, um den Rasen rum und
wieder hochkommen: »Das wird mein früher Tod, grässlich!« –
»Dann müsste dir die Anstrengung doch willkommen sein?« In
seinen Augen antwortet mir ein Funke Humor, aber sein Körper
schleppt sich zum Sofa, um die Massage über sich ergehen zu lassen. Meine Mutter liebt die Krankengymnastik und die Behandlung danach, mein Training macht sie parallel mit. Sie weiß bereits, dass Karen Tiermedizin studiert.
Dann kommen noch die Logopädin, die Haushaltshilfe, selten
Besuch. Auf der anderen Seite erlebe ich so das ganze Ausmaß
der Hilfebedürftigkeit meiner Eltern. Ohne Ansprache stehen

sie nur zu den Mahlzeiten auf. Ansonsten dösen, schlafen sie. Allein trinken sie nichts. Ich bin erschüttert. Mein Vater hatte nach der Reha ein Antidepressivum und ein Schlafmittel bekommen. Von einem Tag zum anderen war sein Kurzzeitgedächtnis stark beeinträchtigt. Die ganze Wahrheit ist eine andere, noch kennen wir sie nicht. Ein paar Tage zuvor suchte er verstärkt das Gespräch mit mir: »Wie kann ich nur endlich sterben? Ich bin eine Fehlbesetzung.«

»Das bist du doch nicht, ich tue alles, damit es dir gut geht.«

»Das verstehst du nicht.«

»Schau dich doch mal um, du bist in deiner schönen Wohnung mit deiner Frau, deiner Tochter, wir kochen jeden Tag ein Lieblingsgericht von dir, wir können Ausflüge machen, alles was du möchtest.«

»Das nützt alles nichts, ich hab keinen Kopf mehr, nur 'ne olle Blase.«

Mein Vater schreibt täglich in seinen Kalender: Blutdruck, Gewicht, Befinden, Essen, Besonderes, was gelesen und so weiter. Seit zwei Wochen schreibt er: »Ich weiß gar nicht, was mit mir los ist, ich habe keinen Kopf mehr.« Er liest es sich selbst vor, wiederholt es für sich selbst laut, berichtet es mir über tausendmal am Tag. Es ist sein Mantra in endloser Aneinanderreihung. Ich schaffe es, innerlich Distanz zu halten. Bin sein Halt in der Realität.

Den ganzen Tag rennt er durch die Wohnung: von seinem Stammplatz im Wohnzimmer zu seinem Schreibtisch: »Wollte ich hier was? Nein, nichts. Doch. Ja?« Er rennt den Weg zurück und fragt sich das Gleiche vor seinem Sessel. Das wiederholt er 50- bis 80-mal ohne Pause. Dann kommt er zu mir: »Was wollte ich?«

»Deinen Blutdruck messen?«

»Nein, nein, etwas anderes, ich weiß nicht was, das ist doch schrecklich. Ich bin eine Leiche auf Urlaub.« Nach einer Minute kommt er zurück: »Weißt du, was ich wollte?«

»Rätsel raten?«

»Nee, wozu?«

»Das hast du immer gerne gemacht.«

»Hab ich? Weiß ich gar nicht.«

197

»Wenn es doch nur schon aus wäre.« Er geht wieder. Auch diesen Satz wiederholt er 20- bis 30-mal, ohne Pause, immer neu empfunden.

Es stellt sich heraus, dass er seinen Hörbügel von der Ladestation holen wollte.

Wir haben bei seinem Neurologen einen Termin, er meint, dass die beiden Medikamente sich nicht vertragen haben. Vielleicht ist seine Verwirrung eine Nebenwirkung. Wir müssen abwarten. Er soll trinken, trinken, trinken!

Stundenlang rennt mein Vater auf gerader Linie von seinem Bett über den Flur zu seinem Schreibtisch. »Ilseee, wo ist denn dieser Jordan?«

»Ich verstehe nicht? Was meinst du damit?«

»Na, über den Jordan gehen, klingt so einfach. Ist man am Ende göttlich oder wird man doch nur nass?«

»Ich weiß es nicht, göttlich zu sein, gefällt mir besser.«

»Man sagt ›Alter ist keine Krankheit‹, das ist Betrug! Es ist die grässlichste Krankheit, wenn man keinen Kopp mehr hat. Es ist Zeit abzutreten, aber wie?«

»Papo, du bist vergiftet, das sind Nebenwirkungen von den Medikamenten, trink viel, wir müssen Geduld haben, das ist nur vorübergehend.«

»Da bin ich aber gespannt, glauben tue ich das nicht.«

»Du bist quasi auf Droge, es ist wie auf einem Trip.«

»Droge? Wovon sprichst du. Ich hab noch nie Drogen genommen!« Er ist empört.

Gibt es eine Evolution zur gefühlsfreien Gesellschaft? »Ich denke, also bin ich?« Verstand, Anstand, Selbstbeherrschung über alles? Amma, meine Großmutter mütterlicherseits, konnte keinen Philosophen zitieren, der die Überwindung der Leidenschaft forderte. Sie lebte nach diesen Erkenntnissen. Sie war das Resultat der Erziehung Ende des 19. Jahrhunderts, der Wilhelminischen Zeit. Ihre Brüder durften auf Lehramt studieren, sie nicht, obwohl sie die Intelligenteste war. Sie lernte zu Hause mit. Der ihr zugedachte Lebensentwurf Ehefrau, Mutter, Hausfrau erfüllte sich nicht durch den frühen Tod ihres Mannes. Sie flüchtete in noch mehr Disziplin, notgedrungen, sie musste Tochter und Eltern ernähren. Ihre Tochter erfüllte ihre Anforderungen nach Härte und Führungsqualität nicht, obwohl sie trotz geschichtlich erzwungener Umwege ihr Ziel, Lehrerin zu werden, erreichte. So wie ich meinen Auftrag erfülle, die Familie zu beschützen. Ich spüre, wie die Umklammerung der aufgezwungenen Tradition mein Herz in den Bluthochdruck zwingt. Diese protestantische Erziehung, die ich von Amma erhalten habe. Protestantisch, das Wort konnte ich noch nie leiden, schon als Kind hörte ich nur PROTEST-antisch, Protest gegen Freude, Leidenschaft, Genuss, Sinnlichkeit, Wollust. Meine Fantasie lebte ich in mir aus, mein intimer Freund war die Birke im Garten der Großmutter. Meine Mutter erzählt gern und stolz, dass wir bei einem Winterurlaub im Riesengebirge – vor dem Einmarsch 1968, ich war zehn Jahre alt – im Hotel einen tschechischen Minister mit seiner Familie kennen lernten. Die Frau fragte, ob sie mich für einen Spaziergang in dem märchenhaft verschneiten, überfrorenen, glitzernden Wald ausborgen dürfte: »Ihre Tochter ist so romantisch, sie sieht in allen Kristallen Elfen und Geschichten. Meine Söhne haben so gar nichts davon.« Als meine Oma väterlicherseits endlich aus der DDR ausreisen durfte und nach West-Berlin in unsere Nähe zog, wurde ich plötzlich umarmt, geknuddelt, nass geküsst. Ich war schockiert. Meine Mutter erklärte mir, dass sich so die weniger Gebildeten benehmen würden. In Steglitz war das wohl nicht üblich. Beide Seiten der Familie, die mütterliche wie die väterliche, warfen sich Standesdünkel vor: Steglitz gegen Weißensee. Ich verweigerte also Omas Körperlichkeit. In liebster Erinnerung habe ich eine der seltenen Übernachtungen bei ihr. Ich durfte mit in ihr Bett, sie erzählte mir Geschichten von zwei Kartoffeln und deren Erlebnissen von der Kinderstube bis zum Kartoffelsalat. Ich liebte auch ihre Geschichte, wie sie im Krieg mitten in Berlin trotz drohender Todesstrafe ein Schwein schlachten wollte und dieses ihr in Todesangst laut quiekend entwischte. Sie jagte es gehetzt von den Furien ihrer Angst durch die endlosen Keller eines ganzen Häuserblocks in Weißensee. Am Ende verkrochen sich beide, das Schwein und sie, hinter einem Kohlenhaufen, um nicht entdeckt zu werden. Vereint in einem gemeinsamen Schicksal. Doch das Größte war, dass ich meine kalten Füße zwischen ihre warmen Beine legen durfte. Zu Hause durfte ich nur ab und zu auf der Besucherritze des Ehebettes einschlafen, zwischen meinen Eltern, an Berührungen kann ich mich nicht erinnern. Bei ihnen steckte ich meine Fußspitze immer in den Zwischenraum der harten Matratze und dem harten Holz. Jeden Morgen erwachte ich wieder in meinem eigenen Bett. Als mich meine Mutter als junge Frau länger umarmte, empfand ich das als Umklammerung, unangenehm fordernd, übergriffig. Das war mir peinlich. Meine Oma liebte mich, ich war ihr Juwel, ihre Prinzessin. Alles, was ich tat, war wunderbar. Das war mir noch peinlicher! Von ihr bekam ich das Geld für den ersten BH. Sie unterstützte meine Schauspielausbildung. »Wenn meine kleine Motte das möchte, bekommt sie es auch.« Sie ließ sich da von niemandem reinreden.

Jetzt brechen alte Werte auf. »Ich fühle, also bin ich«, wird das Motto. Wir umarmen uns, tauschen Wangenküsse. Wenn ich meine Mutter morgens wecke, strahlt sie mich von null auf hundert an. Wir umarmen uns intensiv, zärtlich-kraftvoll, herzen uns, küssen, streicheln uns, lachen. Jeden Morgen durchschwemmt mich ein überbordendes Glücksgefühl. Wir laufen diskret nackt oder leger bekleidet voreinander rum, eine Sensation. Selbst mein Vater wünscht Wangenküsse und umarmt manchmal zurück.

Trotzdem leidet mein Vater am Anblick meiner Mutter, ich leide am Wenigerwerden seines Hirns. Meine Mutter leidet an meinem Vater. Beide fühlen sich als Last für mich. In diesem neuen Zustand fordert mein Vater, dass ich immer da zu sein habe. Gehe ich aus dem Zimmer, sucht er mich nach ein paar Minuten. Ich fühle mich stranguliert. In meinem Fühlen springt mein Körper auf der Altersskala 40 Jahre nach vorn. Es kommt mir so vor, als hätte ich alle Krankheiten meiner Eltern auch: Husten, Bluthochdruck, Depression, Gelenkschmerzen und so weiter. Kommt das durch unsere Symbiose? Ist das eine Art Co-Abhängigkeit? Mein Alter? Spiegelneuronen? Sympathiekrankheit? Empathiehysterie? Zusätzlich habe ich Gewichtszunahme, Muskelverspannung, wegbrechende soziale Kontakte, kein Trallala mehr. Ich verändere mich, begrüße es, erwachsen zu werden für den zweiten Lebensteil. Mit 12 dachte ich, ich verdiene viel Geld bei Film und Fernsehen. Mit 40 habe ich genug Vermögen, um unabhängig zu sein, weiß durch das Leben, was ich wirklich möchte, reise dann um die Welt und studiere, wonach ich mich sehne. Jetzt bin ich 47, habe temperamentvoll gelebt, viel erlebt, mein Kapital durch eine Schrottimmobilie verloren oder an Männer »verschenkt«. Jetzt bin ich unabhängig auch ohne Geld. Ich spüre einen Wandel, bald weiß ich, was ich studieren werde. Eine Freundin fährt mich im Rollstuhl meiner Mutter zu meiner Wohnung. Die Passanten reagieren unterschiedlich: Die meisten schauen weg, meiden meinen Blick. Fast kann man sich schuldig fühlen, dass man ihnen einen solchen Anblick bietet. Seltsames Gefühl. Der Apotheker kommt aus seinem Geschäft. Seinen Gesichtsausdruck kann er kaum beherrschen, so entsetzt ist er, mich so zu sehen. Ich lache ihn an: »Halb so schlimm, ist nur vorübergehend.« Er freut sich. In meiner Wohnung gieße ich die Blumen, höre den Anrufbeantworter ab und packe eine Tasche mit Kleidung.

Bei meinen Eltern halte ich immer verschiedene Getränke bereit: Säfte zimmerwarm, Säfte gekühlt, Tees in Thermoskannen, Eisschokolade, Wasser mit, ohne, wenig Sprudel. Es gibt überall in der Wohnung Trinkstationen. An beiden Betten, im Flur für beide, am Schreibtisch für meinen Vater, am Sofa für meine Mutter, auf dem Esstisch für beide. Jeder hat überall sein eigenes Glas. Für meinen Vater mische ich einmal am Tag ein Nahrungsergänzungsmittel ein. Mein Vater isst wie ein Vögelchen, deshalb gibt es an seinen Stammplätzen zusätzlich Schälchen mit Datteln, Feigen, getrockneten Ananas, frischem Obst, Nüssen, Müsli – und Eiweißpower-Riegel. Sein Essen salze ich etwas mehr, um Durst zu erzeugen. In seine Soße kommt ein Extraschuss Sahne. Bei Mutter mache ich das genaue Gegenteil, sie isst sehr gern. Sie bekommt gezielt weniger Kalorien, also Obst, Reiswaffeln statt Kekse, Joghurt statt Sahne. Den ganzen Tag humple, hüpfe ich hinter meinem Vater her, bitte ihn zu trinken. Mindestens 60 Mal am Tag. Ich habe wenig Erfolg, trotz intensiver Bemühungen trinkt er nur knapp einen dreiviertel Liter. »Ich will sterben. Leider bin ich zu feige, aus dem Fenster zu springen.«
»Das würde ich asozial finden.«
»Wieso?«
»Denk mal an die Kinder, die da draußen spielen!«
»Ja, stimmt, das geht nicht.«

»Magst du ein bisschen Apfelsaft.«

»Nein.«

»Du hast erst einen halben Liter getrunken, und es ist jetzt 16 Uhr.«

»Na und, ich will sterben, ich trinke gar nicht mehr.«

»Aber nicht hier.«

»Wie sprichst du denn mit mir, das hier ist mein Zuhause.«

»Ja, genau, wenn du hier verdurstest, bin ich dran wegen unterlassener Hilfeleistung.«

»Wo soll ich denn hin?«

»Trink bitte, du hast eine Vergiftung durch das Schlafmittel, das geht nur durch Trinken weg.«

»Quatsch, wenn ich doch bloß schon im Himmelreich wäre.«

»Prost, dann trink aufs Himmelreich, hier.«

»Nein!«

»Doch!«

»Nein!!!«

Ich drücke ihm das Glas in die Hand. »TRINKE!« Er stellt es mit Wucht auf den Küchentisch, es schwappt über.

»Du trinkst den vierten Tag fast nichts, wenn du jetzt nichts trinkst, dann bring ich dich ins Krankenhaus.«

Ich komme mir vor wie eine Mutter, die versagt und ihrem Kind eine Heimeinweisung androht. Furchtbar!

»Du hast gar nichts zu bestimmen.«

»Ich bitte dich, zu trinken.«

»Nein! Im Krieg hättest du gut Oberfeldwebel sein können.«

»Was?«

»Ja, bei deinem Durchsetzungswillen, General! Stalin, genau wie Stalin, das bist du, Stalin!«, brüllt er mit Hass und in einer Lautstärke, dass meine Trommelfelle vibrieren »Stalin der Getränke!«

Ich bin vollgepumpt mit Adrenalin. Er steht zwischen Küchentisch und Waschmaschine, ich kann nicht an ihm vorbei aus der Küche. Ich fühle mich eingesperrt, bedroht. Mein Fluchtweg abgesperrt. Meine Energie entlädt sich. Plötzlich schlage ich mit dem Metallbratenwender wie eine Bekloppte auf die Metallspüle. Wieder und wieder. Das leitet meine irrsinnige Wut ab. Es ist mir völlig unbewusst. Überrascht genieße ich den Rhythmus des Knallens. Wieder und wieder schlage ich zu.

»Hau ab, geh mir aus dem Weg, dann trinke eben nicht, dann

stirb, s t e r b e , wenn du das willst, was geht mich das an. Ich
setze mich hier für dich ein, setzte mein Leben für euch ein. Hau
ab, lass mich in Ruhe! Ich halt das nicht mehr aus.«
»Wie sprichst du mit deinem Vater?«
»Genau, du bist mein Vater und ich eine erwachsene Tochter! Ich
bin erwachsen, wenn du dein Ego ohne Rücksicht ausleben
willst, dann brechen wir hier die Chose ab.«
»Was machst du hier denn schon groß, du hast doch sowieso
nichts zu tun, hast dein Leben doch vergeigt und jetzt soll ich
schuld sein.«
   Das überhöre ich lieber. »Stalin der Getränke, ich glaub, ich
spinne.« Ich bin verletzt, ich weiß, wie er zu Stalin steht.
»Mach hier nicht alles kaputt, das hat doch Geld gekostet.« Er
verlässt die Küche. Meine Mutter will mit ihrem Rollator rein-
kommen.
»Bitte nicht, ich muss jetzt alleine sein.«
Sie ist bleich und aufgeregt.
»Ich kann jetzt nicht.«
Sie nickt, schließt die Tür. Will er nicht trinken, weil er wirklich
nicht will, oder will er nicht, weil er nicht anders kann … oder ist
das Nichtwollen die Krankheit? Denkt er, er hat getrunken?
Möchte er verdursten? Keine Ahnung. Will er eine Inkontinenz
vermeiden?

Ich habe überall Muskelkater, setze mich auf den Stuhl. Der Bra-
tenwender ist verbogen, hat meine Gewaltanwendung aber über-
lebt. Der Spüle ist nichts anzusehen. Ich zittere in jeder Zelle.
Mir ist schlecht.
Zum Abendessen hat mein Vater den Vorfall nicht vergessen. Er-
staunlich.
»Filia condona«, murmelt er.
»Ich verstehe dich nicht?«
»Filia condona, eine Abwandlung von Pater condono das heißt:
Vater, verzeih mir. Filia ist die Tochter, also Tochter, verzeih
mir.«
»Gut, angenommen.« Er setzt seinen Hörbügel ein: »Noch mal,
bitte.«
»Gut, angenommen.« Das ist das erste Mal in meinem Leben,
dass sich mein Vater bei mir für etwas entschuldigt, komisches

203

Gefühl. Wir einigen uns, dass wir beide mit der Situation überfordert sind. »Ich trinke doch nicht aus Böswilligkeit nichts, ich vergesse es einfach.« Ich habe Milchreissuppe mit Schattenmorellen gemacht, das versöhnt ihn zusätzlich. Er streut fast ein viertel Pfund Zucker drauf, isst mit Wonne die ganze Schüssel auf. »Der Milchreis ist ein bisschen dünn geraten, schmeckt aber.« Ich freue mich, unbemerkt hat er einen halben Liter Flüssigkeit zu sich genommen. »Ich bin kein Scheiß, sondern ein Greis. Jetzt muss ich schon wieder auf die Toilette.« Ich sehe ihm nach, er sieht dünn aus. »Wir müssen dich morgen mal wieder wiegen.« – »Lass man, ich möchte lieber dick als dünn beerdigt werden«, missversteht er mich. »Gute Nacht.«

Zum ersten Mal in unserem Leben haben wir nach einem Krach einen Konsens gefunden. Es folgte keine monate- oder jahrelange Funkstille. Ein neues Familiengefühl. Schön. Im Pyjama tritt er noch einmal ins Wohnzimmer, wedelt von der Tür her mit einem Zettel: »Schön, wunderbar, angenommen, angenommen. Dito. Dito!« Ich hatte ihm auf sein Kopfkissen einen Zettel gelegt: »Wollte nicht mit dir streiten, verzeih. Ich hab dich sehr lieb. Ilse«

In der Nacht kommt er an mein Bett, es ist das siebente Mal in dieser Nacht.
»Illsseee? Bist du wach?«
»Jetzt ja.«
»Ich weiß jetzt, wie wir es machen.«
»Was?«
»Wie ich zu Tode komme.«
»Aha.«
»Ja, ganz einfach. Ich nehme eine Plastiktüte, stülpe sie mir über den Kopf und du hältst sie zu.«
»Aha.«
»Das ist ganz einfach, haben wir im Krieg auch so gemacht.«
»Im Krieg gab's Plastiktüten?«
»Da hat man eine Wachsplane genommen.«
»Aha.«
»Ja, wann machen wir es? Ich bin bereit.«
Ich richte mich im Bett auf. »Wie stellst du dir das vor?«
»Hab ich doch gerade gesagt.«

»Ich soll meinen eigenen Vater ermorden? Du überforderst
mich.«
»Nu sei doch nicht so mädchenhaft, das dauert nur ein paar Minuten.« – »Nein, tut es nicht, außerdem wird dein Überlebens-
instinkt einsetzen und du wirst um dein Leben kämpfen.«
»Quatsch, woher willst du das wissen?«
»Wir rufen morgen einen Forensiker an und lassen es uns erklären, ich kenne einen durch meine TATORT-Recherchen.«
»Du verwehrst mir meinen sehnlichsten Wunsch. Gut, dann
schlaf mal schön.« Ich höre ihn in die Küche gehen. Es raschelt
laut. Die berühmte »Langfingermaus« auf der Suche nach Schokolade.

Zwischen Ohnmacht und Wahnsinn

Am nächsten Tag kommt eine Gutachterin vom Medizinischen
Dienst der Krankenkasse. Ich hatte einen Antrag auf Pflegestufe
gestellt. Sie will für die Pflegekasse überprüfen, ob mein Vater
einen Anspruch hat. Als ich die Tür öffne, erkenne ich, dass es die
gleiche Gutachterin ist, die auch meine Mutter untersucht hat.
Spontan entfährt ihr vor einer Begrüßung: »Sie sehen aber scheiße
aus!« Wir müssen beide lachen. Ich bitte sie, sich nicht als Gutachterin der Pflegeversicherung vorzustellen, mein Vater würde sofort alle Antworten verweigern, er möchte für sich nichts bean-
spruchen. Die Gutachterin stimmt zu. Ich humple an einer Krücke
ins Wohnzimmer vor, kündige sie als eine Bekannte aus dem medizinischen Bereich an, die sich von seinem Befinden ein Bild machen möchte. Vielleicht kann sie uns helfen. Bereitwillig beantwortet mein Vater alle Fragen. Er ist nicht in der Zeit orientiert,
hat kein Kurzzeitgedächtnis. Die Gutachterin sieht sich auch sein
Schlafzimmer an und das Arbeitszimmer. Mit Blick auf seine De-
korationen sagt sie: »Gut, ich hab alles gesehen. Ich schreibe mein
Gutachten. Sie hören dann von der Krankenkasse.« Wir verabschieden sie, ich bringe sie zur Tür, sie schaut mich freundlich an.
»Sie wissen, dass Ihr Vater Alzheimer hat?« Seit diesem Moment
weiß ich, was gemeint ist, wenn es heißt, man verliert den Boden

unter den Füßen. Ich stehe ohne jedes Gefühl, falle innerlich ins Bodenlose. Es rauscht in mir, ich sehe nur noch Strukturen, als wenn ich an einem endlosen Strichcode vorbeirase: »NNNNNNNNeeeeeeeeeeeeiiiiiiiiiiiiiiiiiiiiiiiiiiiiiiiiiiiiinnnnn.« Irgendwie verabschiede ich die Gutachterin. Die Tür ist zu. Ich kann nicht mehr stehen, lege mich platt auf den Boden. Spüre mich weiter im freien Fall. Mein Kreislauf fährt Amok. Zwischen Ohnmacht und Wahnsinn. Mein Geist möchte gern abhauen. Es ist verlockend … Das Leben ist zu kurz für ein »Ja. Aber …«! Das ist mein Leitspruch seit langem, also weiter, marsch.

In einem Badewannentagtraum renne ich über dünnes Eis, hinter mir knackt es unaufhörlich, Risse springen nach rechts und links, manche überholen mich. »Ich bin ein Möbelstück, ein leeres sinnloses Möbelstück«, höre ich meinen Vater sagen. Ich renne über Wasser … Erreiche ich das andere Ufer? Und was bedeutet das?

Ich koche Entenbrust mit Backpflaumensauce und Spätzle, Champagner in Kristallkelchen, Milchreissuppe, natürlich. Mein Vater ist begeistert: »Was feiern wir?«
Ich deute aufs Ohr, er setzt seinen Hörbügel auf: »Ja, bereit.«
»Wir trinken auf das Leben.«
»Auf den Rest, der noch da ist, ich glaube …«
Meine Mutter unterbricht ihn: »Halüüü«.
Mein Vater brüllt unvermittelt: »Ich muss doch sagen dürfen, dass ich nicht leben will.«
»Dann trink doch für einen besseren Tod, verdursten tut weh«, antworte ich ihm.
Mein Vater stutzt: »Da haste vielleicht Recht.«
»Halüüü Vita!«, schmettert meine Mutter, sie erhebt ihr Glas, stößt mit uns an. »Halüüü Vita!!!«, sagt sie noch einmal. Das versteht auch mein Vater. »Na, wenn es denn sein muss.« Es wird unser neuer Trinkspruch. »Halüüü Vita!!!«
Leben, Tod, Gewissheit? Entscheidung? Mein Vater will sterben. Seine Erwartungen im Leben sind prognostiziert: nur noch der Tod. Aber wie? Die Frage ist, in welchem Alzheimerstadium ist er. »Ich falle zurück ins Tierische. Ich bin ein toter Gegenstand«, hat er mir versichert, und: »Du hast das Kommando, was mache

ich denn jetzt?« – »Was du willst. Du bist ein freier Mann, du hast gut für dich vorgesorgt, du kannst dir alle Wünsche erfüllen. Was möchtest du am liebsten machen?«, frage ich ihn. »Ich weiß nicht, am liebsten ins Bett.« – »Wenn ich zu Hause wäre, würde ich das auch tun«, ist meine Antwort. »Ich darf mich also hinlegen?« – »Ja, ich hole dich dann.« – »Gut, das ist gut.«

Mir ist, als hätte man mir mit dem Hammer auf den Kopf geschlagen. Was ist jetzt? – Was wird von mir erwartet? Die nächsten Wochen beobachte ich meinen Vater. Mir fällt auf, dass er seinen wahren Zustand sehr geschickt vor uns verborgen hat. Er öffnet keinen Schrank mehr, weiß nicht, wo seine Sachen sind. Da in seinem Schlafzimmer die Wäsche getrocknet wird, bedient er sich vom Wäscheständer. Was er nicht direkt sieht, ist nicht existent. Seine Hörgeräte benutzt er nicht mehr. Dafür seinen Hörbügel. Er weiß nicht, wie man sich und wo man sich wäscht. Was zieht man wie an? Ich finde Checklisten, die er vor einem Jahr geschrieben hat. Eine Anleitung fürs Waschen. Eine Anleitung fürs Anziehen. Jetzt weiß er nicht mehr, wo seine Listen sind. Dann, was er denn eigentlich sucht. Er war Steuerberater, er denkt, er hat noch seine Kanzlei. Weiß, dass er den Anforderungen nicht mehr gewachsen ist. Nächtelang werde ich in das Klientel eingewiesen, in die geheimen Zusammenhänge eingeweiht. Ich habe ihm fertige Steuererklärungen von längst verstorbenen Kunden vorzulegen. »Punkt drei Uhr!« Punkt drei ist es manchmal 380 Mal am Tag. Er hat Phasen der Aggression, der Verzweiflung, der Mutlosigkeit, der Klarheit, die ihn noch mehr bestürzen. Wie ein Besessener sucht er Unterlagen für die *diesjährige* Steuererklärung im September! »Ich hatte doch Einnahmen.« Ich deute auf mein Ohr, warte, bis er seinen Hörbügel eingeschaltet hat: »Bereit.«
»Nein, hast du nicht, nur Rente.«
»Du irrst dich, das kann nicht sein. Ich hab doch was dazu verdient.«
»Nein, du hast Rente als einzige Einnahme. Deine Kanzlei ist seit 20 Jahren geschlossen.«
»Das ist nicht wahr! Das kannst du mir nicht einreden.«
»Du bist 86 Jahre alt.«
»Na und?« Einen Monat lang ist das sein Hauptthema. Mor-

gens, mittags, abends und vor allem nachts. Ich lege überall Zettel hin:

»Du hattest keine Einnahmen, nur Rente.«

Ich lege ihm die Kopie seiner eigenen Steuererklärung vor.

Er sieht sie sich an: »Richtig, da steht's, dann muss das also stimmen. Ich habe nie gelogen!«

»Du musst den Überblick behalten, versprichst du mir das? Ich möchte nicht in den Knast wegen Steuerhinterziehung.«

Ich verspreche es. An diesem Tag vielleicht 500 Mal feierlich.

»Und deine Mutter? Sind wir nicht gemeinsam veranlagt? Sie muss mir immer eine Summe ersetzen, weil sie durch mich eine Steuererleichterung hat.«

Nach drei Tagen und etwa 1780 Fragerunden, statistisch gerechnet alle 146 Sekunden, hat er akzeptiert, dass ich die Last der Steuererklärung für ihn trage. Dann findet er einen alten Zettel. Obwohl die Notiz durchgestrichen ist, liest er seine alte Frage: »Hatte ich Einnahmen?« Die Fragerunde geht von Neuem los.

Betrunken traue ich mich auf die Internetseite der Deutschen Alzheimer-Gesellschaft. Das macht mich fertig, ich muss mich übergeben. Alles in mir weigert sich, diese Realität zuzulassen, ich kann die Inhalte nicht weiterlesen. Sein Neurologe sagt, solange er seine Umgebung wahrnimmt, sollte er noch zu Hause bleiben. »Noch zu Hause bleiben?« Ich soll ihn in ein »Abgezockt und totgepflegt«–Heim geben?[1] Wo und wie finde ich eine andere Lösung?

Was ist nur los? Meine Mutter, die das Abenteuer und Menschen braucht, die eloquent ist, die es liebt, über Literatur zu reden, ins Theater zu gehen, hat ein zerstörtes Sprachzentrum. Mein Vater, der seine Rituale, Ordnung, das Alleinsein liebt, gern liest, Rätsel löst, noch mit 80 begonnen hat, sein Englisch aufzufrischen, »verliert« sein Gehirn. Beide sind direkt im Zentrum ihrer Persönlichkeiten getroffen. Meine Mutter kämpft, ist optimistisch, will leben. Mein Vater leidet, ist pessimistisch, will sterben. Ich möchte allmächtig sein, heilen können. Die Unmög-

---

[1] Markus Breitscheidel: Abgezockt und totgepflegt. Econ Verlag Berlin, 2005.

lichkeit meines Wunsches macht mich wütend. Ohne Macht, ohnmächtig sein, ist für meinen Charakter schwer zu ertragen. Als Regisseurin oder Autorin bin ich für die künstlerisch-künstlich erschaffene Welt die Urheberin, die Schöpferin, die »Göttin«. In meinen Wut-Fantasien möchte ich zu Herrn Ratzinger, jetzt Papst Benedikt, gehen, den Schlüssel zu Petrus verlangen, mal mit dem Kompetenzträger für das Leiden Tacheles reden. Kapitulation? Einsicht? Unterordnung? In mir wütet es. Mein inneres Kind tobt. Es verliert gegen Gott.

Mein Vater bewacht mich. In der Nacht setzt er sich vor mein Bett, betrachtet mich. Wenn ich mich bewege, werde ich angesprochen. Dieses Buch schreibe ich meist in seiner Leseecke unter dem Fenster. Den Laptop auf den Knien, Ohropax in den Ohren. Meine Mutter hat ihre Fernsehphobie in der Reha abgelegt. Sie hat den Fernseher fast auf maximale Lautstärke gestellt, schläft aber meist dabei. Oft räumt mein Vater seine »Picasso-Ausstellung« von dem zweiten Sessel, setzt sich zu mir. Meine Mutter ist eifersüchtig, meist kommt sie nach einer Weile. Gehe ich in die Küche, folgt die Karawane. Jeden zweiten Tag muss ich meinen gebrochenen Fuß dem Arzt vorstellen. Obwohl mich jemand ersetzt, kommt es jedes Mal zu einem dramatischen Abschied. Letztlich fliehe ich dann aus der Wohnung. Gehe ich am Abend in die Badewanne, folgt mir meine Mutter unter dem Vorwand ihrer Inkontinenz, sitzt dann aber auf der geschlossenen, inzwischen gepolsterten Toilette und redet auf mich ein. Sie zwingt mich, unhöflich zu werden. Mein Vater kommt drei Minuten später: »Ach, hier seid ihr.« Er setzt sich dann auf einen Küchenstuhl in die offene Tür. »Hab ich was verpasst?« Ich schließe die Augen, entspanne? Nach einer weiteren Minute findet mein Vater, ich bade zu lange, das wiederholt er 20 Mal, bis meine Mutter ihn in Märchensprache, sein Hörbügel fehlt natürlich, anschreiend aus dem Bad treibt und ich sie. Dann siede ich mich wie einen Hummer, schwanke halb ohnmächtig im Bademantel aufs Sofa. Meine Mutter lacht lauthals: »Ein weißer Elefant.« Ich verstehe nicht, was sie meint. Sie macht eine Geste für ein überdimensionales, riesiges Wesen mit dickem Bauch! »Elefant!« So unterstützt, schlafe ich bei einer »Telenutella«-Beschallung ein.

Alles was meinen Vater irritiert, was neu ist oder ihm schon immer Angst gemacht hat, wird in einer Endlosschleife wiederholt. Alte Traumata tauchen auf. »Ich war ein ungeliebtes Kind, ich wurde von der Oberschule genommen«, »Mein Leben ist durch den Krieg sinnlos verschwendet«, »Mein Vater hat mich missachtet.« Argumentativ dagegenzuhalten, bringt nichts. Es gefällt ihm, dass ich ihm zuhöre, frei von wertenden Kommentaren, ihn nur ab und zu ermutige, weiterzusprechen. In dieser Phase erzählt er mir alles nur noch 40 Mal täglich. Ich frage ihn, ob er seinen Vater nicht einfach seinen Vater sein lassen könnte: »Da du ihn nicht kennst, sind das doch alles Spekulationen. Du hast 81 Jahre deines Lebens ohne ihn erfolgreich gemeistert. Da kannst du doch stolz auf dich sein! Vielleicht konnte er unter den damaligen Umständen nicht anders handeln?« – »Klar habe ich ihm verziehen, warum nicht, ich hab keinen Hass mehr«, bekomme ich prompt als Antwort. Sein Körper spricht eine andere Sprache: Vor mir sitzt ein kleines verstocktes Kind. Ich versuche, ihm meine Liebe deutlicher zu zeigen. Wir betreten schüchtern neues Terrain.

Er bettelt mich um seinen Tod an, wieder und wieder: »Wenn es bloß aus wäre«, »Ich schon im Himmelreich wäre«, »Es ist meine Zeit abzutreten«, »Petrus wartet doch schon« in 1000 und eins Varianten. Ich soll ihm einen würdigen Abgang versprechen, bei unheilbarer Krankheit, »Die ich ja schon habe. Auf keinen Fall will ich eine Amputation, dass musst du mir ersparen!« Ich verspreche es ihm. Wir haben es auch in seiner Patientenverfügung vermerkt. Ich zeige sie ihm. Wir sind beide ernst, verleztlich. Ich bitte ihn mitzuwirken, seine Depression zu überwinden. Danach können wir gemeinsam eine Entscheidung treffen. »Wieso gemeinsam, *ich* sterbe doch, nicht *wir* zusammen, das geht dich doch eigentlich gar nichts an!«

Das ist in der Tat ein neuer Ansatz. Es geht mich nichts an. Stimmt das? Darüber möchte ich erst einmal nachdenken. Das Recht am eigenen Leben. Ja. Das Recht, trübsinnig zu sein?

Ich wende ein: »Du möchtest meine aktive oder passive Hilfe. Du hast mir deinen Wunsch mitgeteilt. Ab dem Moment muss ich doch auch eine Entscheidung treffen: 1. Wie stehe ich zu deinem Wunsch, 2. Wenn ich bereit bin, dir zu helfen, … 3. dann

aktiv oder passiv? 4. Was muss ich ganz praktisch tun, 5. was hat
das für Konsequenzen für mich: psychisch und rechtlich? Du
entscheidest über *dein* Leben, aber wie du es verlässt, darüber
müssen wir doch zu einem Konsens kommen?«
»Wiederhole das noch mal, das war mir zu schnell.« Ich wieder-
hole es.
»Gut, gut, Hauptsache, du hilfst mir.«
  Ich verspreche, mich zu informieren. Seine Bitte, es darf *mir*
kein Schaden zugefügt werden und es darf für ihn definitiv kein
Zurück mehr geben, bestätige ich als unsere gemeinsame Gedan-
kengrundlage zum Thema Sterbehilfe.
»Vielleicht kannst du ohne Hilfe sanft sterben, wenn du vorher
Klarschiff machst.«
»Du meinst, sonst muss ich vor Petrus mein ganzes Leben noch
mal ansehen?«
»Wenn's den gibt, ja.«
»Glaubst du daran?«
»Nicht so wörtlich in der kirchlichen Tradition, ich denke, ich
muss im Leben immer wieder Klarschiff machen, sonst kommt
kein neuer Wind in die Segel.«
»Du bist also auch Atheist.«
»Ich bin inspiriert von den Zehn Geboten, den Regeln aus dem
Talmud, den Gedanken des Dalai Lama, den hermetischen Ge-
setzen. Ich weiß noch nicht genau, was oder wer ich bin. Ich
kokettiere noch.«
»Deine Mutter denkt, sie kommt ins Paradies.«
»Ich glaube, wir sind schon im Paradies.«
»Dann müssen wir jetzt alle nackt rumlaufen und dürfen keine
Äpfel essen?« Wir lachen beide, leise. Nach einer Pause frage ich
mich und ihn: »Wann ist das Leben nicht mehr lebenswert?«
»Wenn du dich verlierst.«

Ich beschließe, die Irritationen, die seine Endlosschleifen auslösen, positiv zu nutzen. Ich kaufe eine wunderschöne einzelne
Rose, stelle sie in sein Arbeitszimmer. Es funktioniert, viele Dut-
zend Male kommt mein Vater zu mir, beschreibt die Schönheit
der Rose, dann hat er es vergessen: »Da war doch was?« Er entdeckt sie erneut. »Hast du mir die Rose hingestellt?«
»Ja.«

»Wunderbar, die Natur ist doch einzigartig, so etwas Schönes und völlig sinnlos.«

»Ihr Sinn ist, dich zu erfreuen.«

»Ja, das ist ihr gelungen, und dir auch, danke.« Diesen Trick wende ich jetzt täglich mit neuen schönen Sachen an.

Die Kür ist es, seine Eltern zu begleiten, ohne sie irgendwann dafür zu hassen

Meine Mutter hat Besuch von ihrer evangelischen Gemeinde, eine freundliche Dame, die den Besucherdienst einteilt. Ich hatte um einen Termin gebeten, schon nach drei Monaten kommt er zustande. Meine Mutter ist seit 60 Jahren zahlendes Kirchenmitglied. Viele aus der Gemeinde müssten meine Mutter kennen. Auch ich bin hier getauft und konfirmiert worden. Allerdings mit 14 Jahren ausgetreten. Meine Vorstellung, dass meine Mutter regelmäßig Besuch zum Kaffee empfangen könnte, wird von der freundlichen Dame enttäuscht. Es gibt zwar einen ehrenamtlichen Besuchsservice, der ist aber für Sterbende. Von anderer Seite bekommen wir den Tipp, es beim Mobilitätsdienst zu versuchen; gegen eine geringe Halbjahrespauschale schicken die einen Ein-Euro-Jobber, einen Langzeitarbeitslosen. Jeden Tag sehe ich diesen Begleitservice neben einem alten Nachbarn gehen. Meist schweigend, ernst, uninteressiert, auch rauchend. Noch liegt Schnee, darum werde ich mich im Frühling kümmern.

Mein Vater steht in Sterbeschwan-Pose an den Türrahmen seines Zimmers gelehnt. Er jammert, als ich die Wohnung auf Krücken verlassen will: »Immer bist du weg.« Ich erkläre zum dreißigsten Mal, dass ich 72 Stunden, also drei Tage, ununterbrochen anwesend war. Jetzt die Wohnung nur verlassen würde, um für uns alle einzukaufen. Meine Mutter sitzt auf ihrem Stuhl in der Diele hinter ihrem Rollator. Sie stöhnt, schnauft, sie kann es auch nicht mehr hören. Ich gebe ihm einen Kuss auf seine lange nicht mehr rasierte Wange. Er lächelt gequält, macht sich noch kleiner. Ich fühle mich innerlich wund, wenn ihn so sehe. »Ich bin in zwei Stunden wieder da.« – »Da kann es schon zu spät sein.« Mein Lächeln möchte ihm Mut machen: »Nein, bis dahin wird nicht gestorben.« Mein Humor findet kein Gehör. Mit einem minimalen Anflug einer Reaktion sagt er: »Bis nachher.« Meine Mutter streckt mir ihre Arme entgegen, sie erntet einen fünften Abschiedskuss. Auf dem Weg zur Wohnungstür streiche ich noch einmal sanft über den Oberarm meines Vaters. Ich öffne die Tür. Leise zischt es hinter mir: »Ist nie da, typisch, nie da! Kümmert sich nicht!« Es wirbelt mich herum. Wie ein Blitz stehe ich vor ihm: »Wie meinst du das?« Meine Stimme ist klar, hart. Ich sehe ihn kalt flammend an. Er streckt sich: »Stimmt doch, du bist nie da«, sagt er mir direkt ins Gesicht. Ich drehe durch, bin mir nicht mehr bewusst, dass diese Bemerkung Teil seiner Krankheit ist. »Ich finde das ungerecht. Ich bin seit Monaten nur hier bei euch, rund um die Uhr. Jetzt bin ich seit drei Tagen ununterbrochen hier, 72 Stunden. Ich habe kein eigenes Leben mehr, ich treffe niemanden, ich habe hier keinen persönlichen Platz, schlafe öffentlich im Wohnzimmer, und du wirfst mir vor, dass ich nie da bin, ich finde das ungeheuerlich.« Mein Vater jault auf: »Bitte nicht, bitte nicht, ich halte das nicht aus.« Er duckt sich, als wenn er Schläge erwarten würde. Eilig, auf sehr unsicheren Beinen, flüchtet er ins Wohnzimmer, entzieht sich. Ich könnte hinterher rennen, ihn schütteln, die Tatsache irgendwie in seinen Kopf bekommen. Ich atme schwer, bleibe im Flur stehen. »Ich muss nicht hier sein«, entfährt es mir. »Dann müssen wir eben eine andere Lösung finden.« Meine Mutter sieht mich entsetzt an, wird bleich. »Ich tue das freiwillig, ein bisschen Anerkennung wäre passend.« Sie streckt mir wieder ihre Arme entgegen. »Nee, ich kann jetzt nicht. Bin in zwei Stunden wieder da. Irgendwelche Wünsche?« – »Schokomade« antwortet meine Mutter leise. »Milchreis wär mal wieder schön«, hören wir aus dem Wohnzimmer. Meine Mutter schüttelt den Kopf. Mir tut meiner zu weh. Ich gehe ins Wohnzimmer. Mein Vater strahlt mich an: »Da bist du ja, wie schön, was essen wir?« Ich nehme sein Lächeln auf, lächle auch.

»Ich war noch nicht weg, ich gehe jetzt erst. Dann essen wir.« »Du gehst weg?« Er fällt in sich zusammen. Ehe er aufstehen oder etwas Weiteres sagen kann, gebe ich ihm einen Kuss, verlasse schnell das Zimmer. Meine Mutter will auch einen, den sechsten. Sie streichelt über meinen Mantelkragen: »Schöne Winterhaut.« Ich höre die näher kommenden Schritte meines Vaters, verlasse hastig die Wohnung.

Im Auto drehe ich das Radio auf volle Lautstärke, Musik von Tangerine Dream. An der Ampel kurz vor dem Bergfriedhof muss ich Rot abwarten. Von links kommt ein Mann an Krücken über den Zebrastreifen gehumpelt. Von rechts eine Frau mit einem Kinderwagen im Eilschritt, ein Hund folgt. Wieder von rechts eine alte Frau am Rollator. Auf der Gegenfahrbahn wartet ein Krankenwagen auf Grün. In meinem Kopf gibt's einen Flash! Ich sehe ein Ballett, inspiriert von »Le Bal«: eine Armada von Rollis in Leder und »Gang-Colours« auf ihren Jacken schwärmt auf die Straße, sie spielen ein Ballspiel, zwei Mannschaften gegeneinander. Sie jagen sich, werfen über große Distanzen. Ziehen sich zusammen, um eine Strategie festzulegen. Zeitgleich humpeln Leute in fantastischen Verbänden, mit absurdesten Bewegungen vorüber, mehrere Blondinen mit Skates und Rollatoren wirbeln in Pirouetten über die Kreuzung. Ein alter Mann schlurft einen Tropf schiebend vor mein Auto, sieht mich vorwurfsvoll an. Hinter mir hupt es, vielstimmig atonal, dazwischen ein Martinshorn. Stockhausen hätte seine Freude. Die Straße ist frei, ich fahre weiter. Im Supermarkt nur alte Leute. Klar, ich werde um Hilfe gebeten, wie kann es anders sein. Gibt es nur noch Greise? Ab wann ist man eigentlich alt? Ein Senior? Ein Best Ager? Ein Greis? Asbach? Kukident-Fraktion? Grauer Panther? Wie definiert sich der Begriff des Altseins? In der Apotheke muss ich warten. Zwei Damen aus dem Altenheim, ein Herr aus dem Blindenpflegeheim stehen vor mir. Ich betrachte sie von hinten ganz genau. Bemerke ihre physischen Einschränkungen, ihre Anstrengung, auch ihre Freude, etwas eigenständig zu tun. Das »Noch-Mögliche« als Freude. Sie sind zwischen 80 und 90 Jahre alt. Ich habe eine Vision ihrer unausweichlichen Zukunft, verlasse abrupt die Apotheke. Die definitive Nähe zum Tod. Eine mordsmäßige Wut steigt in Energiewellen in mir hoch. Heiß und kalt, schnaufend, der Blutdruck springt hoch, mir wird schwindelig. Jeden Menschen, der mir ins Blickfeld gerät, egal wie alt er ist,

214

sehe ich vor meinem inneren Auge zum Greis mutieren in das Stadium kurz vor dem Tod: dahinsiechend, schreiend, elend. Ich flüchte in den Stadtpark. Möchte gegen die Bäume treten, mit den Händen auf den Boden trommeln. Ich traue mich nicht. Stattdessen fühlt sich mein Bauch an, als würde ich gleich Zwillinge gebären. Ich laufe ziellos rum, um die Teiche, bleibe auf einer Brücke stehen. Trauerweiden stehen am Ufer. Auf dem See ein Holzhäuschen. Ein Silberreiher steht dort. Unbeweglich, sehr gerade, seine Ruhe überträgt sich auf mich. Ich stelle mich auch sehr gerade auf die Brücke, unbeweglich. Ein Gefühl der Dankbarkeit entsteht. Der Reiher streckt seine Flügel aus. Auch so bleibt er minutenlang ruhig stehen, sonnt sich, bis er abhebt und davonfliegt. Ich folge ihm mit den Augen, bis er verschwunden ist. Nun blendet sich der Ton der Umwelt wieder in mein Bewusstsein ein. Eine Schar Stockenten, Blässhühner, Buntenten haben sich unter der Brücke versammelt, erwarten schnatternd Futter von mir. Leider Fehlanzeige. Ich gehe zurück. Bei diesen Teichen, auf diesen Wegen habe ich laufen gelernt. Nun bin ich wieder hier, in Berlin, Steglitz, im Stadtpark. Meine Lebenszeit ist auch bemessen. Eine Sehnsucht, die Welt zu sehen, überfällt mich.

»Entschuldige, dass ich dich störe, komm mal bitte«, mein Vater schlurft vor mir her. Er öffnet die Tür zum Wohnzimmer. Auf dem als Sofa getarnten neuen Pflegebett liegt meine Mutter mit weit offenem Mund, ohne Gebiss. Ihre Nase ragt steil aus ihrem Gesicht, die Wangen eingefallen. Die Tageslichtlampe lässt ihr Gesicht wächsern, gräulich schimmern.
»Ist sie tot?«, flüstert er.
»Nein, sie hat Atemaussetzer.«
»Was???«, er flüstert wieder. Ich antworte ihm in der Lautstärke, in der er mich ohne Hörbügel verstehen kann.
»Nein, kann nicht sein, sie hat doch immer Atemaussetzer«, brülle ich.
»Du meinst, sie ist nicht tot. Es sieht aber ganz so aus.«
»Nein!« Stimmt das? Er hat Recht, es sieht genauso aus. Vorsichtig greife ich nach ihrem großen Zeh. Und rüttle sie sanft. Sonst reagiert sie immer sofort, doch diesmal keine Reaktion.
»Was ist?«, brüllt mein Vater aus vollen Lungen. Ich zucke die

Achseln. Er quiekt auf, seine Stimme ritzt sich mir unter die Haut: »Sie ist also … a l s o   s i e   i s t …«, in genau diesem Moment entfährt meiner Mutter ein koddernder Laut. Die Augen von meinem Vater und mir treffen sich. Diese Gefühle halten sich die Waage: Erleichterung und Angst vor der Zukunft, der Last der Gegenwart. Mammis Augen sind halb offen, sie sieht uns nicht, schläft weiter. Ihr Atem stoppt wieder.

»So, wie sie aussieht, fühle ich mich. Aber mir glaubt ja keiner«, sagt mein Vater und wendet sich ab.

Ich bleibe stumm, kann nicht reagieren. Soll ich ihn bestätigen? In Opposition gehen? Ich hab keine Ahnung. Ich gebe ihm warme Milchreissuppe mit gebratener Banane mit Zucker und Zimt.

Als Kind war für mich die Harmonie meiner Eltern das Wichtigste in meinem Leben. Durch meine Therapeutin erkenne ich, dass ich in mein altes Kindheitsmuster gefallen bin: Ich fühle mich nicht nur verantwortlich für das Wohlergehen meiner Eltern, sondern auch für ihren Umgang miteinander. Mein eigenes Befinden stelle ich hintenan. Bemerke es überhaupt nicht. In der Kindheit ist das ein Verhalten des Überlebens. Ein Kind sieht die Welt durch die Werte und Gefühle der Eltern. Das Kind möchte geliebt werden. Es verhält sich so, wie es Liebe bekommt. Das ist seine Garantie zum Überleben. Als Erwachsener ist dieses Verhalten unangemessen. Der Erwachsene sorgt für sein eigenes Leben, Überleben. Er hat seinen eigenen Wertekanon. Er trägt die Konsequenzen seines Handelns. Unser familiäres Zusammenrücken ist ein Abenteuer. Alte Wunden brechen auf. Vorurteile, Befindlichkeiten, längst vergrabene, vergessene Unstimmigkeiten zeigen sich. Eingeübte Großzügigkeit entlarvt sich, die Bin-ich-angenommen-Ängste, Bin-ich-liebenswert-Ängste lassen sich nicht länger verdrängen. Längst Verziehenes quillt durch die Ritzen der Zeit hervor. Es reicht nicht zu »verzeihen«. Es geht um Frieden finden. Erst mit sich selbst und dann mit anderen. Eine weitere Phase der Erwachsen-Werdung für mich. Nach der Abnabelung in der Pubertät ist das jetzt die zweite Pubertät in der Mitte des Lebens. Gefordert ist die Akzeptanz, dass die eigenen Eltern jetzt alt sind, Hilfe brauchen und sterben werden. Man selbst in die nächste Altersposition rutscht.

Ich werde über das »ich« und »ihr«, das »ich« und »wir«, das »ich« und »du« nachdenken.

Auf der Straße treffe ich eine Autorin, wie üblich informieren wir uns, was es Neues in unseren »Leben« gibt. Ich berichte ihr von mir. Ihre spontane Antwort schleudert mein Hirn durcheinander: »Jeu, Alzheimer? Das ist erblich, du musst dich sofort untersuchen lassen.« Das klingt für mich nach einem Todesurteil, noch ein paar Jahre gutes Leben und dann in die Auflösung des Geistes? Ich habe keine Kinder. Sie hat Recht, ich muss mich dem stellen. Ich denke an Oma, die Mutter meines Vaters. Erinnern kann ich mich an eine leichte Altersdemenz, mehr wohl nicht. Ich beruhige mich. Ich habe noch ungefähr zwanzig Jahre in meiner jetzigen Kraft. Das sollte ich nutzen. Ich möchte meine Reiselust und meine Eltern unter einen Hut bringen. Einmal mehr nehme ich mir vor, mein eigenes Leben wieder aufzunehmen. Die L-Formel: lachen, lieben, leben, lernen, lehren soll meine Lebensaufgabe sein. Monate später fällt mir der Vater meines Vaters ein, ja, ich hab eben gar keinen Bezug zu ihm, obwohl ich mit ihm in direkter Linie verwandt bin. Wir wissen nichts von ihm. Er wusste nichts von meiner Existenz. Jetzt wird er tot sein. Seinen Sohn hat er im Stich gelassen. In mir glimmt Wut auf. Hat er unter dem Verlust seines erstgeborenen Sohnes gelitten, oder war es ihm schnurz? Schade, dass ich ihm nicht zeigen kann, wie sein Sohn noch 81 Jahre später unter dem Verlust seines Vaters krankt. Eine Schicksalskette: Mein Großvater unehelich 1887 geboren, mein Vater mit fünf Jahren vom Vater verlassen, ich habe keine Kinder, weil ich keinem Mann, den ich liebte, zutraute, dass er beständig ein guter Vater sein könnte, dass er in der Familie bleiben würde. Was, wenn mein Großvater auch Alzheimer hatte? Oder sein Vater, mein Urgroßvater? Dass Papo das von ihnen geerbt hat? Von Mammis Familie fehlen mir die gleichen Informationen. Das werde ich nie herausfinden. Wie wahrscheinlich ist es, dass ich betroffen sein könnte? Was könnte ich zur Vorbeugung tun? Jede Sekunde genießen, klar, dass ist sowieso mein Ziel. Nur Wissen ermöglicht Prophylaxe. Ich weiß, dass dieser Großvater weitere Söhne hatte, ich werde sie suchen. Aber jetzt mache ich es wie Scarlett O'Hara in *Vom Winde verweht*: »Verschieben wir's auf morgen.« Mit wundem Herzen gehe ich frühstücken.

217

Meine Eltern und ich feiern das Leben, soweit es gerade geht.
Dies entspricht dem Charakter meiner Mutter, aber selbst unser
Pessimist, mein Vater, findet manchmal daran Gefallen. Beson-
ders, wenn es etwas mit Leistung zu tun hat. Meine Literatur-
agentin hat auf der Frankfurter Buchmesse Erfolg gehabt. Sechs
renommierte Verlage interessieren sich für unser Buchprojekt.
Wir stoßen mit Eistee an.
»Ich glaube, jetzt drehe ich völlig durch.«
»Nein, du stehst immer noch unter Drogen …«
»Sowas hab ich nie genommen.«
   Ich mache meine Standardgeste zu meinem Ohr. Er stöhnt,
sucht, setzt seinen Hörbügel vorwurfsvoll ein. »Bereit.«
»Dein Schlafmittel hat sich nicht mit dem Antidepressivum ver-
tragen, das hat zu einer Verwirrung geführt, das geht wieder weg.
Wir schwemmen es aus. Du musst trinken!!!«
»Nee, ich glaube, ich werde verrückt.«
»Verrückt wäre, wenn du denkst, du bist Napoleon.«
»Nee, der will ich nicht sein, unangenehme Persönlichkeit.«
»Wer möchtest du dann sein?«
»Lieber ein Philosoph.«
»Aber bitte nicht Schopenhauer.«
»Gut, … vielleicht Leibniz … kannst du damit leben?«
»Wie wär's mit einem Schriftsteller?«
»Ja, gut, dann bin ich Schiller!«
»Passt das zu deiner politischen Einstellung?«
»Wieso?«
»Na ja, *Die Räuber*, das ist doch ein Stück gegen die Etablierten,
also ein linkes Stück.«
»Stimmt, aber das passt, der ist gegen Ungerechtigkeit, das bin
ich auch, nee Schiller ist gut.«
Wir lachen alle.
»Was gibt es heute zu essen? Milchreis wär mal wieder schön!«

Wir essen schweigend, hinter mir im Fernsehen unser Dauer-
gast: Günther Jauch. Mein Vater weiß die Antworten auf alle Fragen, nur wer »Sasha« ist, weiß er nicht, in aktueller Musik kennt
er sich nicht aus.
»Mein Gott, jetzt habe ich schon wieder vergessen, was ich gegessen habe …«, mein Vater sieht traurig aus.

»Du hast schmadelleese geschrieben?«

»Was?«

»Schnabellesse geeeeschriiiiieeeebbbbbeeennn!«

Er hat seinen Hörbügel nicht um. »Ich muss mal Ilse fragen: du weißt doch, dass ich alles vergesse. Was haben wir gegessen?«

»Huhn.« Ich zeige auf sein Ohr.

»Was meinst du? Ich hab was am Ohr?«

»Dein Hörbügel, setz ihn bitte ein, dann müssen wir nicht so schreien.«

»Hörbügel, wo? Hab ich sowas?«

Ich reiche ihn ihm, er schaltet ihn ein: »Wir hatten Huhn, Huhn mit Spinat und Rosmarinkartoffeln.«

»… ach ja Huhn … danke.« Er klärt meine Mutter auf: »Wir haben Huhn gegessen.«

»Das hab ich doch gesagt«, antwortet meine Mutter überraschend klar.

»Ja?«

»Ja. Hühn scmattelsee.«

»Das müsste ich mir aufschreiben … hier ist ein Kalender, dazu müsste ich aber wissen, welcher Tag heute ist.« Meine Mutter rollt mit den Augen, sie nimmt seinen Zustand nicht ernst. Ist das ihre Art, es sich erträglich zu machen? Wenn ich nicht da bin, schreien sich beide an.

»Montag ist heute«, antworte ich.

»Nein, Kratefrei«, widerspricht meine Mutter. Sie holt ihren Kalender raus. Zeigt auf Freitag.

»Nee, Montag.« Ich zeige auf das Feld im Kalender.

Mein Vater findet eine Zeitung auf seinem Sessel: »Sonntag, Sonntag ist heute.«

»Das ist die Zeitung von gestern.«

»Bist du sicher?«

»Ja.«

»Dann zeig mal die Zeitung von heute.« Ich finde sie nicht. Manchmal versteckt meine Mutter die Zeitung. Es ist ihr Abonnement seit 40 Jahren, sie hat das Erstleserecht, darauf besteht sie.

»Also Sonntag, gut das ist klar, was haben wir gegessen?«

Ich habe wochenlang keine Nacht länger als 90 Minuten am Stück geschlafen. Immer habe ich ein Elefantenohr über die

Wohnung gestülpt. Höre das Schnarchen, die Atemstillstände meiner Mutter, wie mein Vater durch die Wohnung tigert, locker 50 Mal in der Nacht, meine Tür aufreißt. Danach in der Küche nach Schokolade sucht. Ich kenne die Liebeslaute der Nachbarn, kann das Hundebellen auf der Promenade den verschiedenen Kötern zuordnen.

Das Taxi wartet vor der Tür, ich muss zum Arzt. Ich gehe noch an Krücken, darf aber schon auftreten. Meine Mutter wartet zur Verabschiedung im Flur auf ihrem Stuhl. Mein Vater döst im Wohnzimmer.

»Du gehst schon wieder?«

»Ich muss zum Arzt.«

»Du lässt uns im Stich.«

»Ich bin in vier Stunden wieder da.«

»Du bist doch erst gerade gekommen!«

»Ich bin seit fünf Tagen ununterbrochen hier, ich wohne praktisch hier.«

Seine Hilflosigkeit wechselt unmittelbar in Feindseligkeit, zischend, leise, er will verletzen: »Kann nichts, ist nichts, lässt mich verkommen.«

Ich halte Abstand, erkläre, wann ich wiederkomme. Schreibe ihm einen Zettel mit Uhrzeit, Grund der Abwesenheit und Uhrzeit der Rückkehr. Das hat sich inzwischen bewährt. Ich gebe ihm einen Kuss und wende mich zum Gehen.

»Der Lack ist ab und nun auch noch herzlos.«

Sein Pfeil trifft genau in mein Lindenblatt. Immer von hinten, wie gemein! Ich finde mich schreiend unter dem Kronleuchter wieder. Tobsüchtig mit den Krücken auf den Boden schlagend. Ich hole aus und treffe unabsichtlich mit der rechten Krücke den Kronleuchter, eine Kristall-Rosette zerspringt.

»Nicht, bitte nicht, das ist doch schade«, sagt mein Vater.

»Das wollte ich nicht«, antworte ich ihm.

Ohne Übergang schreit mein Vater keine Worte, sondern mich nur auf einem Ton an. Ich starre ihn an, dann antworte ich ihm genauso, mein Atem hält länger. Er springt auf. Wir stehen uns gegenüber, Auge in Auge, keiner will weichen. Brüllen beide, er wechselt mit neuem Atem die Tonlage. Ich folge ihm. Mein Vater setzt sich wieder hin, brüllt, bis er blau wird. Besorgt betrachte ich ihn.

»Du schaffst es ja nicht einmal, mich umzubringen, du Null, du sinnlose Nichtgeburt.« Er kreischt weiter Gemeinheiten, die nichts mit mir zu tun haben, die mich aber zur Weißglut reizen. Ich humple, mich eisern beherrschend, aus dem Zimmer. Mordlust brodelt durch meine Adern. Draußen kann ich nicht mehr. Mit meinen Krücken prügele ich auf den Teppich in seinem Arbeitszimmer ein.

»Das ist so ungerecht.« Ja, jetzt könnte ich ihn umbringen. Ja! Und ich höre mich brüllen: »Der spinnt total, er will mich zu einem Mörder machen, scheiße, scheeeeiiiißßßßeee, verfluchte Scheißee!!!«

Meine Mutter sitzt zitternd im Flur. »Nicht schön«, ist ihr Kommentar.

»Das hat mit dir nichts zu tun, reg dich nicht auf«, stoße ich überbeherrscht hervor. Mehr ist nicht möglich. Zitternd vor Empörung humple ich die Treppe runter, falle fast. Im Taxi wundert sich die Taxifahrerin, sie fährt mich regelmäßig zum Arzt. Ich dampfe aus allen Poren. Heute bin ich nicht lustig, unterhaltsam. Wieso gibt es keine Altenklappe? So wie es Babyklappen gibt? Klappe auf, Eltern rein, Zettel ran und Tschüß.

Der Satz meiner Therapeutin kommt mir wieder in den Kopf: »Die Kür ist es, seine Eltern zu begleiten, ohne sie irgendwann zu hassen.« Ich pflege sie. Wann schlage ich zu? Richtig zu, auf meinen Vater ein? Vom 11. Mai bis jetzt, Ende November, habe ich keine Zeit mehr für mich gehabt. Meine Freundin Susanne lädt mich in ihr Haus nach La Palma ein. Ich nehme die Einladung an. Unsere Haushaltshilfe versichert mir, dass sie meinen »Dienst« übernehmen wird, ich soll mich nur gut erholen. Sie versichert uns immer wieder, dass sie meine Eltern emotional, als wären es ihre, adoptiert habe. Ihre Kinder beide als Großeltern betrachten würden. Eine Woche vor meiner Reise bleibt sie ohne Mitteilung von Gründen plötzlich weg. Für meine Eltern und mich war dieser Verlust eine traurige Enttäuschung. Bis heute hat sie die Schlüssel und die geborgte Nähmaschine nicht zurückgegeben.

Unter dem Drachenbaum

Von der Pflegeversicherung hat man bei Kombipflege (Kombination von Pflegestation und privater Pflege) einmal im Jahr einen Anspruch auf Verhindertenpflege. Mit diesem zusätzlichen Geld engagiere ich neben dem Einsatz der Diakonie eine Hilfe aus der Nachbarschaft für meine Eltern. Jeden Morgen wird die Diakonie meine Mutter bei ihrer Morgentoilette unterstützen, Frühstück machen. Dann kommen je zweimal die Woche die Krankengymnastin und die Logopädin, die Diakonie macht das Mittagsessen. Zweimal kommt Nico, ein befreundeter Schauspieler, einmal meine Freunde Reinhold, Natalia und ihr Hund Bodo zu Kaffee und Kuchen. Abwechselnd übernehmen sie auch zusammen die Kontrolle. Danach kommt eine Krankenschwester und verabreicht meinen Eltern eine Infusion, ab 19 Uhr bis zum nächsten Morgen kommt die Ersatz-Hilfe. So traue ich mich, für eine Woche wegzufliegen.

Mit Air Berlin ins Paradies. Susanne holt mich vom Flughafen Santa Cruz de la Palma, der grünsten der Kanarischen Inseln, ab. Die letzten Tage hatte sie mich noch mehrmals angerufen: »Erwarte dir nichts, mein Haus ist sehr basic, vielleicht willst du lieber in ein Hotel?« Meine Antwort war immer gleich, wurde aber nicht gehört: »Wenn du dich da wohl fühlst, werde ich mich da auch wohl fühlen können.« Milde, tropisch-feuchte Luft, Regen, das Meer. Himmlisch. Wir umarmen uns, schleppen mein Gepäck zum Auto. Ich werde ungefähr ein Zehntel davon anziehen. Susanne hat nicht zu viel versprochen: Ihr Auto ist der kleinste Suzuki der Welt, 27 Jahre alt, rostig, pockennarbig. Er sieht aus wie aus einem Märchen, er hat Charakter. Motor und Bremsen funktionieren. Wir fahren in endlosen Serpentinen quer über die Insel. Manchmal hupt Susanne, bevor sie in eine sehr enge Kurve einbiegt, es klingt wie ein heiseres Husten, dann versagt ihm die Stimme. Wir machen Halt in Los llanos, wollen auf die Piazza. Die Kirchenglocken bimmeln anhaltend. Wir biegen um die Ecke, sehen, wie feierlich und gemessenen Schrittes ein Sarg über die Piazza auf das Kirchenportal zugetragen wird. Susanne sieht mich erschrocken an. Es regnet nicht mehr. Die Träger ver-

harren vor dem Portal, der Priester segnet den Sarg. Die Gemeinde murmelt ein Gebet. Dann folgen alle dem Leichnam in
die Kirche. Alte Frauen in Pumps eingehakt bei ihren Männern
oder Söhnen. Alles würdevoll unter riesigen Platanen. Wir gehen über die Piazza. In der Verlängerung der Kirche ist das Altersheim, betagte Männer sitzen in einer Reihe vor der Tür, betrachten stoisch das Leben vor sich. Wir trinken Kaffee. Aus
Susannes Leben hat sich gerade eine große Liebe verabschiedet,
ich habe die Erfahrung mit meinen Eltern. Wir beschließen,
wenn sich eine von uns in »ihrem Thema« festhaken sollte, darf
die andere winken, als Zeichen zum Themawechsel. Wir quatschen und quatschen und beschließen, erst essen zu gehen und
dann zu ihrem Haus zu fahren, obwohl ich dann, wie Susanne
sagt, »das einzig Schöne«, die Aussicht, nicht sehen werde. Anfang Dezember ist es am Abend auf La Palma kalt. Im Restaurant
setzen wir uns direkt an den Kamin. Hinter mir lacht eine Runde
Männer, die ich nicht sehen kann, ein Sprachgewirr aus Spanisch,
Schwedisch, Englisch, Deutsch, Russisch. Allmählich komme ich
an, trotzdem fühle ich mich wie hinter einer Glasglocke. Ein
Mann stellt sich vor das Feuer. Unser Anblick nun: ein Männerpo
in einer abgetragenen Jeans, da schmeckt das Essen doch gleich
noch mal so gut, zum Wohl! Susanne und ich müssen lachen, beobachten den Mann, der in besonderer Andacht seine Hände
dem Feuer entgegenstreckt. Er bemerkt unser Feixen, entschuldigt sich, erklärt: Er kommt aus Irkutsk, ist hier Gastforscher an
dem großen Observatorium. Er ist Astronom, sein Spezialgebiet
die Sonne. Heute ist sein letzter Tag auf La Palma. In seiner Heimat gibt es keine offenen Kamine. Er möchte die Wärme des
Feuers in seine Hände aufnehmen, damit er sich zu Hause in der
Kälte daran erinnern kann. Er ist sehr höflich, unaufdringlich,
verabschiedet sich, geht zu seinen Kollegen zurück, die ihn trink-
fröhlich empfangen. Als die Gesellschaft das Lokal verlässt,
kommt er noch einmal an unseren Tisch. Er entschuldigt sich,
stellt sich mit Namen vor. Er legt seine Visitenkarte an meinen
Teller mit den Worten: »Thank you for your kindness, you are a
real warm hearted woman, good bye.«

Wir steigen wieder in Susannes Auto. Sie fährt bravourös die Serpentinen in der Dunkelheit. Es beginnt zu regnen. Leider gehen

weder Scheibenwischer noch Blinker. Ich halte einen improvisierten Vortrag über den Eigenwillen der Dinge, spreche eine Beschwörungsformel, die bei meinem Auto einmal geholfen hat, haue hier und da auf die Armaturen.

An der nächsten Abzweigung funktioniert plötzlich die Hupe. Susanne setzt aus Routine den Blinker, er geht!!! »Soll ich auch den Scheibenwischer anschalten?«, fragt sie mich. »Klar, der geht jetzt auch wieder.« Und wirklich! Auch er funktioniert. Wir lachen. In jeder Frau steckt eine Hexe, hex, hex. Als Belohnung darf ich dem Auto einen Namen geben. Ich taufe ihn auf Erwin, was uns zu neuen Lachstürmen hinreißt: »dat Erwinchen« ist geboren.

Wir fahren zu ihrem Haus, ich spüre, dass Susanne nervös ist. Wir tasten uns in der Dunkelheit den Weg herunter an Drachenbäumen, dem Wasserreservoir vorbei zur Eingangstür. Susannes Haus ist der schönste Ziegenstall der Welt. Unten ein altes Ein-Raum-Bauernhaus aus Stein, das jetzt ein gemütliches Gästezimmer ist, darauf ein Holzhaus, loftartig. Für mich ist es wie der Bauch eines Schiffes, die Terrasse davor die Kommandobrücke und das A-Deck.

Wir lümmeln uns auf die Terrasse, sehen in die sternenklare Nacht. Susanne ist ein Geschenk für mich, ich darf sein, wie ich bin, wie ich mich gerade fühle, muss sie nicht bespaßen. Die nächsten drei Tage schlurfen wir von den Betten zur Terrasse, zu den Hängematten und zurück auf die Terrasse. Ich starre aufs Meer, ins Grün, aufs Meer. Der Ozean liegt vierhundert Meter unterhalb der Terrasse. Nichts wird von mir erwartet. Großartig. Ich bekomme Tee und Essen, wir unterhalten uns, laufen rum wie die letzten Schlampen. Ab und zu gehen wir aus, essen am Meer, sitzen träge auf Piazzas. Anfangs rufe ich zweimal täglich meine Eltern an, dann bitte ich um zwei Tage Pause. Ich erhole mich, fühle mich wieder, lache freier, liebe unsere philosophischen Gespräche unter der Milchstraße. Sonne auf der Haut, ein neues Körpergefühl. Ansonsten eher Passivität, mein Sprunggelenk verweigert Klettertouren.

Ein paar Tage später hat mein Vater Geburtstag. Ich gratuliere ihm, und während des Telefonats fühle ich, wie meine Energie mich verlässt. Von oben, vom Kopf, nach unten, zu den Füßen. Ich bleibe stehen, aber in mir ist keine Kraft. Ich lege das Handy ab. Gehe auf die Terrasse. Susanne spricht mich an. Ich kann kaum reagieren, alle meine Kraft ist weg… Mein Körper fühlt sich wie eine leere, graue Hülle. »Du warst wie ausgeschaltet«, wird Susanne später sagen. Ich lege mich an einen Drachenbaum auf ihrem Grundstück, allein. Denke an nichts, werde zu Nichts. Eine Eidechse kriecht über mein Hosenbein, über meinen Bauch. Auf der rot karierten Bluse, über meinem Herzen bleibt sie stehen, sonnt sich. Ich bleibe ruhig liegen, beobachte sie: ein Kuss der Götter.

Nach einer 12-Stunden-Rückreise werde ich kurz vor Mitternacht Willkommen geheißen: »Gut, dass du wieder da bist, dann kann ich jetzt endlich in Ruhe sterben.« Mein Vater sitzt nach einer etwas leidenden, aber herzlichen Begrüßung am Esstisch. »Nun lass das Kind doch mal. Wie war's?«, fragt meine Mutter klar und deutlich. Sie spricht gemischt: einzelne Sätze perfekt, dann wieder ihre eigene Sprache. Ich zeige beiden am Laptop die Fotos von Susannes Haus und der Insel. Ich habe spanische Leckereien mitgebracht: verschiedene kleine Kuchen, Käse, Früchte aus Susannes Garten. Meine Mutter verliert kein Wort über die sehr unterschiedliche Versorgung der Diakonie. Sie lobt nur Reinhold, Natalia und Nico. Auch Bodo war ein Quell der Freude. Sie residierte wie eine Königin in ihrem Reich. Stolz zeigt sie mir ihre frisch pedikürte linke Hand. Dann entschuldigend ihre rechte: »Ging nicht, schade.« Was für ein Fortschritt. Ich vollende ihre Maniküre. Mein Vater dagegen ist deprimiert, erschöpft. Dummerweise erkundige ich mich, wie es ihm ergangen ist: »Na, grässlich, lauter fremde Leute in der Wohnung, nee, das ist nichts. Weiß auch gar nicht, was die hier alle wollten. Na, ich hab sowieso nur geschlafen, wenn ich konnte, glaub ich.«
»Wie fühlst du dich jetzt?«
»Hä?« Ich deute auf mein Ohr.
»Ich hab was am Ohr?«, fragt er.
»Nein, setz den Höööörbüüügel ein, bitte.« – »Hab ich nicht.«
Ich zeige mit dem Finger auf den Beistelltisch, vor dem Toaster liegt sein Hörbügel. »Ist das meiner?« Ich nicke. »Bereit.«
»Wie fühlst du dich jetzt?«
»Mies, aufm Friedhof wär ick aber die schönste Leiche.«
»Wie kommste darauf?«

»Na, ick seh doch gut aus, is nur nichts mehr drin«, er zeigt auf seinen Kopf.

Meine Mutter verzieht das Gesicht: »Ach nee, es ist nicht zum Aushalten.«

»Wieso biste dann die schönste Leiche?«, frage ich. »Na, wenn ich komme, bin ich die frischeste …«

Mutter will ins Café, Vater auf den Friedhof

Ich nehme meinen »Dienst« wieder auf. Schreibe wieder mit Ohropax, höre den Fernseher trotzdem laut. In der Nacht stelle ich in der Küche einen kleinen Imbiss für meinen Vater bereit, vor die Tür zum Wohnzimmer einen Hocker mit Uhr und Zettel: »Bitte erst um 7 Uhr früh wecken. Am Seil geht es zurück ins Schlafzimmer.« Von der Wohnzimmerklinke habe ich ein dickes rotes Seil durch die Diele gespannt, das an der Klinke vom Schlafzimmer meines Vaters endet. In der Nacht macht er das Seil bei seinem ersten Spaziergang ab, findet so sein Schlafzimmer. Wenige Augenblicke später fummelt er außen an meiner Tür herum, gleich darauf reißt er sie auf: »Wo ist denn die Schnur?« Ich befestige alles neu, klebe zusätzlich einen Zettel an die Klinke: »Seil bitte dran lassen, nur dem Seil bis zu deinem Schlafzimmer folgen.« Er liest beide Zettel: »Na, so ist die Sache klar, danke, gute Nacht.« Sein Bett knarrt, er hat sich wieder hingelegt. Sein Bett knarrt, er steht wieder auf. Er rennt 67 Mal hin und her, 134 Mal Bettknarren. Eine gleichbleibende Melodie. Ich döse weg. Aus dem Tiefschlaf gerissen höre ich meinen Vater, der an meinem Bett steht, empört fragen: »Wieso darf ich hier nicht rein, ich wohne doch hier.«

»Papo, ich schlafe hier, ich kann nicht schlafen, wenn du immer wieder reinkommst.«

»Ich war noch nie hier in der Nacht.«

Ich lächle ihn an: »Doch du warst heute Nacht schon oft hier.«

»Das kann nicht sein.« Er setzt sich auf die Bettkante, sieht mich traurig an:

»Wenn du es sagst, wird es stimmen, ich hab gar keinen Kopf mehr.«
»Das schaffen wir schon.«
»Es ist mir so peinlich, so unselbstständig zu sein.«

Die »Vergiftung« durch die beiden Medikamente ist überwunden. Gegen die Depression hat ihm sein Neurologe ein neues Psychopharmakon gegeben. Es beginnt zu wirken. Die Diagnose Alzheimer ist leider bestätigt. Wir nehmen es als gegeben, richten uns darin ein.

Meine Mutter möchte ausgehen, ihr fällt die Decke auf den Kopf. Mit einer Freundin, Karin, fahren wir in die *Trattoria del Corso*. 3 ½ Stockwerke runter, langsam. Ins Auto, doch der Rollstuhl passt nicht in einen Golf! Also ohne, nur mit Stock. Karin fährt direkt vor das Lokal, ich begleite meine Mutter hinein. Hier gibt es richtig ausgebildete Oberkellner. Das erste Mal war ich hier mit Krücken und Astronautenfuß, seitdem weiß ich um den Humor und die Hilfsbereitschaft. Das Essen ist ehrlich und sehr gut. Meine Mutter wird wie eine alte Bekannte, höflich und herzlich empfangen. Sie fühlt sich geehrt. Gegen 21 Uhr gibt es eine Pizzashow, der Pizzabäcker schwingt zu einer Tarantella Teig durch die Luft, kunstvoll. Er schmeißt ihn zur Decke, fängt ihn unter Applaus wieder auf. Lässt ihn über dem Kopf eines Kindes zu einem Thailändischen Strohhut wachsen. Meiner Mutter sind das zu viele optische Informationen, es macht sie nervös, ich spüre, sie ist ein bisschen überfordert, zu viele Eindrücke. Ich liebe sie, wie sie an dem Tisch sitzt und ihre Contenance bewahrt. Meine Mutter lädt uns ein. Bei jedem weiteren Besuch des Restaurants werde ich nach meiner »schönen Mama« gefragt.

Am nächsten Morgen erklärt sie mir: »Ich bin ein kleines Kindchen.« Ich umarme sie, gebe ihr einen Guten-Morgen-Kuss: »Du fühlst dich klein, und ich helfe dir gern, aber du bist eine erwachsene Frau. Du bist meine Mutter.«
Sie sieht mich an, stimmt das? Oder sieht sie nach innen? Ein besonderer Blick: »Ich will nicht senoris sein.«
Sie hört sich selbst nach, schüttelt den Kopf. »Nein. Nicht altlich.«

»Für die Seele gibt es kein Alter, oder? Nur der Körper wird erwachsen«, tröste ich sie. Sie lächelt mich an: »Ich bin deine Mutter und dein Kindchen.«

»Ja, ich auch, ich bin auch beides.«

Sie drückt meine Hand mit einer Bestimmtheit, dass ich ihre küsse.

Mein Vater steht in seinem Schlafzimmer im Pyjama: »Ich hatte immer Lebensangst, aber jetzt weiß ich gar nichts mehr, du bist meine einzige Rettung.« Ich denke, es ist seine übliche Unsicherheit, lege ihm seine Anziehsachen zurecht, das Bad ist bereits eingelassen. Seine Zähne möchte er vor mir nicht in einen Zahnputzbecher tun, wenn er im Bad ist, hört er mich aber nicht. Ich stelle den Becher mit Kukident und einem Zettel bereit. Er verweigert das Frühstück, isst nur ein Stückchen Banane, damit er seine Tabletten nicht auf nüchternen Magen einnimmt. Später finde ich meinen Vater wieder im Schlafzimmer. Er starrt aus dem Fenster. »Ich habe schon wieder Lebensangst«, gesteht er mir. Ich versuche ihn zu beruhigen: »Du brauchst dich vor nichts zu fürchten. Du hast gut für dich vorgesorgt, du lebst in einer schönen Wohnung, du hast Mammi und mich, wir schaffen das schon.« Nichts bringt ihn von seinen düsteren Grübeleien ab. Ich mache sein Bett, hänge Wäsche auf. Er steht nach wie vor regungslos vor dem Schlafzimmerfenster. Ich trete wieder zu ihm. Wir stehen still am Fenster. »Ich habe einmal kriminell gehandelt«, flüstert er, es klingt nach einem Geständnis. Ich bleibe stumm. »Ich habe Angst, ich habe mich mal kriminell verhalten, vielleicht fällt das jetzt auf mich zurück«, er schaut mich nicht an. »Das kann ich mir nicht vorstellen, du bist 86 Jahre alt, was soll dir da noch passieren, es ist bestimmt verjährt.« – »Ich habe doch diesen Armschuss und Streifschuss an der Hand. Im Lazarett haben sie es notdürftig zusammengeflickt. Die Funktion der Hand hat sie nicht weiter interessiert. Mir war klar: mit einer steifen Hand und keinem Oberschulabschluss wäre mein Leben perdu gewesen. Ich wusste von einem befreundeten Arzt, der mir helfen könnte, aber er war einige Tagesmärsche weit weg.« Mein Vater setzt sich auf das Sofa vor seinem Bett: »Ich habe mir einen Urlaubsschein ermogelt, bin unerlaubt zu ihm hingelaufen. Er hat mich operiert. Durch den Wundschmerz konnte ich nicht so gut marschieren, ich kam verspätet zurück. Da habe ich mir selber geholfen, mit dem Datum auf dem Urlaubsschein, ich wollte nicht sterben. Meine Hand war gerettet. Sie war immer schwach, aber nicht verkrüppelt. Das war ein Verstoß gegen geltendes Recht.« Mein Vater ist erschöpft, steht da wie ein geprügelter Hund. Ich umarme ihn spontan. »Ich bin stolz auf dich. Das ist großartig!«

»Findest du?«, wundert er sich.

»Du hast dich für deine Gesundheit entschieden gegen alle Widrigkeiten. Du hast deinen Tod riskiert für dein Leben. Gegen diese ganze Scheiße! Ich gratuliere dir.«

Mein Vater ist verunsichert. Ich erläutere ihm meine Meinung immer wieder. »Ich bin so erleichtert, du hast gegen die geltenden Regeln verstoßen zu deinem Wohl, bravo! Darauf stand die Todesstrafe! Schade, dass ich das als Kind nicht wusste, ich wäre so stolz auf dich gewesen.« – »Du meinst, es passiert mir nichts mehr deswegen?« Ich umarme ihn: »Nein, bestimmt nicht.« Warum wusste ich das nicht früher? Ich bin stolz auf meinen Vater. Wusste meine Mutter davon?

Je nach Tageskondition, ausreichend Schlaf und vor allem Flüssigkeit, Salz und Bewegung spricht meine Mutter sehr gut. Sie ist eine Meisterin der Camouflage: eine leichte Demenz versteckt sie hinter ihren Höflichkeitsfloskeln. Andere Irritationen gleicht sie durch ihr sehr sympathisches Lächeln und ihre Großzügigkeit aus. Sie leidet darunter, dass mein Vater sie für geistig gestört hält. Auch manche Pflegerinnen vermitteln ihr das Gefühl, dass sie besser sprechen könnte, wenn sie nur wollte. Oder eben, »die hat se nicht mehr alle«. Ich weiß, daran liegt es nicht. Akustisch und inhaltlich versteht sie alles. Meine Mutter fasst das so zusammen: »Nicht schön, wenn andere rümpfen über einen.« In der Tat. Meine Mutter kämpft sich vor. Es sind interessante Neuschöpfungen zu hören, oft lachen wir gemeinsam darüber.

Mit meinem Vater habe ich eine neue, andere Phase der Aggressivität überlebt. Tagelang hat er in mir alle Frauen angebrüllt, denen er je in seinem Leben begegnet ist. Das ist subjektive Interpretation, vielleicht ist es genau umgekehrt: Er hat alle Frauen angeschrien, mit denen er nie Kontakt hatte? Oder was auch immer. Meine Trommelfelle vibrieren immer noch. Aber ich hab's geschafft: Ich bin in der Adlerperspektive geblieben. Habe nicht zurückgeschrien. Nachts habe ich mich übergeben.

Wir sitzen beieinander in seinem Arbeitszimmer, in meinem »Schreibeckchen« unter dem Fenster, meine Mutter schläft. Er hält seinen Hörbügel in der Hand.

»Ich möchte mich bei dir entschuldigen. Ich entschuldige mich jetzt im Vorhinein für eventuelles schlechtes Benehmen, ich weiß nicht, was noch alles kommt, sei versichert, ich mache es nicht absichtlich, es passiert mit mir, ich habe darauf keinen Einfluss. Es ist nie gegen dich, das musst du wissen, du musst dich dann daran erinnern, dass ich mich jetzt bei dir in aller Form, für was immer in Zukunft geschehen kann, entschuldige. Es hat nichts mit dir zu tun. Es ist dann leider durch meinen Zustand.«

Ich weine. Ich habe ihm nicht gesagt, welche Krankheit er hat. Er hat in meinem Bücherstapel gestöbert, in dem auch Bücher über Demenz und Alzheimer liegen. Er hat mich nicht darauf angesprochen.

»Du brauchst nicht zu weinen, wenn das zwischen uns klar ist.«

Er klopft mir auf den Rücken, es soll ein Streicheln sein. Ich nicke: »Ja, ich werde deine Entschuldigung in meinem Herzen tragen.«

»Dann ist das klar!« Er kramt in seiner Hosentasche, sucht ein Taschentuch, findet einen Zettel, rollt ihn auf: »Ich hab dich lieb«, steht da mit Bleistift geschrieben, schon sehr abgegriffen, unterschrieben mit »Ilse«. Er liest ihn mehrmals, zeigt ihn mir: »Das ist schön.« Wir sitzen beieinander. »Du solltest nicht alleine bleiben, das ist doch nüscht.« Er findet sein gebügeltes Taschentuch, hält es mir hin. Ich höre das unregelmäßige Schnarchen meiner Mutter im Nebenzimmer. Bedeutet sein Schweigen eine Frage? Nein, es ist reine Innigkeit.

»Ohne Ende. Immer. Heißt ewig, aber wo?«, sagt mein Vater unbestimmt vor sich hin. Ich schweige, höre dem Satz nach. Spreche ihn in meinem Inneren: »Ohne Ende. Immer. Heißt ewig, aber wo?« Ich denke an das Gefühl der Liebe. Dazu passt nicht das »aber wo?« Ich frage ihn: »Was meinst du mit – »aber wo«?« – »Die Definition von Tod ist: ›ohne Ende. Immer. Also ewig.‹ Das ist der Tod, wie ich ihn verstehe. Aber wo? Heißt wo isses? Was kommt hinter der Welt?«

»Ich dachte an die Liebe, Platon schreibt: ›Liebe ist in dem, der

liebt, nicht in dem, der geliebt wird.‹ Eine bedingungslose Liebe
ist ohne Ende. Immer. Ewig, daran glaube ich.« Wir schweigen
wieder.

Ich setze neu an: »Wo? Im Herzen. Die Toten, die ich geliebt
habe, leben in meinem Herzen weiter.«

»Wirklich?«

»Ja, wenn ich zum Beispiel im Geschäft stehe und aus Sparsam-
keit die billigere Marmelade nehmen will, höre ich Omas Stimme
in meinem Kopf: ›Das Beste ist gerade gut genug, meine kleine
Krabbe!‹ Dann frage ich mich, welche Marmelade möchte ich
wirklich essen, und die kaufe ich dann auch.«

»Und Clemens?«

»Er ist in meinem Herzen, wie auch vorher. Nur ist die Kammer
seit seinem Tod noch verschlossen.«

Wir schweigen, lange. Sitzen einfach nur so da. »Versprich mir
einen würdigen Abgang, … lass mich nicht im Stich.« Da ist der
Moment also. Die Frage der Fragen. Meine Haut vibriert. Ich
werde versagen. Ich kann ihn nicht umbringen. Würde ich es
können, wenn sein Leiden deutlich furchtbar wird? ›Lass mich
nicht im Stich.‹ Das möchte ich auf keinen Fall. Ich berapple
mich, bin bereit, das neue Terrain zu betreten …

»Ich verspreche dir, dass ich mich informieren werde.«

»Ich habe dein Wort?«

»Du hast mein Wort, dass ich mich über Sterbehilfe im Hospiz,
durch einen Arzt, mit Gift, in der Schweiz, mit dem Verein Humanes Sterben und was es sonst noch gibt, informieren werde. Ich
trage es dir dann vor.«

Mein Vater bleibt still bei mir sitzen.

Jetzt steht die Frage im Raum: Wirst du es auch tun? Mein
Herz rast, ich bekomme spontan Zahnschmerzen, alles in mir
ist angespannt. Er ist zu fein, die Frage auszusprechen. Allmählich, ganz langsam sieht er mir in die Augen. Ich halte seinem
Blick stand. Irgendwann signalisieren meine Augen Zustimmung.
»Vielleicht schaffe ich es ja auch so«, macht er mir Mut. »Das
wäre gut«, ja das wär es! »Du musst die Gräber zurückkaufen, die
brauchen wir jetzt.«

»Ich hab schon einen Antrag gestellt, Omas Grab haben wir
noch bis Ende 2006 gepachtet, das Grab von Mammis Eltern
darf ich erst verlängern und bezahlen, wenn ich es gärtnerisch ge-

231

pflegt habe, das geht ja erst im Frühling. Ich kümmere mich drum.«

Meine Mutter möchte bei ihren Eltern, mein Vater bei seiner Mutter begraben werden. Ein Gang zwischen den Gräbern wird sie trennen. Wir schweigen wieder. Ich denke über meinen eigenen Tod nach. Paradoxerweise platzt es aus mir heraus: »Ich möchte gern lachend sterben.«

»Lachend?«, er sieht mich zweifelnd an.

»Ja, muss man mit Qual und Krankheit sterben? Ich möchte glücklich lachend sterben, das ist die Herausforderung, der ich mich stelle.«

Nach einer Pause sagt mein Vater: »Aber bitte nach mir.«

Seine Mutter lag schwach, von den Ärzten aufgegeben im Krankenhaus. Sie wollte von mir erstickt werden. »Die anderen bringen das nicht fertig.« Ich war 28 und sollte meine 89-jährige Oma umbringen. Drei Nächte saß ich mit einem Kissen auf meinen Knien an ihrem Bett. Drei Nächte reinste emotionale Folter, eine Achterbahnfahrt meiner Gefühle und meines Körpers. Ich konnte es nicht. Stattdessen habe ich sie mit zu meinen Eltern nach Hause genommen. Hier, dachte ich, haben wir die Option der Sterbehilfe durch einen Hausarzt. Der Freitod hat in ihrer Familie Tradition, auch ihr zweiter Ehemann ging mit der Unterstützung der ganzen Familie am Ende eines langen Krebsleidens so aus dem Leben. »Mit hoch erhobenem Haupt«, wie sie es nannte.

Meine Oma erholte sich. Sie lebte noch zwei weitere Jahre in ihrer Ein-Zimmer-Wohnung, gewissermaßen in Isolierhaft, wie es mir damals vorkam, obwohl sie täglich besucht und versorgt wurde. Ab dem Zeitpunkt wollte sie nicht mehr sterben. Dann kam sie erneut ins Krankenhaus, in einen tristen Saal mit sechs Betten, belegt mit vier Patientinnen. Kein Ausblick, das einzige Fenster in einer Höhe von zwei Metern.

Eines Tages bot sich mir von der Tür der Anblick von drei entblößten Damenhintern. Die Krankenhausnachthemden standen offen. Vor und *auf* dem Esstisch stand jeweils ein Stuhl. Eine der Damen war auf den Stuhl vor dem Tisch geklettert, eine andere stand bereits auf dem Tisch, sie wurde von allen angefeuert, jetzt von dort auf den auf dem Tisch stehenden Stuhl zu steigen. Die Möbel schwankten verdächtig. Sie schaffte es nicht. Ich wurde bemerkt und zu Hilfe beordert. »Wir haben beschlossen, aus dem Fenster zu springen«, erklärte mir meine Oma. Mein Zögern wurde nicht akzeptiert. Erst nach meinem Einwand, dass sich das Zimmer im ersten Stock befände, sie sich also nur zum Krüppel stürzen würden, durfte ich den Damen wieder herunterhelfen. Stattdessen spielten wir Canasta bis spät in die Nacht. Keine der Damen nahm ihre Schlaftablette. Erschöpft und glücklich trennten wir uns.

Das Zimmer lag im vierten Stock. Eine Woche später war meine Oma friedlich eingeschlafen, wie man sagt.

Weihnachten – das Leben genießen

Wir feiern Weihnachten mit allem drum und dran. Leider nur zu dritt. Mehr Familie wäre jetzt gut für uns: Hilfe, Freude und Entlastung. Die Freunde und Bekannten meiner Eltern sind entweder zu alt, um bei uns die Treppe hochzukommen, oder bei ihren Familien. Zeit der Besinnung. Nachdem der physische Radius immer enger geworden ist, hat meine Mutter durch ihre Aphasie auch ihre geliebten Telefonate verloren. Die meisten Freundinnen melden sich nicht mehr. Ich bitte sie um Anrufe, denn Mammi kann ja zuhören und alles verstehen. Sie würde sich so freuen. Doch das Telefon bleibt bald stumm. Anrufer für mich bitte ich, auch ein paar Worte mit meiner Mutter zu sprechen. Ihre Freude darüber bricht mir schier das Herz. Meine Bekannten haben genug mit ihren eigenen Eltern zu tun, wollen mich lieber solo treffen.

Nach jahrelanger Abstinenz habe ich für jeden von uns ein Geschenk für die anderen besorgt. Klassisch zum Verbrauch: Badeöl, Parfüm, neue Bettwäsche, Delikatessen. Wunderschön verpackt. Mein Vater dichtet vor der Bescherung aus dem Stegreif:

»Ich bin alt, mein Herz nicht kalt
für das Schöne dieser Welt,
obwohl sie nicht immer aufs Beste bestellt.
Das ist unser Schicksal auf Erden.
Im Himmel soll es besser werden«.

Wir applaudieren, singen sehr schräg ein Weihnachtslied und lachen uns kaputt über unseren Krächzchor.

Die Krankheit meines Vaters duldet keine Veränderung. Seine Magenuhr funktioniert. Aus jedem Schlaf wacht er pünktlich um 6.30 Uhr, um 13 Uhr, um 16 Uhr und um 19 Uhr auf, erwartet eine Mahlzeit. Nachts plündert er die Schokoladenvorräte. Unseren Weihnachtsstrauß muss ich stehen lassen. Ich will ihn traditionsgemäß nach dem 6. 1., Tante Emmas Geburtstag, dem Festtag der Heiligen Drei Könige, abbauen. Mein Vater wehrt sich vehement: »Papperlapapp, ist doch egal, ob Frühlingsgrün oder Tanne, ist doch beides grün, man muss die Sachen ehren. Ostern machste einfach Eier dran.« Mein Vater braucht Autoritäten wie einen Arzt, um Änderungen zu akzeptieren. Meine Mutter Information, dann entscheidet sie nach Vertrauen. Beide sind froh, wenn ich entscheide.

Wir haben ein neues Niveau erreicht. Der jetzige Zustand hat sich als Realität manifestiert. Eine gewisse Ruhe ist eingekehrt. Wir öffnen uns für weitere Hilfe. Seit Januar haben wir eine neue Logopädin, meine Mutter macht gute Fortschritte. Der Buchvertrag von Ullstein ist eingetroffen. Gemeinsam feiern wir. Ich befrage meine Eltern noch einmal, ob sie wirklich einverstanden sind, dass ich über unser Leben schreibe und das veröffentlicht wird? Ihre Antwort lautet: »Ja.« Inzwischen bin ich die Anlaufstelle für Altersmanagement bei meinen Freunden und den Freunden meiner Mutter. Ein Klinikarzt hat mich angefragt als Motivationstrainerin für seine Station. Ein Restaurant hat meine Vorschläge umgesetzt, da hilft mein Regieblick.

Für meine Eltern engagiere ich eine neue Haushaltshilfe, die viermal die Woche halbtags kommt. Sie kocht gut und ist sehr aufmerksam zu meinen Eltern, leider fordert sie bereits nach einem Monat mehr Lohn, schade. Ich finde Ersatz, der sich als unzuverlässig, frech herausstellt und überhaupt nicht kochen kann. Es ist sehr schwer, jemand passenden, der bezahlbar ist, zu finden. Immerhin vertraue ich dieser Person das Wichtigste an, das ich in meinem Leben habe. In der Diakonie gibt es klasse Frauen und solche, die es nicht können. Halt Menschen mit sehr unterschiedlicher Herzensbildung, aus den verschiedensten sozialen Schichten und Nationen. Alle haben eine 200-Stunden-Ausbildung gemacht, keine Fachkräfte. Da ich meistens da bin, auch oft von den Damen unbemerkt, kann ich alle Lieder darüber singen. Das größte Hindernis ist das System der Pflegeversicherung. Ich kann nur Tätigkeitsmodule kaufen: kleine Körperwäsche, Teilwäsche oben, Teilwäsche unten, Duschen mit Haarewaschen, Bett machen, Mahlzeiten, Egon ausleeren. Für die Bedürfnisse meiner Eltern, speziell auch wegen der Alzheimer-Erkrankung meines Vaters, brauche ich aber die Anwesenheit einer Pflegeperson als Unterstützung und Motivation. Das ist in den Rastern nicht vorgesehen. Bei Kombipflege kann ich bis zu dem Höchstsatz der Pflegestufe Leistungen von einer Pflegestation abrufen. Leistet ein Angehöriger selber die Pflege, bekommt er maximal 45 Prozent (!) des gesetzlichen Pflegesatzes. Bei einer Kombipflege werden die Anteile von der Pflegeversicherung für professionelle und private Hilfe berechnet. Man will keine finanziellen Anreize schaffen, will so einem Missbrauch durch Verwandte vorbeugen. Wenige schwarze Schafe vermiesen die Möglichkeiten der Pflege in der Familie – oder einer privaten Pflege. Leider kann man für 100 Prozent Pflegegeld auch keine Krankenschwester anstellen. Zu spät erfahre ich von einem Modellversuch, bei dem man eine Pflegekraft nach Zeit buchen kann. Meine Pflegeeinrichtung macht da leider nicht mit. Das wär's, dann hätte ich die Sicherheit, dass meine Eltern für Stunden gut versorgt sind und könnte wieder ein eigenes Leben, zumindest ein Berufsleben aufbauen. Bis auf wenige Ausnahmen ist mir eines klar geworden: professionellen Pflegern fehlt der liebende Blick, die Verbindlichkeit, die wirkliche Anteilnahme und Verantwortungsübernahme. Erst jetzt verstehe ich den Wert Familie. Hier findet Fürsorge statt: gekocht wird mit Anteilnahme, mit Liebe. Ein Familienangehöriger kennt die Biographie, Vorlieben, Abneigungen seines Verwandten. Die unsichtbaren Bande der Lebenserhaltung in der Sippe funktionieren.

Nach drei Monaten fliege ich noch einmal, diesmal für zwei Wochen nach La Palma zu Susanne. Ich hole legere Kleidung aus meiner Wohnung, dort sieht es verheerend aus: unordentlich, verstaubt, die Pflanzen mehr als traurig. Ich bestelle eine Putzfrau für ein paar Tage vor meiner Rückkehr. Ich schmeiße einiges in Umzugkartons. Damit sie loslegen kann. Sie hat den Auftrag, mich mit einer blitzblanken, aufgeräumten Wohnung zu empfangen. Ich bin fix und fertig. Mein Fuß ist wieder fast stabil. Susanne hat ihren Hund Marni mitgenommen, der Hund entspannt mich. Ich bin ein passiver Gast. Die Erholung reicht nicht aus. In meiner Abwesenheit brennt es in dem Haus, in dem sich meine Wohnung befindet. Eine alte Nachbarin hat die Herdplatte angelassen. Vielfach hatten wir die Tochter der Nachbarin über die zunehmende Verwirrung ihrer Mutter informiert. Nun ist ihre Wohnung ausgebrannt, das Haus evakuiert. Keiner ist zu Schaden gekommen. Ich beschließe, die Wohnung meiner Eltern mit Rauchmeldern auszustatten, einen kleinen Feuerlöscher zu kaufen. Meine Wohnung ist von der Feuerwehr aufgebrochen, total verrußt, unbewohnbar. Alle Schleimhäute rebellieren sofort. Immerhin habe ich eine Versicherung. Nun ist mir auch noch mein letzter persönlicher Rückzugsort genommen.

Anneliese, Rolf und ich sind ein gutes Team. Wir haben ein neues Auto angeschafft, einen alten Benz-Kombi, in den ich den Rollstuhl meiner Mutter bequem hineinschieben kann. Meine Mutter hatte einen PT Cruiser Cabriolet in rot Metallic mit hellen Ledersitzen angemessener gefunden. »Wo ist der Spaß?«, fragt sie. Das Modell wäre auch seniorengerechter. Es hat höhere Sitze, eine große Heckklappe. Gab's aber nicht gebraucht. Wir machen, leider immer ohne meinen Vater und für den Geschmack meiner Mutter sowieso viel zu selten, Ausflüge: Schaufenstergucken, Kino, an den Schlachtensee. Vorab informiere ich mich, wo die Toiletten sind, ob es eine Rampe gibt, um hineinzukommen, nahe Parkplätze. Nach acht Monaten ist der Schwerbeschädigtenausweis immer noch nicht eingetroffen. Trotz Pflegestufe 3 sollte meine Mutter zu einem Gutachtertermin erscheinen. Der Vorteil wäre, dass ich das Auto auf den Behindertenparkplätzen abstellen könnte. Nach jedem Ausflug ist sie für zwei Tage geschafft, ich auch.

Ich hab immer wieder ein schlechtes Gewissen, wenn ich beide nur so dasitzen sehe. Langweilen sie sich jetzt? Muss ich sie unterhalten? Mein Vater hat mir erklärt, dass er, wenn er schweigt, Besucher in seinem Kopfkino ist. Meine Mutter träumt von schönen Sachen und ihrer Vergangenheit. Mein Vater fragt ängstlich:

»Was machst du nach dem Buch?«

»Ich schreibe noch ein Buch«, ist meine spontane Antwort.

»Auch über uns?«

»Mal sehen …«

»Wie wär's denn mit einer *Göttlichen Komödie – heute*, also du beziehst es auf heute, da haste doch ständig was zu lachen, das machst du doch so gerne.« Ich warte mit meiner Antwort, bis er seinen Hörbügel eingesetzt hat.

»Das ist ein guter Vorschlag, ich werde darüber nachdenken. Euch geht es soweit o. k. Jetzt muss ich mich wieder mehr um mein Leben kümmern. Ohne euch bin ich alleine auf der Welt, ich muss jetzt für mich vorsorgen.«

Meine Mutter nickt. Mein Vater ist traurig: »Ja, das musst du. Alleinsein ist nüscht.«

Nach Notversorgung, Krankenhaus, Reha und wieder zu Hause eingelebt, stellt sich die Frage, wie geht es weiter? Die Suche nach guter Unterstützung geht ständig von Neuem los. Unser Leben hat sich mit Hilfe der Diakonie gut eingespielt. Aber auch hier haben immer wieder neue Damen Dienst. Die Einweisung, ein Kennenlernen und das Einschätzen der menschlichen Qualität fängt wieder und wieder von vorn an. Wenn ich wenigstens für sieben Stunden am Tag jemanden hätte. Dann wären wir eine Wohngemeinschaft, und ich könnte die Extras, Ausflüge, Spiele, Besuche ausrichten. Wenn ich für alles 24 Stunden am Tag verantwortlich bin, werde ich zur Versorgerin, und das überfordert mich und auch meine Eltern. Denn wie sollen sie dafür einen Ausgleich schaffen? Mein Vater sagte einmal traurig: »Wir können gar nicht würdigen, was du uns Gutes tust.« Gemeinsam haben meine Eltern das Auto gekauft und stellen es mir voller Stolz zur Verfügung, es ist das erste eigene Auto in ihrem Leben! Das war wichtig für ihre Balance von Geben und Nehmen. Mein Einsatz darf für sie keine Belastung werden. Sie müssen frei und unabhängig bleiben. Sie brauchen auch ein Leben ohne ihre Tochter. Nähe und Distanz, dieses Thema muss ich mit mir klären. Ihnen Freiräume ermöglichen, mich abgrenzen lernen, ohne zu verletzen und noch wichtiger: ohne schlechtes Gewissen. Ich erkläre mich meinen Eltern. Wir müssen einen Tages-, Wochen-, Monatsablauf entwickeln, erstellen und einhalten, in dem wir uns alle wohl fühlen. Möchten sie lieber in ein Seniorenheim? Dort gibt es regelmäßige Abläufe, immer Gesellschaft, wenn man sie möchte, Anregungen und Sicherheit. Mein Vater wäre dafür: »In unserem Alter brauchen wir eine 24-Stunden-Pflege, wenn's doch nur schon vorbei wäre.« Meine Mutter ist entsetzt: »Du willst mich abhauen, mich wegschissen.« Nach der morgendlichen Zeitungslektüre ist das Thema beantwortet: In der aktuellen Studie des Deutschen Instituts für Menschenrechte (DIMR) wurde festgestellt, dass von 600 000 Bewohnern in Pflegeheimen die Hälfte – also 300 000 alte Menschen! – »mangelhaft ernährt und nicht ausreichend mit Flüssigkeit versorgt würden«. In der Arbeits-Taktung der Pflegeheime ist ein Toilettengang mit drei bis sechs Minuten vorgesehen. Das hat Defizite in der Inkontinenzversorgung zur Folge! 43 Prozent der bettlägerigen Bewohner haben Druckgeschwüre, durch langes bewegungsloses Liegen. Dies könnte durch rechtzeitiges Umlagern vermieden werden. Doch dazu fehlt Zeit und Personal. Gerechnet wird mit »Stückzahl Mensch« pro Hilfskraft und Zeit. Was zählt, ist der Effizienzbegriff der »Pflegefabrik«. Die Letzten im Zeitplan bleiben einfach ungepflegt im Bett liegen! Druckgeschwüre sind äußerst schmerzhaft und müssen dann im Krankenhaus versorgt werden. Was für eine unnötige Qual und was für unnötige Kosten! Der Berufsverband der Altenpflege (DBVA) schätzt zwei Drittel der Pflegebetriebe als »schwarze Schafe« ein. In Berlin wird gerade ein Haus mit 13 Millionen Euro in ein Alters- und Pflegeheim umgebaut. Ich finde, sie sollten für fünf Millionen umbauen und mit dem Rest ihren Personalbestand verdreifachen! Seelenlose Einheits-Krankenhausmöbel sind verzichtbar! Das Personal besser ausbilden, die Pflegekräfte mit Supervisionen begleiten. Das würde Sinn machen.

Alt sein ist nicht nur krank sein. Es ist LEBEN!

Alle sieben Sekunden erkrankt ein Mensch auf der Welt an Alzheimer, höre ich im Auto-Radio. Alle sieben Sekunden! Hauptsächlich in der Dritten Welt. Was kommt da auf uns zu? Der Reporter berichtet, dass Schätzungen für das Jahr 2040 von 81 Millionen Alzheimerkranken weltweit ausgehen. Bei einem Pflegeschlüssel von eins zu fünf würden 16,2 Millionen Pflegekräfte benötigt werden, zuzüglich Verwaltungspersonal, Köche, Ärzte etc. Im

Copyshop kopiere ich die Patientenverfügung, die Betreuungsverfügung von meinen Eltern und mir. Ich lese bei beiden »keine lebenserhaltenden Maßnahmen«. Gegen diesen Wunsch verstoße ich täglich. Würde ich meinen Eltern nicht ständig auf die Nerven gehen, dass sie trinken müssen (!). Würde ich ihnen nicht dreimal täglich ihre Tabletten geben, ihnen keinen geregelten Tagesablauf vorgeben. Würden sie ganz im Dösen verschwinden. Sie würden sterben. Ein Dilemma. Was ist richtig? Ich kann meinen Vater doch nicht verdursten lassen, um seinen Wunsch zu sterben zu erfüllen? Ein Indianer würde sich zum Sterben in den Wald zurückziehen. Wie geht das in unserer Kultur?

»Ich brauche einen Titel für das Buch«, sage ich am Abendbrottisch. Mein Vater machte einen Flunsch. Alles an ihm ist Vorwurf, er hört nicht, wir sind daran schuld.
»Ohr, dein Ohr!!!«, brülle ich, deute mit dem Finger zu meinem Ohr. Widerwillig blickt er sich um, zuckt die Achseln. Für ihn ist das Thema beendet. Den Hörbügel vor sich sieht er nicht. Ich reiche ihn ihm hoch, er steckt ihn ein. »Ja?« Es klingt wie: Sprich mich nicht an. »Bassiger Wow Wow«, kommentiert meine Mutter.
»Ich brauche einen Titel für das Buch«, wiederhole ich.
»Buch? Welches Buch?«
Meine Mutter windet sich im Stuhl: »Buuuchh, von Lilo.«
»Ich heiße Ilse, Mammi.«
»Jaaa!«
»Was war die Frage?« Der Toaster wirft das Brot aus. Mein Vater spießt sie mit einem chinesischen Holzstäbchen auf, reicht die eine Toastscheibe in die Mitte des Tisches, irgendwer wird sie schon nehmen.
»Ich brauche einen Titel für das Buch.«
»Was für ein Buch?«, fragt mein Vater wieder. Meine Mutter angelt sich die Toastscheibe, verbrennt sich die Finger.
»Das Buch, das ich über uns schreibe, von Mammis Schlaganfall bis jetzt.«
»So, ja, aha. Das war doch meine Idee? Ja, genau!« Er spießt die zweite Scheibe Toast auf, reicht sie mir: »Na, es könnte heißen *Bei Pfeiffers ist Ball*.«
»Mmmmhh, wie kommste darauf?«

239

»Na, hier ist doch immer was los, so sagt man doch in Berlin, wenn viel los ist, und wir heißen auch noch so.«

»Ja, ist witzig, aber das Buch handelt ja von unserer Situation, wie wir mit allem umgehen.«

»Dann: *Alles vor dem Tod ist Leben*, sagst du doch immer.«

»Stimmt, klingt aber zu dröge. Vielleicht: *Stalin der Getränke*.«

»Wer soll das sein?«

»Ich, natürlich. So hast du mich genannt, weil ich dich immer zum Trinken zwinge.«

»Das stimmt nicht, so was würde ich nie sagen. Du bist doch meine geliebte Tochter ... oder?«

Meine Mutter bekommt vor Lachen einen Erstickungsanfall. Mein Vater sieht sie skeptisch an. Steht auf und klopft ihr sanft auf den Rücken. Seit dem Schlaganfall schluckt sie beim Trinken viel Luft mit, die muss dann wieder raus, wie bei einem Baby das Bäuerchen. Bei meiner Mutter klingt das eher wie bei einem Bauarbeiter, zusammen lachen wir darüber, es ist ihr nicht mehr peinlich. Doch oft atmet sie beim Aufstoßen ein und verfängt sich dann in einer Spirale von falschem heftigem Einatmen durch den Mund und stoßartigem Ausatmen. Ergebnis: Panik, Hyperventilation, Erstickungsanfall. So auch jetzt. Ich fasse sie bestimmt an die Schulter, sage sehr laut und deutlich: »Durch die NASE *ein*atmen, durch den MUND *aus*atmen.« Das wiederhole ich so lange, bis sie den falschen Atemkreislauf unterbrechen kann und es tut. Diese Aktion wirkt brutal. Mein Vater leidet, schwankt zwischen Sympathie mit seiner Frau und Protest gegen mich. Es wirkt. Meine Mutter fängt sich wieder.

Noch heiser sagt sie: »Lachser wie wir, mach auch.« Das ist ihr Titelvorschlag: »Lachen wie wir, mach auch!«

»Wann ist das Buch in den Läden?«, fragt mein Vater.

»Im Herbst.«

»So lange noch. Das erlebe ich sowieso nicht mehr.« Er erntet keine Antwort von uns. »Würd' ich aber gerne, vielleicht lässt sich der Ruf nach Walhalla noch ein bisschen aufschieben. Wird von mir noch was erwartet?«

»Ja, du musst noch austrinken.«

»Ich will doch gar nicht mehr leben.«

Meine Mutter stößt Grunzlaute aus.

»Dann trink es für einen besseren Tod.«

»Na, dann«, er trinkt angestrengt.

»Die Indianer glauben, das jedes Mal, wenn man sich den Tod wünscht, ein Seelenanteil ins Reich der Toten wechselt.«

»Na, dann müsste von mir ja nichts mehr da sein«, sagt er trocken. Ich traue mich nicht, seinen Blick zu erwidern. Er merkt es nicht:

»Darf ich mich jetzt wieder hinlegen?«

»Wenn du ausgetrunken hast, ja.«

Er tut es, notgedrungen. In der Tür dreht er sich um: »*Keine Qual am Teltowkanal*, das ist ein guter Titel, der passt.«

Heute ist ein großer Tag, der 11. Mai. Heute vor einem Jahr hatte meine Mutter ihren Schlaganfall. Heute werden wir frischen Spargel aus Beelitz, Ruccola und frühe Erdbeeren essen, die ich gestern zur Feier des Tages auf dem Winterfeldmarkt gekauft habe. Ausnahmsweise erst am Abend, denn ich habe heute einen besonderen Termin.

In 40 Minuten wird sich mein Leben verändern, das weiß ich genau: Um Punkt 11 Uhr werde ich im Ullstein Verlag meiner Lektorin Frau Jänisch unser Buch: *Hilfe, meine Eltern sind alt* übergeben. Das Buchbaby erblickt das Licht der Welt. Wie ich mich fühle? Zwischen Ruhe und Wahnsinn.

Der Countdown läuft …

Die wichtigsten Artikel der Morgenzeitung habe ich vorgelesen. Unser rituelles gemeinsames Frühstück zieht sich heute, mein Vater braucht noch dringend heißen Tee, meine Mutter findet ihre Brille nicht mehr. Ich möchte unbedingt pünktlich sein. Ich renne rum, mache mich fertig. Wer hat meine roten Schuhe versteckt? Mein Vater findet den Zettel von gestern, liest ihn vor:

»Titelvorschlag für unser Buch? Ist das erledigt?«

»Ja, ich bleib bei meinem Arbeitstitel.«

»Und der wäre?«

»*Hilfe, meine Eltern sind alt*«, rufe ich aus dem Bad.

»Na, das stimmt, leider, so isses«, höre ich meinen Vater.

In der Diele wühle ich in meinem Koffer rum: Wo ist nur die Handtasche? Ab heute kann ich ja wieder ohne Laptop, also ohne Rucksack aus dem Haus gehen, das Buch ist fertig.

»Wieso Hilfe? Wer soll dir helfen?« Mein Vater steht mir im Weg.

»Hilfe meint HILFE: plötzlich alte Eltern, was mache ich?«

»Nich sehr wutzig, muss mehr Liebe rein«, wendet meine Mutter ein.

»Liebe ist im Buch.« Ich gebe ihr einen Abschiedskuss und renne bereits die Treppe runter.

»Lass wissen, wie es war«, ruft sie mir hinterher. Beide stehen in der offenen Wohnungstür.

»Kommst du wieder?«, fragt mein Vater.

Ich winke vom ersten Treppenabsatz: »Zettel liegt auf dem Tisch! Tschüß.« Das Auto steht natürlich hinten am Teltowkanal. Ich sehe nach oben in den dritten Stock: Meine Eltern stehen am Fenster, gemeinsam. Ein seltenes Bild, schön, es macht mich glücklich. Sie winken mir zu, meine Mutter lächelnd, mein Vater ernst. Ich erwidere den Abschiedsgruß. Jetzt blockiert auch noch die Müllabfuhr meinen Wagen. Ich verhandle mit dem Fahrer, er fährt vor: »Bis Mitte in 30 Minuten, dann musste Gummi geben, kann aber teuer werden.«

Ich fahre am Haus meiner Eltern vorbei, aus dem offenen Autofenster winke ich ein letztes Mal hoch. Ich weiß, welche Schmerzen es für meine Mutter bedeutet, bis zum Fenster zu gehen und dort stehen zu bleiben. Beide winken mir lange nach. Sie drücken mir die Daumen. Sie wissen, jetzt beginnt ein neuer Abschnitt in meinem Leben.

Noch 20 Minuten ...

Ich fahre um die Goldelse. Es nieselt, viele Autos, keiner flirtet. Von der CD höre ich: »I love the east, west, north and the south of you ...« Ich singe laut und falsch mit. Jaaa!!! Eine Liebe, das wär's, die lade ich hiermit ein. »Hey, ihr da oben, aufwachen ... Wünsche Mann: humorvoll, intelligent, kosmopolitisch, sinnlich, sexy, mit Visionen, querdenkend ... und noch viel mehr. Wer möchte kommen?« Ich fahre gut gelaunt auf das Brandenburger Tor zu. »Weiße Mäuse« biegen vor mir mit Blaulicht ein. Erzwungene Vorfahrt für einen Staatsgast. Die Polizisten auf den Motorrädern flankieren die Limousine, sechs vorweg, zwei parallel und vier hinten. Vor dem Brandenburger Tor schaltet die

Ampel vor meiner Nase auf Rot: Ich sehe rechts das Holocaust-Mahnmal, schicke wie immer eine stille Abbitte an die Toten. Die Ampel springt auf Grün, ich biege links ab, fahre direkt auf den Bundestag im Reichstag zu, dahinter sehe ich einen Ausflugsdampfer auf der Spree, Menschen winken. Jetzt links zwischen den Bauten der Fernsehturm. Keine Mauer! Ein Berlin. Das ist immer noch ein besonderes Gefühl.

Noch 6 Minuten …

Ich biege in die Friedrichstraße ein. Übermut packt mich. Ab Höhe Friedrichstadtpalast fahre ich auf den Bahngleisen, spiele Straßenbahn, überhole die Wagen im Stau. Ich hupe, gestikuliere freundlich bittend, werde vor der Straßenverengung vorgelassen, bedanke mich, mache einen U-Turn an der Oranienburger Straße und biege in eine Toreinfahrt ein. Die Pförtnerin öffnet das Tor, ich gleite in den Innenhof des Ullstein Verlages.

Noch 2 Minuten …

Ich werde von meiner Lektorin Frau Jänisch herzlich begrüßt. Sie hat Kaffee, Wasser, Kuchen vorbereitet.

Noch 30 Sekunden …

Ich greife in die Handtasche, da schrillt mein Handy … Ton-Einstellung: Draußen. Nervtötend aggressiv. Das Display zeigt: »Eltern«.

»Entschuldigen Sie bitte, ich muss ran.« Ihr Blick entschuldigt, Frau Jänisch kennt meine Verantwortung. Ich stehe auf, trete ans Fenster und sehe auf die Friedrichstraße:
»Ja, bitte?«
»ILSeeeee?«, brüllt mein Vater so laut, dass auch meine Lektorin erschrocken aufsieht. »ILSeeeee???«
»Ja, ich bins, Papo, ich höre dich.« »Gut, deine Mutter will dich unbedingt sprechen, konnt' se nich davon abhalten, ich übergebe.«
»Lilo?« – »Mammi, ich heiße Ilse.«

243

»Ja, ja. Hast du unser Buch abgegeben? Wie langse nöf finden sie es?«

»Mammi, ich übergebe es jetzt gerade, jetzt mit dir zusammen!« Mit der anderen Hand überreiche ich Frau Jänisch die CD. »Jetzt muss der Verlag doch erst einmal lesen ...«

Meine Mutter unterbricht mich fröhlich lachend: »Da dann mal hopchen, Zeit ist Leben. Gnuse dap. Ich find's gut. Bestelle ihnen alles Liebe von uns, auch für ihre Familien, alles Gute und viel Liebe für alle, das wünsche Meuch.«

Anhang

Empfehlungen und Tipps für Notfall, Betreuung zu Hause, Krankenhausaufenthalt und Reha

Hier noch einmal Tipps im Überblick, die sich aus unserer praktischen Erfahrung bewährt haben. Manches kann Ihnen banal erscheinen, aber gerade mit einem Detail oder mit einer kleinen Geste können Sie sich und Ihrem Freund/Angehörigen das Leben erleichtern.

Bitte schicken Sie mir Ihre Tipps, Ihre weiterführenden Erfahrungen auf meine Webseite. www.hilfe-meine-eltern-sind-alt.de

Vorsorge

Allgemeine Vorbereitung für den Notfall

- Broschüre/Plakat über »Erste Hilfe« besorgen und an die Innenseite der Wohnungstür kleben.
- Informations-Zettel an die Innenseite der Wohnungstür kleben mit Angaben zu: Wo befinden sich die Vorbereitungslisten, Medikamente, Versichertenkarte, eine gepackte Tasche für den Notfall. Schreiben Sie das einfach, klar und deutlich auf, so dass sich auch ein Fremder zurechtfinden kann.
- Notfall-Telefonliste: Feuerwehr, Notarzt, Bereitschaftsarzt, Hausarzt, Verwandte an die Innenseite der Wohnungstür und oder besser an die Wand beim Telefon kleben.
- Nachbarn informieren.

Listen für einen Krankenhausaufenthalt
- persönliche Daten: Name, Adresse, Versicherungssumme, Fotokopie des Personalausweises und der Versichertenkarte
- einzunehmende Medikamente mit Dosierungs- und Zeitangaben
- chronische Krankheiten
- Krankheiten, die in der Vergangenheit aufgetreten sind, speziell Schlaganfälle, Herzinfarkte
- Klinikaufenthalte: wo, wann, warum
- Allergien
- Prothesen und Hilfsmittel: Zahnersatz, Herzschrittmacher, Hörgerät, Brillen, Stock, Deltarad, Rollator, Rollstuhl etc.
- behandelnde Ärzte mit Telefonnummer und Adresse
- Menschen, die zu benachrichtigen sind: Verwandte, Freunde
- Vollmachten

Bereiten Sie folgende Vollmachten vor
- für Ihre medizinische Versorgung – Patientenverfügung
- Pflegevollmacht
- Informationsvollmacht: Wer darf oder soll über Ihre medizinische Versorgung informiert werden?
- Entbindung der Schweigepflicht gegenüber Ihren Lebenspartner/Freund (bei Verwandten unnötig)

Persönliche Sachen, die Sie ins Krankenhaus mitnehmen
- Versichertenkarte der Krankenkasse
- 10 Euro für die Praxisgebühr, bekommen Sie bei stationärer Aufnahme erstattet
- Medikamente, Brille, Gebiss, Hörgeräte (auch Batterien), Stock
- sanitäre Erstausstattung bekommen Sie (notfalls) im Krankenhaus
- Unterhosen, Söckchen, Hausschuhe / bequeme Schuhe
- Strickjacke, Schal oder Tuch, Schlafanzug / Nachthemd
- Bademantel, kleine Wolldecke, ein Foto aus »guten Tagen«, damit das Klinikpersonal einen Eindruck von der Persönlichkeit des Patienten bekommt. Papierblock
- Schreiben Sie einen Zettel, wer, wo, wann erreichbar ist.
- etwas Geld für die Telefonkarte und für Kleinigkeiten aus der Cafeteria
- Lebensmittel: Vielleicht müssen Sie bei der Einweisung lange warten, deshalb Kekse, Schokolade, Studentenfutter, Trockenobst ...
- Getränke bekommen Sie im Krankenhaus.

Maßnahmen, die Sie bei einem Notfall leisten können

»Erste-Hilfe«

- Achtung bei Erbrochenem: Erstickungsgefahr! Sofort Mundhöhle säubern, stabile Seitenlage.
- Blutungen stillen.
- Kleidung lockern. Freund/Verwandten sicher lagern. Kopf erhöht legen. Beine ab Knie erhöht lagern.
- Mit dem Freund/Verwandten sprechen. In jedem Fall beruhigen.
- HILFE HOLEN!

Besonnen und schnell handeln

Hilfe holen: Atmen Sie ruhig durch. **Kein alter Mensch** möchte gerne ins Krankenhaus.

Fragen Sie sich: Was erfordert die Situation? Sie müssen entscheiden! Gegebenenfalls diskret.

Reicht der Hausarzt? Rufen Sie ihn an. Teilen Sie der Arzthelferin eindeutig mit: **Dies ist ein Notfall**, sie müssen **sofort** den Arzt sprechen, um verantwortlich handeln zu können.

VERSCHWENDEN SIE KEINE ZEIT!

Reicht ein Bereitschaftsarzt? Bedenken Sie: Es kann bis zu fünf Stunden dauern, bis er kommt. Und es kann ein Arzt jeder Fachrichtung sein, also auch ein Orthopäde oder Urologe.

Brauchen Sie den Notarzt/einen Krankenwagen? Rufen Sie **112** an. In Bayern, Baden-Würtemberg und im Saarland ist der Rettungsdienst auch unter 19 22 22 zu erreichen.

Sagen Sie, dass es sich um einen Notfall handelt.

Falls Sie mit dem Hausarzt gesprochen haben: Teilen Sie **sofort** dessen Diagnoseverdacht mit. Falls Sie denken, es handelt sich um einen Schlaganfall/Herzinfarkt/großen Blutverlust (durch Blutverdünner), teilen Sie das **sofort** mit.

Der Beamte fragt Sie nach einem Fragekatalog ab:

Wer ruft an?

Wo befindet sich der Verletzte?

Was ist passiert?

Wie viele Verletzte?

Welche Art der Verletzung?

Ordnen Sie sich dem Vorgang unter. Beantworten Sie die Fragen kurz und präzise, es geht so schneller. Warten Sie, bis der Beamte das Gespräch beendet!

Vielleicht geben Sie ein jüngeres Alter Ihres Freundes/Verwandten an. Das kann in Ihrer Aufregung passieren.

Wie erkenne ich einen Schlaganfall/Hirninfarkt:
• hängendes Gesicht

- Lähmungen
- Sehstörungen
- Sprach–, Verständnisstörungen
- bei Frauen können auch der Rücken oder der Bauch wehtun
- Schmerzfreiheit spricht nicht gegen einen Schlaganfall

Einfache Diagnose-Schritte durchführen, aber verschwenden Sie keine Zeit! Sie sind kein Arzt!

1. Bitten Sie den Betroffenen zu lächeln oder die Augen zu schließen oder die Zunge zu zeigen.
   – *Beeinträchtigung des Sprachverständnisses, wenn diese Anweisungen nicht richtig ausgeführt werden können.*

2. Bitten Sie den Betroffenen, einen ganz einfachen Satz nachzusprechen, wie »Das Wetter ist heute sehr schön.«
   – *Patient ist behindert oder unfähig, Sätze richtig zu bilden.*

3. Bitten Sie den Betroffenen, beide Arme nach vorne zu strecken – bzw. Vorhalten beider Arme mit geschlossenen Augen (45 Grad im Liegen).
   – *Arm kann nicht mehr gehoben werden oder sinkt ab.*

4. Halten Sie zwei Finger in die Höhe. Kann der Betroffene sie sehen? Wie viele Finger sieht er, kann er die Zahl benennen?

5. Bitten Sie den Betroffenen, die Zunge heraus zu strecken. Wenn die Zunge gekrümmt ist, sich von einer Seite zur anderen windet, kann das ebenfalls ein Zeichen für einen Schlaganfall sein.

Falls eines dieser Probleme vorliegt, **rufen Sie sofort den Notarzt** und beschreiben Sie die Symptome des Betroffenen am Telefon. Dokumentieren Sie den Beginn des Ereignisses so genau wie möglich: Datum/Uhrzeit

ZEIT IST HIRN – je schneller der Patient versorgt wird, desto größer sind die Chancen der Wiederherstellung!!!

Wie erkenne ich einen Herzinfarkt:

- schwere, länger als 5 Minuten anhaltende Schmerzen im Brustkorb, die in Arme, Schulterblätter, Hals, Kiefer, Oberbauch ausstrahlen können
- starkes Engegefühl, heftiger Druck im Brustkorb, Angst
- zusätzlich zum Brustschmerz: Luftnot, Übelkeit, Erbrechen
- Schwächeanfall (auch ohne Schmerz), evtl. Bewusstlosigkeit
- blasse, fahle Gesichtsfarbe, kalter Schweiß
- **Achtung:** Bei Frauen sind Luftnot, Übelkeit, Schmerzen im Oberbauch und Erbrechen nicht selten alleinige Alarmzeichen.
- **RÜCKENWANDINFARKT:** starke Rückenschmerzen – schwer zu diagnostizieren nur mit »reingucken«, CT, Ultraschall o.ä.

ZEIT IST LEBEN – je schneller der Patient versorgt wird, desto größer sind die Chancen der Wiederherstellung!!!

Seien Sie der Schutzengel

Sie haben die nötigen Hilfsmaßnahmen eingeleitet:
Jetzt wirken Sie beruhigend auf Ihren Freund/Verwandten ein. Bleiben Sie bei ihr/ihm, halten Sie sie/ihn nach Möglichkeit im Gespräch, sagen Sie ihr/ihm, was Sie tun: Treffen Sie Vorbereitungen – jetzt ist die letzte Möglichkeit – siehe: Vorsorge: Allgemeine Vorbereitung für den Notfall.

Begleiten Sie Ihren Freund/Verwandten – **in jedem Fall!!!** – bis eine Behandlung eingeleitet wurde, besser bis sich Ihr Freund/Verwandter in der neuen Situation zurecht findet. Vertrauen Sie dabei nur auf Ihr Gefühl. Schieben Sie Ihre eigene Angst beiseite. Sie sind der persönliche »Schutzengel« und der »Patienten-Anwalt«!

Wird Ihr Freund/Verwandter nach der Notaufnahme oder durch den Bereitschaftsarzt/ Hausarzt weiter in der Wohnung versorgt, fragen Sie nach Hilfe: z.B., wenn Spritzen notwendig sind, nach

250

einem Rezept für die häusliche Pflege. Das ist eine Leistung der Krankenkasse. Teilen Sie dem Arzt mit, in welchem Umfang Sie sich eine private Versorgung neben Ihren Verpflichtungen (Familie, Beruf, eigene Erholung) leisten können.
Bestehen Sie auf einer Beratung: Wie kann man Sie unterstützen? Ärztliche Hausbesuche? Hauspflege? Pflegeversicherung? Ehrenamtliche Helfer?

Wenn eine Krankenhauseinlieferung nötig wird
Wahrscheinlich dürfen Sie nicht im Krankenwagen mitfahren. Fahren Sie mit dem eigenen Auto oder besser noch: Leisten Sie sich ein Taxi. Stehen Sie in jedem Fall Ihrem Freund/Verwandten bei der Notaufnahme und bei allen Schritten im Krankenhaus bei.

Was kann ich als Angehöriger/Freund in der Notaufnahme tun?
Erledigen Sie schnell die Formalitäten: Versichertenkarte abgeben, Personalien angeben, 10 Euro bezahlen. Lassen Sie sich eine Quittung geben. Legen Sie die vorbereitete Vollmacht vor, die Sie berechtigt, Auskunft zu bekommen (nur bei Freunden nötig). Ansonsten greifen Sie zu einer Notlüge – kein Mensch verlangt ihren Trauschein oder den Ahnenpass.

Bleiben Sie bei Ihrem Freund/Verwandten, egal was passiert! Halten Sie die Informationslisten für den Arzt bereit. Verhalten Sie sich unauffällig. Bleiben Sie im Blickkontakt mit Ihrem Freund/Verwandten. Greifen Sie ein, wenn Ihnen die Wartezeit zu lang erscheint o.ä. Bleiben Sie immer allen gegenüber freundlich und sachlich. Bestehen Sie auf die bestmögliche Behandlung. Wenn das vor Ort nicht möglich ist, fragen Sie wo und wie die optimale Versorgung Ihres Freundes/Verwandten möglich ist. Gibt es ein Zeitfenster, das zu berücksichtigen ist? Lassen Sie sich über die Behandlungsnotwendigkeiten aufklären.

Egal wie alt Ihr Freund/Verwandter ist, er hat Anspruch auf die bestmögliche Behandlung.
Egal wie alt Ihr Freund/Verwandter ist, müssen die von ihm festgelegten Wünsche in der Patientenverfügung umgesetzt werden.

Wie kann ich meinen Angehörigen/Freund bei einer stationären Aufnahme unterstützen?
Das Wichtigste, was Sie Ihrem Freund/Verwandten mitbringen können, gibt es nicht zu kaufen: **liebevolle Aufmerksamkeit.** Sie sind sein Schutzengel. Sie stärken sein **psychisches Immunsystem.** Sie sind der Vermittler zwischen Ärzten/Pflegepersonal und Patient. Sie garantieren die Verbindung zur Außenwelt.

Atmen Sie vor Ihrem Besuch im Krankenhaus durch. Lassen Sie Sorgen und Ängste zu Hause. Alte Beziehungsstrukturen haben jetzt Pause! Machen Sie sich »egofrei«.
Bitte waschen Sie sich vor Betreten des Krankenzimmers Ihre Hände. Sollten Sie erkältet sein, lassen Sie sich einen Mundschutz vom Klinikpersonal geben. Hygiene ist bei Krankenbesuchen besonders wichtig.
Bringen Sie je nach Gesundheitslage Ihres Freundes/Verwandten etwas mit, das ihn/sie erfreut. Ihm/ihr ein bisschen Heimat im Krankenhaus gibt.

Fragen Sie das Pflegepersonal, was Ihr Freund/Verwandter essen und trinken darf. Was im Krankenhaus fehlt, ist frisches appetitliches Obst, Obstsäfte, spezielle Tees, guter Aufschnitt, Biokost, Blumen, Lektüre.
Schönes für den Geist, fürs Auge, fürs Ohr, für die Nase, für den Magen, etwas Kuscheliges.

Fragen Sie, ob er/sie sich bewegen darf: zu Fuß oder mit dem Rollstuhl. Bringen Sie ihren Patienten an die frische Luft in den Garten, oder auf einen Balkon ..., meist gibt es ein Café oder eine Cafeteria im Krankenhaus, noch besser in unmittelbarer Umgebung.

Beziehen Sie Ihren Freund/Verwandten mit ein. Er soll mitentscheiden können. Lassen Sie ihn Aufgaben – z.B. selbst kämmen, Apfel schälen – gemäß seinen Möglichkeiten selbst ausführen. Fördern und fordern Sie ihn dabei. Bestehen Sie gegenüber dem Pflegepersonal darauf, das Ressourcen unterstützt werden: z.B. Toilettengang statt Windel, Essen statt Sondenernährung. Ihr Freund/Verwandter soll die ihm mögliche Kontrolle, Verantwortung behalten und sie sollte entsprechend seinen Möglichkeiten nach und nach erweitert werden. Ohne Zwang! Spielerisch. Wer passiv bleibt, wird schnell depressiv oder abhängig.

Das Arztgespräch/Pflegegespräch

Bedenken Sie, dass Ihr Freund/Verwandter nicht der einzige Patient in der Station ist. Ärzte und Pflegepersonal sind chronisch überlastet, vereinbaren Sie einen Gesprächstermin. Scheiben Sie auf eine Liste, was Sie die Schwestern, den Arzt fragen wollen. Gehen Sie wertfrei freundlich ins Gespräch. »Wie es in den Wald hineinschallt, schallt es heraus.« Jeder wird verstehen, dass Sie in Sorge um Ihren Freund/Verwandten sind. Wenn nicht, sprechen Sie es offen aus. **Verlangen Sie Höflichkeit und professionelle Leistung.** Scheuen Sie sich nicht, Missstände zu benennen und deren Beseitigung zu fordern.

Bitten Sie um eine Ausdrucksweise, die Sie auch verstehen können. Jeder lateinische Begriff hat seine deutsche Entsprechung. Fragen Sie, wie Sie Ihren Freund/Angehörigen, wie Sie das Pflegepersonal unterstützen können. **Bieten Sie Ihre Hilfe an.**

Fragen Sie nach den Heilaussichten, unterstützenden Folgemaßnahmen, Therapien, dem Risiko der bleibenden Schäden. Fragen Sie nach dem Elektrolytstatus. Ein kranker Körper braucht eine optimale Versorgung mit Mineralien, Vitaminen und Spurenelementen. Muss hier etwas ergänzt werden? Was können Sie dafür tun? Welche Lebensmittel helfen? Bestehen Sie auf einen Einfuhrplan. Das ist ein Plan, in welchem die Flüssigkeitszufuhr pro 24 Stunden Tag festgehalten wird. Fragen Sie nach der optimalen Flüssigkeitsmenge pro Tag. Wenn diese nicht erreicht wird, sprechen Sie sofort mit dem Arzt und fragen Sie nach einer Infusion. Das Hirn braucht Wasser und der Körper auch!!! Seien Sie Vorbild und trinken Sie mit Ihrem Freund/Verwandten.

Das schwere Gespräch

Hat Ihr Freund/Angehöriger eine unheilbare Krankheit oder steht sein Tod bevor, besprechen Sie mit dem Arzt die Vorgehensweise. Besprechen Sie sich mit der Familie, mit Freunden. Holen Sie sich professionellen Rat. Entscheiden Sie dann nach Ihrem Herzen. Gehen Sie gefasst in das Gespräch, seien Sie ein sanfter Partner. Nicht Sie sterben! Finden Sie heraus, wie Ihr

Freund/Angehöriger sein/ihr Leben vor dem Abschied gestalten möchte. Gibt es noch etwas zu erledigen? Hat er/sie einen Herzenswunsch offen? Bedenken Sie: Alles vor dem Tod ist Leben.

Bei Schmerzen
Fragen Sie den Arzt nach einer Schmerztherapie, die möglichst wenig Nebenwirkungen hat. **Kein Mensch muss Schmerzen ertragen!!!** Man muss nicht unter Schmerzen sterben!!! Besprechen Sie das mit aller Nachdrücklichkeit. Schmerzen können Depressionen auslösen. Vorhandene Depressionen können das Schmerzempfinden erhöhen. Fragen Sie nach Antidepressiva und geeigneten Psychotherapien (gerontopsychologische Therapien sind auch nach dem 65. Lebensjahr sinnvoll).

Reden Sie mit den Therapeuten
Mobilität, Krankengymnastik, Physiotherapeut, Logopädie etc. Machen Sie eine Therapie mit. Lassen Sie sich Übungen zeigen, die Sie gemeinsam mit dem Patienten durchführen können.

Wer erteilt Auskunft?
Das Stationsärzteteam. Fragen Sie, wer sich um Ihren Freund/ Verwandten besonders gekümmert hat. Ansonsten einen Termin mit dem Stationschef machen und die Assistenzärzte auf dem Flur befragen.
Das Pflegepersonal in den verschiedenen Schichten nach ihren Einschätzungen befragen.
Die Verwaltung über Kosten.
Die Sozialarbeiterin erteilt Auskunft über Rehabilitationsmaßnahmen und weiterführende stationäre Aufenthalte in anderen Kliniken, Verlegungen in ein Pflegeheim oder in ein Altenheim und über die Beantragung von Pflegestufen und Hilfsmitteln.
Der Pfarrer über seelische/religiöse Betreuung. Er kann auch in einem Konflikt zwischen Pflegeteam und Patient vermitteln. In manchen Krankenhäusern macht er die Supervision für das Pflegepersonal.

Einrichten im Krankenhaus – schaffen Sie eine private Atmosphäre

Ein Foto aus guten Tagen von Ihrem Freund/Verwandten (für das Pflegeteam, damit es den richtigen Eindruck über den Patienten bekommt)
Seine/ihre Kurzbiographie (bei schwererer Krankheit, s.o.)

Weiterhin :
* Toilettenartikel von Seife bis Kamm. Parfüm/Rasierwasser für gute Laune.
* kleines Radio mit Kopfhörern
* Lesestoff bitte dem Aufnahmevermögen des Patienten anpassen. Vielleicht Illustrierte, Comics, Bilderbuch (Reise, Essen, Blumen), Gedichte, Kurzgeschichten, Roman
* Blumen
* Telefon-Bereitstellung, TV/Radio
* Hängen Sie eine Plastiktüte für Abfall an den Nachtisch.
* Sorgen Sie für ausreichend Getränke. Achten Sie darauf, dass sie für den Bettlägerigen erreichbar sind, er sie öffnen kann.
* Ein Gefäß, aus dem er sitzend und liegend trinken kann (Schnabeltasse, Strohhalm).

Für eine persönliche Atmosphäre:
* ein privates Kissen
* eine kleine Wolldecke
* Serviette aus Stoff oder bunte, hübsche Papierservietten, Taschentücher, Erfrischungstücher
* ein Foto von lieben Menschen oder den Kindern, dem Hund/ Pferd, eine Urlaubsansicht.

Was das Klinikpersonal leistet

Das Pflegepersonal arbeitet in einem Dreischichten-Rhythmus. Aus Kostengründen wurde der Pflegeschlüssel, d.h. die Zeit pro Patient und Versorgung immer weiter rationalisiert. Zeit für ein wirkliches Kümmern ist nicht vorgesehen. Die Lohnstruktur ist nicht luxuriös. Überarbeitung ist Standard. Die Ärzte haben sogar Dienste bis zu 35 Stunden durchgehend. Hinzu kommt dass »es nie aufhört«: Tagein – tagaus ..., jahrein – jahraus kommen immer neue Krankenfälle. Ein nicht enden wollender Reigen –, ich würde das nicht aushalten.

Wie geht es weiter?

Mit den Ärzten und mit der Abteilung Sozialberatung des Krankenhauses besprechen, was das Beste ist.
Verlegung in ein spezialisiertes Krankenhaus oder Krankenhausstation.
Gibt es auch eine gute Klinik, die den Anforderungen entspricht, in ihrer Nähe?
Kostenübernahme?
Sollte jetzt schon eine Pflegestufe beantragt werden? Oder erst nach der Reha?
Zeitfenster besprechen für Vorbereitungen zu Hause.

Überweisung in eine Reha
Das Krankenhaus/dieSozialarbeiterin stellt einen Antrag bei der Krankenversicherung.
Achtung: Manchmal darf es keine Unterbrechung zwischen Krankenhausaufenthalt und Reha geben.
Mit Ihrem Freund/Verwandten abklären, was in seiner Abwesenheit erledigt werden muss: Versorgung der Kinder, zu pflegende Personen im Haushalt, Tiere/Pflanzen versorgen, Arbeitgeber informieren, Zahlungen: Miete, Strom, andere Festkosten, Verpflichtungen? (z.B. Schneeschippen etc.).

Checkliste für die Reha – Was Sie mitbringen müssen
- Arztbrief der Klinik
- Medikamente (Vorrat für 4 Tage) und Verordnungsliste: wann, wie viel
- Zusage der Krankenkasse
- Passende Kleidung z.B. Badeanzug, Badekappe. Wanderschuhe, Turnschuhe für drinnen und draußen, Sportkleidung, wetterfeste Kleidung
- Nachsendeantrag Post und Zeitung
- Info an die Nachbarn
- »Wohnungshüten« organisieren.

Vorbereitungen für die Zukunft

Pflege zu Hause

Befassen mit der Pflegeversicherung
Leistungen der Pflegeversicherung: siehe Thomas Kramer: WISO Pflegeversicherung. Campus Verlag 2004
Prüfen von Steuererleichterungen

Durchführung baulicher Maßnahmen in der Wohnung des Patienten
Je nach Grad der Behinderung bauliche Maßnahmen durchführen.
Fragen Sie die Pflegekasse vorher nach Kostenübernahme.
• Entfernung der Schwellen
• Haltegriffe anbringen
• rutschfeste Böden/Teppiche (Stolperfallen entfernen: z.B. Brücken)
• Badezimmerumbauten: z.B. begehbare Dusche
• Küchenumbauten: z.B. niedriger Herd, Spüle. Alles auf Augen- und Greifhöhe: Kühlschrank erhöhen, Geschirr umräumen
• bei Rollstuhlnutzung: Verbreiterung der Türen
• Treppenlift

Lichtquellen installieren
Die gesamte Elektroanlage in der Wohnung sollte überprüft werden, sollte »kindersicher« sein, auch die Steckdosen.
Gut ausgeleuchtete Räume verhindern Unfälle.
Beleuchtung sollte leicht handhabbar sein – eventuell mit Fernbedienung, Bewegungsmelder.
Tageslichtlampe gegen Depression und Vitamin-D-Mangel.
Am Bett und auf dem Weg zur Toilette Nachtlichter installieren (es gibt Lampen, die man in die Steckdose einstecken kann und die selbstständig bei Dunkelheit leuchten). Überprüfen, ob die Lichtintensität ausreicht.
Sonst Zeitschaltuhren an normale Lampen oder Bewegungsmelder installieren.
Bad der Pflegesituation anpassen

Überprüfung der Notwendigkeit der Hilfsmittel: Badewannen-
lift, Toiletten-Sitzerhöhung etc., Toilettendeckel »polstern«.
Dient später als Sitz beim Waschen.
Bereitstellung von Pflegemitteln für Mundhygiene und Inkonti-
nenzversorgung.
Erreichbarkeit überprüfen.

Schlafzimmer
Eventuell Pflegebett bestellen über Rezept vom Arzt
Ausreichend Kissen, Knierolle, Nackenrolle, Bodykissen ...
Matratzenschoner, wenn aus Gummi oder Plastik, eine Natur-
fasereinlage darüber legen (und dann das Laken), sonst
schwitzt man fürchterlich, das erhöht die Gefahr des Wund-
liegens.

Bei Inkontinenz
Über dem Laken einen Schutz einlegen, darüber eine Wegwerf-
einlage (über Pflegekasse gibt es einen zusätzlichen Betrag für
Einwegartikel).
Abfalleimer bereitstellen mit Deckel wegen des Geruches.
Toilettenstuhl bereitstellen mit Toilettenpapier, feuchte Tü-
cher ..., falls die Toilette zu unsicher erreichbar ist.
Nachtlicht
Duftlampe
Insektengitter ins Fenster.

In Reichweite auf dem Nachttisch
Radio, Brille, Lesestoff, Bilder, etwas zu trinken, Taschentücher,
kleiner Schal oder Tuch, Socken, kleine Zusatzdecke (Wärme-,
Kälteempfindung ist sehr sensibel und individuell im Alter), Telefon oder Notfallknopf oder Babyfon, wenn die Reichweite ausreicht.

Sonstiges
Gefahrenschloss an der Tür – das ist ein Sicherheitsschloss, bei
dem der Schlüssel innen stecken bleiben kann.
Telefon in jedem Zimmer installieren (Wandtelefon im Bad/Toi-
lette)

Telefon überprüfen: ob es gehört wird, ob die Tasten groß genug zum Bedienen sind

Notnummer programmieren **und auf das Telefon schreiben**

Telefonnummern von Freunden programmieren

Notruf der Johanniter bestellen, gebührenpflichtig – wird um Hals oder Arm getragen

Bei Nachbarn und Hausmeister: Notumschlag mit Schlüssel, Ihrer Telefonnummer, Info, wo in der Wohnung Notinformationen aufgeschrieben sind, hinterlegen.

Wird die Wohnungsklingel gehört? Lautstärke erhöhen oder eine optische Klingel, eine Licht-Blitzanlage, vom HNO-Arzt verschreiben lassen.

Hörgeräte überprüfen, können sie alleine bedient/versorgt werden? Hörbügel mit Rezept von HNO-Arzt

Pflanzen auf Hydrokultur umstellen

Darauf achten, dass alle Gegenstände in Reichweite stehen, kein Bücken notwenig ist (auch beim Kühlschrank).

Zwei Tablettenboxen für die Tagesrationen, für jeweils eine Woche kaufen und Tabletten einfüllen. Das garantiert den Überblick über den Medikamentenvorrat und genügend Zeit, um neue Rezepte und Medikamente stressfrei zu besorgen.

Sicherheitsvorrat an Medikamenten (Briefmarken beim Arzt für die Zusendung von Rezepten hinterlegen), Lebensmitteln, Getränken, Inkontinenzversorgung etc. anlegen.

Heizdecke, Thermosflasche fürs Bett, Thermosflaschen für Getränke, evtl. Spezialgeschirr und Spezialbesteck.

Pflege organisieren durch
- Pflegestation
- Privatpflege
- fahrbaren Mittagstisch
- häusliche Pflege der Krankenkasse (auf Rezept)
- medizinische Versorgung durch eine Krankenschwester
- ehrenamtliche Helfer
- Mobilitätsdienste.

Wie Sie sich auch entscheiden, erstellen Sie schriftlich einen Pflegeplan.
Definieren Sie klar und verständlich für alle Beteiligten die Aufgaben.
Legen Sie ein Heft an, wo jeder seine erledigten Aufgaben und besondere Vorkommnisse dokumentiert.
Vernetzen Sie die Telefonnummern. Wer wird in welcher Reihenfolge informiert?

Sorgen Sie für andere Gesprächspartner (Besuch und Telefon). Schaffen Sie Rituale, verlässliche Regelmäßigkeiten. Koordinieren Sie die Kontakte nach der Belastbarkeit des Patienten. Gespräche zu zweit sind vorzuziehen.

Lassen Sie Therapien wie Krankengymnastik, Physiotherapie, Mobilitätstraining, Ergotherapie (Erlernen von Alltagsabläufen, z.B. Gebrauch von Messer und Gabel), Logopädie zu Hause fortsetzen. Das Krankenhaus kann hierzu eine Empfehlung aussprechen, dann haben Sie es bei Ihrem Hausarzt leichter. Wenn er das wegen seinem Verschreibungskontingent nicht alles verschreiben kann, lassen Sie sich Überweisungen zu den entsprechenden Fachärzten geben: z.B. zum Neurologen für die Logopädie und für das Ergotraining.

Verpflegung zu Hause
Wichtig ist eine gute frische Ernährung. Verzichten Sie auf Fertigprodukte. Setzen Sie die Mikrowelle nur in Notfällen ein.

Sollte Ihr Freund/Angehöriger Übergewicht haben:
Ersetzen Sie Zucker durch Honig und Süßstoff, Sahne durch Jogurt, reduzieren Sie das Fett, Vollwertbrot statt Weißbrot. Mehr Gemüse und Obst und trinken, trinken, trinken. Wichtig: die vom Arzt vorgeschriebenen Mengen an Getränken ohne Zucker!!! Stellen Sie als Zwischenmahlzeiten Obst bereit mit hohem Wassergehalt.
Verteilen Sie das Essen auf großen Tellern flächendeckend, das sieht dann nach mehr aus als es ist.

Sollte Ihr Freund/Angehöriger untergewichtig sein:
Setzen Sie in Absprache mit dem Arzt ein Nahrungsergänzungs-
mittel ein.
Bieten Sie viele kleine Mahlzeiten an. Kochen Sie herzhaft mit
Butter und Sahne nach dem Geschmack des Patienten. Servie-
ren Sie auf kleinen Tellern, türmen Sie unauffällig die Nahrung.
Essen Sie gemeinsam. Hören Sie dabei schöne Musik. Stellen Sie
Nüsse, Trockenobst, Müsliriegel für Zwischendurch bereit.
Trinken, trinken, trinken, aber mit vielen Kalorien, z. B. Milch-
shakes.

Achten Sie besonders auf die tägliche Trinkmenge. Auf Rezept kann ihnen der Arzt Infusionen verordnen. Eine Dehydrie-
rung, eine Austrocknung, führt zu Verwirrung, Koma, Tod.

Vorsorge und Unterstützung für die privat Pflegenden
Informieren Sie sich bei der Pflegeversicherung über Pflegese-
minare, wo Sie den Umgang mit alten Menschen erlernen kön-
nen. Informieren Sie sich über Verhinderungs-, Abwesenheits-
pflege. Es gibt außerhalb des Pflegegeldes einen Anspruch für
privat Pflegende auf eine Auszeit.
Informieren Sie sich über Angehörigen-Selbsthilfe-Gruppen.
Hier erhalten Sie Unterstützung und können auf das erfahrene
Wissen der anderen aufbauen.
Lassen Sie sich eine Gesprächstherapie verschreiben, das ist Ihre
Supervision.
Rufen Sie in Not die Seelsorge an.
Schaffen Sie sich festgelegte Auszeiten. Tun Sie sich etwas Gu-
tes. Sie können nur helfen, wenn es Ihnen gut geht!!!

Pflege in Institutionen

Wohngemeinschaften – Betreutes Wohnen – Altenwohnanlagen
– Seniorenresidenzen – Altersheim – Altersstifte – Pflegeheim –
Hospiz. Es gibt auch Hospiz-Dienste für zu Hause.

Lassen Sie sich beraten z.B. bei der Stiftung Warentest, was für
Sie in Frage kommt.

Auch wenn Sie jetzt noch keinen Platz benötigen, sollten Sie sich informieren und sich vormerken lassen. Nur so haben Sie die Möglichkeit einer Auswahl. Alter und Pflegestufe sind wichtige Kriterien.

Prüfen Sie, ob die Kosten gedeckt sind aus: Rente, Pflegegeld, Kapital, Familie. Oder ob ein Antrag an das Sozialamt nötig ist. Lassen Sie sich beraten. Anträge bei der Pflegeversicherung und beim Sozialamt gelten immer ab Antragsstellung.

Qualitätskriterien für die Auswahl erfahren Sie bei der Stiftung Warentest und im Internet unter www.gesundheitspro.de.

Bestattung

Wird nach Auftrag von einem Beerdigungsinstitut geregelt. Sie können eine Beerdigung aber auch privat organisieren. (Infos beim Bürgeramt) Dies ist meist billiger. Besprechen Sie die speziellen Wünsche mit Ihrem Angehörigen/Freund oder lesen Sie sie im Testament nach. Es gibt kein Sterbegeld mehr. Wenn kein privates Geld mehr vorhanden ist, springt die Kirchengemeinde oder das Sozialamt ein.

Friedhof

Klären Sie vorab, welche Bestattung in Frage kommt. Haben Sie eine Familiengrabstelle? Prüfen Sie, ob die Pachtzeit noch läuft. Adresse über das Bürgeramt.

Trauer

Nur Sie entscheiden, was Ihnen gut tut. Geben Sie sich der Trauer hin. Gehen Sie in die Aktivität oder in die Stille. Nur: Bitte versuchen Sie nicht, Ihre Trauer zu verdrängen! Das macht krank. Holen Sie sich Hilfe: Reden Sie mit Ihren Freunden/ Verwandten. Es gibt professionelle Seelsorger in den verschiedenen kirchlichen Konfessionen und in der Psychotherapie, der Gesprächstherapie, der Psychosomatik. Wohl tun auch eine Physiotherapie,ein Urlaub, eine Meditation, Sport, beten, Musik hören, eine Trauergruppe aufsuchen, in die Stille gehen, an den Verstorbenen einen Brief schreiben. (Wut gehört auch zur Liebe.)

Trauer-Symtome
Innere Unruhe
Schlaflosigkeit
Herzrasen
ständige Müdigkeit
Angst

Trauer- Prozess
Phase 1: Nicht-Wahrhaben-Wollen. Sie ist von Zorn oder Empfindungslosigkeit und Leere geprägt.
Phase 2: Aufbrechende Gefühle. Schock und Erstarrung weichen und Schmerz und Verzweiflung brechen sich Bahn.
Phase 3: Neuorientierung. Neben starken Gefühlsschwankungen wird die Umwelt wieder wahrgenommen.
Phase 4: Das neue Gleichgewicht. Wehmut und Trauer, aber mit einem neuen Vertrauen in die Zukunft.

Frieden mit dem Schicksal schließen.

Formulare für Vollmachten

Vorsorge für Unfall, Krankheit und Alter. Durch Vollmacht, Betreuungsverfügung, Patientenverfügung. Verlag C. H. Beck.
Diese Broschüre ist preisgünstig (3,90 Euro) und enthält zum Heraustrennen gut gegliederte Formblätter zum Thema Vollmacht, Konto-/Depotvollmacht, Vorsorgevollmacht, Betreuungsverfügung und Patientenverfügung.

263

Ausblick und Zukunft

Jetzt ist Juli, ein paar Tage vor dem 86. Geburtstag meiner Mutter. Meine Eltern haben die aufregende Fußballweltmeisterschaft genossen, leiden unter dem überheißen Sommer – auch in der Wohnung. Beide sind erschöpft. Sie schaffen es kaum, dem Wetter angemessen zu trinken, aber die Stimmung ist gut. Wir sind eine echte Lebens- und Wohngemeinschaft geworden. Wir akzeptieren die Situation. Genießen den Augenblick. Wissen, dass die Lebensreise auf einen Abschied hin steuert.

Wir führen ein offenes Haus. Freunde besuchen mich und uns mit ihren Kindern, ihren Tieren. Hätten wir mehr Platz, würden hier vier Generationen mit Hund und Hühnern fröhlich leben. »Anmeldungen« habe ich schon.

Ich begreife dies als eine Herausforderung. Das Modell eines 4-Generationenhauses halte ich für eine glückliche und machbare Vision. Alte Menschen möchten nicht nur alte Menschen sehen, das deprimiert. Heute wachsen die meisten Kinder ohne Großeltern/Urgroßeltern auf. Nur wenn ein Kind den Umgang mit alten Menschen ganz natürlich erlebt, kann es als Erwachsener Mitgefühl und Verantwortung entwickeln. Bei der Alterspyramide unserer Gesellschaft ist das eine menschliche Ressource, die wir dringlichst fördern müssen! Die traditionellen Familienstrukturen existieren kaum noch, zerfallen weiter. An deren Stellen müssen wir neue haltbare Bündnisse bilden. Und das müssen wir, die Generation 45 plus! Schon in unserem ureigenen Interesse. Meine Eltern und ich stellen uns eine Patchwork- und wahlverwandtschaftliche Großfamilie vor.

Mein Traum ist, eine Immobilie zu finden: ein Haus mit Vorderhaus, mit Hof und Seitenflügeln, gern am Wasser, in jedem Fall aber mittenmang in Berlin. Das 4-Generationenhaus könnte ein genossenschaftliches Modell sein. Vielleicht in Kombination mit einem Verein oder einer Stiftung, um auch Spenden einnehmen zu können.

In diesem Haus gibt es Alten-WGs und Einzelwohnungen für Senioren, eine Wohnung für Pflegefälle, Wohnungen für Familien mit Kindern. Im Seitenflügel sind Wohnungen für Studenten, z.B. der Medizin, des Schauspiels etc. Die Gemeinschaft verlässt man auf eigenen Wunsch, im besten Fall mit einem Zettel am Fuß. Ein Honorar-Schlüssel für Betätigungen wird ausgearbeitet. So können zum Beispiel Studenten preiswerter wohnen, wenn sie Aufgaben für die Senioren übernehmen. Ebenso Familien, wenn sie für die Senioren mitkochen, etc. Die Senioren, wenn sie z.B. Schulaufgaben betreuen. Es gibt eine Gemeinschaftsküche und -räume. Vielleicht einen Kindergarten, einen Frisör, PC-Räume. Die Kompetenzen, das Können, die Neigungen und Vorlieben aller Mitbewohner werden erkundet und mit einbezogen. Das individuelle Leben bleibt geschützt, jeder hat seine eigenen vier Wände. Natürlich gibt es ein regelmäßiges Standardangebot: z.B. die vier Mahlzeiten, Versorgung der Wohnungen. Direkte Pflege wird kollektiv bei einer Pflegestation eingekauft. Durch die Bündelung von Bedürfnissen kann auch wirtschaftlich gehaushaltet werden: Biokost, Getränke zum Einkaufspreis über den Großhandel, eine Waschstraße im Keller für alle, ein Fuhrpark etc.

In den nächsten Wochen werde ich das Konzept des 4-Generationen-Hauses seriös ausarbeiten und unternehme die ersten Schritte zur Verwirklichung meines Traumes.

Angebote der Autorin

Informationen über Lesereisen/ Buchungen unter
www.ullstein-buchverlage.de

Informationen zu der Autorin: www.Biberti.de

Informationen über weitere Angebote der Autorin:
Vorträge für Betroffene
Seminare für Altersmanagement
Beratung von Firmen
Personalschulungen bei Dienstleistern: Banken, Warenhäusern,
    Restaurants, Einzelhandel
Service für Senioren und die Generation 80 plus
Essen zur Steigerung der Lebensfreude: Die richtige Küche:
    Genuss auch mit Diät, auch trotz Handicaps.
Pflege-DVD für Angehörige und pflegende Berufe

Selbsterfahrungswochenende: »Wie ist es alt zu sein?«
unter:
www.hilfe-meine-eltern-sind-alt.de
www.hilfe-meine-eltern-sind-alt.com
www.hilfe-meine-eltern-sind-alt.eu

Adressen, die weiterhelfen

Schlaganfall

Stiftung Deutsche Schlaganfallhilfe
http://www.schlaganfall-hilfe.de/
stiftung.jsp?menu=1&umenu=2&submenu=9&content_id=112
Datenbank Selbsthilfegruppen Schlaganfall
http://baseportal.de/cgi-
bin/baseportal.pl?htx=/schlaganfall_info/ shg_schlaganfall
www.schlaganfall-info.de

Schlaganfall Selbsthilfegruppen mit Telefonnummern und
Adressen
http://schlaganfall-selbsthilfegruppe-
  froehlichestiefmuetterchen.de/Adressen/
  Schlaganfall-Selbsthilfe/schlaganfall-selbsthilfe.html
http://www.selbsthilfenetz.de/e2/e2741/
  index_ger.html?stichwort_id=906

Alzheimer

Deutsche Alzheimer Gesellschaft
www.deutsche-alzheimer.de
www.alios.de

Für Angehörige von Alzheimerpatienten und
Demenzkranken
www.selbsthilfekontaktstelle.de/index.php?men=2&id=111
www.netdoktor.de/004838.htm
www.lundbeck.de/01_betroffene/01_04_02_02.html

Herzinfarkt

www.herzstiftung.de
www.ipm-praevention.de/ipm2001_1.shtml#selbsthilfe

Pflege zu Hause

www.hilfe-und-pflege-im-alter.de
www.kompetenz-inkontinenz.de

Deutsche Gesellschaft für Ernährung:
de.wikipedia.org/wiki/
Deutsche_Gesellschaft_für_Ernährung - 12k -

Gewalt gegen alte Menschen

Handeln statt Mißhandeln (HsM)
Bonner Initiative gegen Gewalt im Alter e. V.
Goetheallee 51
53225 Bonn
Tel. 0228/696868 (Notruf)
Fon 0228/636322 (Info/Geschäftsstelle)
Fax 0228/636331
www.hsm-bonn.de
Hier können Sie sich alle Krisen- und Notruftelefone in
Deutschland aufzeigen lassen, sortiert nach Städten und
Bundesländern.

Broschüre mit praktischen Tipps und Adressenteil

http://www.bmg.bund.de/nn_603392/SharedDocs/
    Publikationen/Pflege/g-502,templateId=raw,property=
    publicationFile.pdf/g-502.pdf

Mein Dank von Herzen an

meine Paralleleserin, Gisela Weismann, meine Erstleserin und Agentin, Christina Gattys, meine Ersthörerin und Freundin, Susanne Ärnecke, der ich fast jeden Sonntag mein Wochenpensum vorgelesen habe und die mir Oasen zum Auftanken geschenkt hat, meinem Schutzengel Michael Goerden, meine Etappenleserin, Übersetzerin ins Russische, Natalia Dienes, meine Lektorin, Gudrun Jänisch, meinem unerbittlichen dramaturgischen Gewissen, Gabriele Sindler, meiner »Korrektatorin«, Gisela Hidde. Dem Design-Büro: Jorge Schmidt und dem Illustrator Jacob Werth, die die Lebensfreude meines Textes mit ihrem Cover optisch sichtbar gemacht haben. Super.

Meine Verneigung vor meinem Seelenfreund und Erstnutzer, Uwe Rosenbaum und meiner Therapeutin, die ohne Unterlass »mein persönliches Wohlergehen« eingefordert hat und deren Wunsch es ist, ungenannt zu sein (Denn: den wahren Therapeuten sieht man nicht).

Meinen Freunden Reinhold und Natalia Dienes mit Hund Bodo, Nico Nothnagel, ohne deren Unterstützung ich keine Reise hätte machen können. Und lieben Menschen: Viola Roller, Verena Peter, Till Schlenzig, Annette Kreft, Sigrid Emmerich, Dirk Gomoll, Isabelle Azouley, David Schröder, Karin Dahlberg, Christa Azzola, Paul Weismann, Sabine A.

Dem Ullstein Team. Insbesondere: Norbert Wollentarski, Patricia Holland-Moritz, Katrin Mackowiak, Katharina Ilgen, Iska Peller, Sabine Kahl und dem »Oberhäuptling« Armin Gontermann. Ein dickes Danke den Buch-Vertretern, die lachen, weinen und sich begeistern können. Was für eine Freude.

Frau Klammer, Frau Stolle, Frau Kurz, Frau Leue, Frau Dreyer-Winzger von der Diakonie.

Karen (Physiotherapie) und Andrea (Logopädie). Dr. Burkel, Dr. Rodde, Dr. Reich, Dr. Pfeuffer, Dr. Hofmann, Dr. Czerlizki und Team, den Ärzten und den Pflegeteams in den Krankenhäusern und der Rehaklinik, die meine Eltern betreut haben und den Mitarbeitern der Pflegeversicherung, der AOK und Barmer.

Allen Kräften, die ich nicht benennen kann.

Ihre

Ilse Biberti

Birgit Frohn · Claudia Praxmayer

UNBEKANNTE
PATIENTIN

Die Medizin entdeckt den weiblichen Körper

248 Seiten, gebunden mit Schutzumschlag
€ (D) 19,95 · € (A) 20,60 · sFr 34,80
ISBN-13: 978-3-550-07880
ISBN-10: 3-550-07880

Frauen und Männer sind nicht nur
körperlich und seelisch verschieden, sie sind
auch anders krank. Der viel zitierte »kleine
Unterschied« entfaltet hier große Wirkung. Er lässt
Herzen anders schlagen, Knochen anders heilen,
Köpfe anders schmerzen, die Seele anders leiden,
Medikamente anders wirken.

Dieses Buch zeigt erstmals eine
geschlechtsspezifische Medizin.
Fundierte Informationen und Empfehlungen
ermöglichen es, dieses Wissen praktisch
zu nutzen und sich optimal
behandeln zu lassen.

ullstein